Jan Peters
Tief im Norden

D1671790

Frau
Marlena Schäublin
Wintenbergweg 2
4436 Oberdorf

Jan Peters

Tief im Norden

In der pädagogischen Windstille

edition fischer
im
R. G. Fischer Verlag

Die Deutsche Bibliothek – CIP-Einheitsaufnahme

Peters, Jan:
Tief im Norden : in der pädagogischen Wind-
stille / Jan Peters. – Frankfurt (Main) :
R. G. Fischer, 1995
   (Edition Fischer)
   ISBN 3-89501-130-4

© 1995 by R. G. Fischer Verlag
Orber Straße 30, D-60386 Frankfurt/Main
Alle Rechte vorbehalten
Satz: W. Niederland, Frankfurt/Main
Schriftart: Times 11˙ normal
Herstellung: E. Grässer, Karlsruhe
Titelgestaltung: Mirjam Wey, CH-4412 Nuglar
Printed in Germany
ISBN 3-89501-130-4

Vorwort

Dies ist die Chronik eines Schiffbruchs.
Dies ist die Chronik eines kolossalen Schiffbruchs.
Dies ist die Chronik meines kolossalen Schiffbruchs
im Norden.

Es ist ein Bericht von fortlaufenden Verweigerungen, sich
gegenseitig anzunehmen, die Geschichte von Leuten, die
fahrlässig oder vorsätzlich alles unterlassen haben, woran
ich sie als Menschen hätte erkennen können.

Bis auf ganz wenige Ausnahmen waren alle, die ich sogleich
in ihren Rollen auftreten lassen werde, nicht in der Lage, ihre
Grenzen zu überschreiten, Grenzen, die ihnen gesetzt worden sind von der Angst, von der Verzagtheit, von ihrem
Machtstreben und von ihrer Unfähigkeit, sich und andere zu
lieben.

Die Verzweiflung, die sich hinter allen Ecken und Kanten
dieses Textes verbirgt, konnte ich über 7 Jahre und 11 Monate nur bezwingen durch die unerschöpfliche Kraft meiner
Frau und die eines uralten Wortes:

> **Es wird nicht dunkel bleiben über denen,**
> **die in Angst sind.**
> **Jesaja 8, 23.**

Ohne meine vortreffliche Gefährtin hätte ich die Niederungen des Nordens nicht mehr verlassen.

Dieses Buch ist ihr in lebenslanger Dankbarkeit gewidmet.

5

1. Kapitel

*Es kann so weit kommen, daß manchem die
Welt, von der ästhetischen Seite betrachtet,
als ein Karikaturenkabinett, von der intellek-
tuellen als ein Narrenhaus und von der moralischen als eine Gaunerherberge erscheint.*

(Schopenhauer)

Die Welt, die ich mir in viertausenddreihundertachtzig Tagen und Nächten erobert hatte, zaghaft tastend zunächst,
dann langsam selbstbewußter, sie wurde im Rückspiegel
immer kleiner, und ich vermeinte, sie zurückzulassen. Viel
später sollte ich merken, daß mir dies niemals möglich sein
wird[1].

Ich erinnere mich noch sehr lebhaft, wie ich mich ihr aus
der Distanz das erste Mal zögernd angenähert hatte. Viel hatte man mir mütterlicherseits über sie erzählt, ich solle ja
vorsichtig sein, ein Moloch sei sie, voller Kriminalität und
Versuchungen, lockerer Sitten, Vagabunden überall, die unablässig darauf aus seien, neu zugereiste Provinzjünglinge
über den Löffel zu barbieren.

Geschreckt hatten mich diese Darstellungen allerdings
nicht, eher neugierig darauf gemacht, wie ich wohl dort zu-
rechtkäme; nur was die weiblichen Anteile dieser halbseide-
nen Clique betraf, die wahrscheinlich schon damit beschäftigt waren, mir einen gebührenden Empfang zu bereiten, sie
nahmen in meiner Phantasie schon eher bedrohliche Dimensionen an, mußten sie doch über Waffen verfügen, denen ich,
wie ich mir insgeheim zugestand, nichts entgegenzusetzen
hatte.

---

1 *Caution! Objects in the rear mirror are closer than they appear!*

Rosemarie Nitribit, der unsagbar anziehende Schrecken aller Stammtischhelden meines Vaters, kam mir da sofort in den Sinn.

Meine Abwehrmöglichkeiten beruhten auf diesem Gebiet in rein theoretischen Denkmodellen, die zwar in nächtelangen Diskussionen mit Freunden immerhin eine gewisse Ausgereiftheit erlangt hatten, aber noch immer der praktischen Überprüfung harrten.

Früh hatten uns unsere Erzieher vor Ausschweifungen verbotener Art gewarnt, indem sie deren Folgen im grausigsten Licht schilderten; aufs Schärfste wurde davon abgeraten, die Biologieunterrichtung auf eigene Faust zu betreiben:

«dies führt zu dauerhaften Schädigungen des Rückenmarkes», hieß es[1].

Während meiner Schulausbildung hatte man es für unerläßlich gehalten, die Geschlechter auf strengst getrennten Wegen in das abendländische Kulturgut einzuweihen.

Unsere Lehrer waren offensichtlich der Auffassung, daß pubertäre Turbulenzen dieses Vorhaben allzusehr gestört hätten. Wir waren also überwiegend auf Vermutungen der abenteuerlichsten Art angewiesen, wie wohl der weibliche Part der Menschheit mit den beunruhigenden Veränderungen des Körpers zurechtkam, die sie von einem gewissen Alter an einfach registrieren mußten, das *mußten* sie doch, irgendwie, verdammt nochmal! Aber wie?

Die Wahrscheinlichkeit war eigentlich hoch, daß auch sie so eine Art Verlangen hätten, sonst wäre die Menschheit doch schon lange ausgestorben, oder sie wurden alle immerzu nur von uns vergewaltigt, ohne den geringsten Spaß daran zu haben. Das war auch wenig wahrscheinlich.

Andererseits waren sie unserer Vorstellungskraft so weit entrückt, daß wir es zeitweise ins Kalkül zogen, sie für zweigeteilte Lebewesen zu halten, deren Geist vielleicht vom

---

1 Rückgratlose Deutsche gibt es sicher viele, aber die Gründe für diese anatomische Deformation liegen in weitaus weniger lustvollen Betätigungen.

Fleische völlig separiert existieren konnte, wogegen andererseits die Evidenz unseres naturwissenschaftlich begründeten Biologieunterrichts sprach.

Es war ja schlimmer als die Quadratur des Kreises!

Sie waren uns ein teuflisches Problem, das uns nicht zur Ruhe kommen ließ.

Sehr viel besser wurde es auch nicht, als man uns im Rahmen offizieller Tanzstunden aufeinander zuzuführen versuchte.

Die Gespräche litten, nach meinem frühen Eindruck, eklatant darunter, daß meine Auserwählte noch nicht einmal darüber informiert zu sein schien, daß obenliegende Nockenwellen eine weitaus bessere Ventilsteuerung ergeben als hängende Ventile, auch gelang es mir überhaupt nicht, ihr dauerhaft zu imponieren, indem ich ihr von der atemberaubenden Literleistung eines im Inferno höchster Kadenz kreischenden Zwölfzylinders aus Maranello berichtete; sie war wenig begeisterungsfähig, ja geradezu phantasielos, was ich daran erkannte, daß sie es, im krassen Gegensatz zu mir, für wenig erstrebenswert hielt, an einer Leitplanke der Nordschleife des Nürburgrings in einem Feuerball zu verglühen.

Das war der Heldentod, den ich mir damals wünschte, nach dem Dreck und Blut irgendeiner deutschen Front hatte mir noch nie der Sinn gestanden.

Heute, nachdem das alles für mich etwas klarer ist, würde ich unsere damalige Wahrnehmung weiblicher Wesen und deren Sexualität beschreiben als *'flackernde Feuer auf dunklen Kontinenten'*[1] unter vollem Einbezug der Ambivalenz des gewählten Symbols mit seinen konträren Qualitäten des Wärmespendens und des Sich-Verbrennen-Könnens.

(Der gewählte salopp-ironisierende Tonfall möge nicht darüber hinwegtäuschen, daß mir durchaus die im Untergrund ausschlaggebende, sehr deutsche Erziehungskomponente bewußt ist, die der Machtausübung, -erhaltung und

---

1 In Anlehnung an FREUDsche Metaphorik.

Unterdrückung des Menschen durch den Menschen, die bekanntermaßen auf keinem Gebiet so perfekt funktioniert wie auf dem der Sexualität, das mit so vielen beunruhigenden Unwägbarkeiten versehen ist und sich zur Angstmobilisierung anbietet wie kein zweites. Anschauungsunterricht erteilt u.a. gern die katholische Kirche.)

Mein Vater, dem keine preußische Gymnasialdressur den Blick aufs Leben verbaut hatte und der es ganz und gar nicht schätzte, theoretischen Problemen mehr Zugang zu seinem Leben zu gestatten, als diese sich gewaltsam verschafften, vertraute instinktiv darauf, daß die genetisch verschlüsselten Überlebensstrategien, die er seinem Sohn mitgegeben hatte, diesen vollauf in die Lage versetzt hätten, sich selbst in Sodom und Gomorrha unbeschadet durchzuschlagen. Dem Gedanken, daß die verkommene Unterwelt unablässig nur danach trachten würde, mir den verrosteten 2 CV abzuluchsen, nahm er die Brisanz, indem er eine angemessene Autoversicherung abschloß. Finanziellen Eskapaden seines Sprößlings hatte er vorausschauend insofern den Boden entzogen, als er mich mit einer Barausstattung versehen hatte, die mir gerade das Erreichen des ersten Gehaltszahlungstermins ermöglichen würde.

So lag sie dann vor mir, die meistgehaßte und -verfluchte Stadt der Republik: Frankfurt am Main. Aus der sicheren Entfernung eines Autobahnrastplatzes in der Wetterau machten die flimmernden Lichter, die sie mir am 30. Januar 1969 zur ersten Kontaktaufnahme sandte, einen eher friedlichen Eindruck, aber davon ließ ich mich nicht blenden, ich doch nicht, war doch ein großer Teil der mütterlichen Vorbereitungsstrategie darauf gerichtet gewesen, mich auf die ausgefeilten Verstellungstaktiken der Sumpfbagage der Lastermetropole zu trimmen.

«Tarnt Euch nur», dachte ich, «achtzehn Monate unter den Fahnen, bei Preußens Gloria, haben mich mit allerlei menschlichen Gemeinheiten und Winkelzügen bestens vertraut gemacht.»

Solches und ähnliches denkend, begann ich, angespornt

10

von Jimi Hendrix' *'Voodoo Child'*, übermittelt vom AFN, meine Eroberung der alten Freien Reichsstadt, die einmal mein werden sollte[1].

---

1 Ich betrachte allerdings nur einige, individuell ausgewählte Teile als meine Heimat. Auf Lerchesberg, Goethestraße und die Bankenmonumente erhebe ich keinerlei Territorialansprüche emotionaler oder sonstiger Art.

2. Kapitel

Um von Frankfurt nach Norden zu gelangen, muß man sich in die Niederungen begeben. Von Süden nach Norden sinkt das Niveau dramatisch.

Am Morgen des 30. Januars 1981 verließ ich zum letzten Mal unsere eheliche Frankfurter Wohnung, fuhr den mit einer provisorischen Überlebensausrüstung gefüllten Wagen aus der Garage, lenkte ihn zum Frankfurter Kreuz und dann immer Kurs Nord.

Der Abschied von der Stadt war mir mehr als zwiespältig ausgefallen, so, wie es Trennungen von Umgebungen, die die eigene Vergangenheit sind, mit sich bringen.

Mein letztes hessisches Jahr war von beruflicher Unsicherheit geprägt gewesen, mit einem schnöden *'befriedigend'* im Zweiten Staatsexamen für das Lehramt hatte man nicht gerade die freie Auswahl an Planstellen, besonders, da 80 000 andere ebenfalls eine Anstellung suchten. Eine halbherzig versuchte berufliche Neuorientierung war mir mißlungen, so daß meine Frau und ich begonnen hatten, uns mit dem Gedanken vertraut zu machen, der Stadt den Rücken zu kehren. Ein sehr nördliches Bundesland hatte meine Bewerbung angenommen und mich einer Schule auf einer Insel (!) zugewiesen. Der Stellenantritt hatte umgehend zu erfolgen, Bedenkzeit hielten die bürokratischen Gehirne für überflüssig.

Die Insel, deren Namen ich zaghaft in Frankfurter Reisebüros vortrug, schien dort noch weitgehend *'terra incognita'* zu sein, eines wähnte sie in der Ostsee, ein anderes äußerte die Vermutung, daß es sich offensichtlich um dänische Hoheitsgewässer handeln müsse, für die man nicht zuständig sei. Nach und nach gelang es uns, die Insel dort zu lokalisieren, wo sie vermutlich schon seit längerer Zeit lag. Zugesandtes Prospektmaterial überzeugte uns schnell davon, daß dieses Eiland genau der Ort sein würde, an dem wir den Großstadtstreß abschütteln würden:

12

«Der Gast aber ist willkommen und wird – wenn er es nur recht anzufangen weiß – in das Inselleben einbezogen. Die Einheimischen können wunderbare – oft augenzwinkernd – Geschichtchen erzählen; überhaupt gehört ein 'Klönschnack', wie man das an der Küste nennt, immer dazu. Vor allem beim Tee, Teepunsch, beim 'Pharisäer' oder steifen Grog kommt das Gespräch rasch in Gang.

Vieles auf der Insel hat sich über Jahrhunderte erhalten, und die guten alten Zeiten, die andernorts als unwiederbringlich betrauert werden, hier sind sie noch zufrieden genossene Gegenwart [1].»

Dort oder nirgends würden wir es vollbringen, zu uns selbst zu finden, die Unpersönlichkeit und Rastlosigkeit des Stadtlebens abzuschütteln, uns zu integrieren in eine intakte, überschaubare Gemeinschaft, die durch den florierenden Tourismus an Zugereiste gewöhnt war.

Ich sah mich schon im wöchentlichen Kreise bärtige Seebären mit Schreckensgeschichten aus dem hessischen Sündenbabel in Schaudern versetzen. Dann würden wir diese furchterregenden Erzählungen aus einer fernen Welt mit reichlich Bier und Aquavit hinunterspülen und uns gegenseitig versichern, wie sehr dagegen auf unserer Insel doch alles noch *'den Düvel ok'* in Ordnung sei.

Gemeinsam würden wir durch den Schnee nach Hause stapfen, und die Eingeborenen würden mir bei der Verabschiedung kräftig kameradschaftlich-schulterklopfend anvertrauen, daß sie mich schon als ihresgleichen betrachteten und froh wären, daß wir jetzt dazugehörten, wir zu ihnen, sie zu uns: *'einer für alle, alle für einen'*.

Am Morgen würde ich, nach einem gemütlichen Frühstück mit meiner Frau, die mir durch die gehäkelten Gardinen hinter den Butzenscheiben noch lange nachsehen würde,

---

1 *Strände an Nord- und Ostsee.* HB-Bildatlas Spezial. Hamburg (HB-Verlags-GmbH), 1981.

zu Fuß zu meiner nahegelegenen Schule gehen, unterwegs respektvoll gegrüßt von disziplinierten Schülern, die gerne in meinen Unterricht kämen.

Nach einem kleinen Scherz mit den Kollegen würde man der Aufforderung der Schulglocke Folge leisten, seinen Pflichten nachzukommen, nicht in übergroßer Eile, denn auf unserer Insel gälte es als unschicklich, in Hast zu sein, das überließen wir den verrückten Großstädtern. Auch der Unterricht würde in ruhigen Bahnen verlaufen, die Angst des Referendars vor dem Fachleiter hätte ich dann schon lange abgelegt, der Direktor würde mir vertrauen und nur ungläubig den Kopf schütteln, wenn ich ihm von Disziplinproblemen der Vergangenheit erzählen würde.

*

Die konkreten Vorbereitungen für unsere neue Zukunft hatten wir gleich zu Beginn des Jahres 1981 getroffen. Telephonisch waren wir vom Schuldirektor, der auf den Namen Esbit hörte, eingeladen worden, ein Wochenende auf seiner Insel zu verbringen, um uns mit unserer neuen Welt vertraut zu machen; die Beschaffung einer geeigneten Wohnung werde er gern für uns übernehmen, er habe da so seine bewährten Kontakte.

Solchermaßen entlastet, saßen wir im Intercity, der uns dem Norden näherbringen sollte. Weit hinter Hannover verfinsterte es sich zusehends, und ein niedergehender Schneesturm verwischte die Horizontlinie, das Auge vermochte Himmel vom Land nicht mehr zu trennen. Dies war allerdings nur ein kurzes Intermezzo, die Wolken rissen auf, und das durchbrechende klare Licht gab den Blick frei auf die herbe Schönheit der Landschaft mit den reetgedeckten Häusern, die durch ihre tiefgezogenen Dächer ihre Erdverbundenheit noch betonen, als wollten sie damit ausdrücken, daß sie nicht gewillt seien, auch nur einen Quadratmeter des mühsam den Naturgewalten abgetrotzten Bodens kampflos preiszugeben, komme, was immer da wolle: der tosende Nordwest, der sich fauchend wie ein sibirischer Tiger auf das Land stürzt, der um Hausecken dröhnt, an den Fundamenten rüttelt, unzüchtig unter das Dach greift und es hochzuheben versucht, die aufgepeitschte graue See, die ihre mit Schaumfetzen gekämmten Brecher brüllend gegen die Küste anrennen läßt, wieder und wieder, seit Jahrtausenden, ohne müde zu werden, das ihr auferlegte Zerstörungswerk doch noch zu vollenden.

Allem haben sie widerstanden, auch den großen *'Mannstränken'*, den Sturmfluten, in denen sich der blanke Hans, aufgehetzt von seinem Freund Rasmus, dem Wind, seine Opfer vom Land geholt hat, aber ungeschoren sind sie der Natur nicht entronnen, die Erbarmungslosigkeit der Elemente hat ihre Spuren in ihr Wesen gegraben.

Dieser unablässige Kampf hat den Menschenschlag, der sich hinter den Deichen und Sperrwerken duckt, hart werden lassen: *Dem ersten den Tod, dem zweiten die Not, dem dritten das Brot,* das ist die gnadenlose Quintessenz der Lebenserfahrung der Menschen an der Küste.

Endlich hatten wir unser Ziel, die Insel, erreicht. Am Marktplatz standen unterbeschäftigte, rauchende Taxifahrer herum, die uns bereitwillig und froh um die Abwechslung den Weg zur Pension wiesen, die wir schlingernd zu Fuß ansteuerten. Bei einer ersten Begehung des Kopfsteinpflasters konnten wir uns des Eindrucks nicht erwehren, daß die ausführende Baufirma ihre Finger auch irgendwie im Schuhreparaturgeschäft haben müßte und sich auf diese Weise Anschlußverdienste an Land zog.

In der Pension waren wir die einzigen Gäste; zu dieser Jahreszeit verhüllte die Insel ihre Reize wie eine züchtige Jungfrau, die es noch nicht wagt, sich dem Verehrer anziehender zu präsentieren. Erst im Frühjahr wird sie kühner und wagt es, sich mit kräftigen Blütenfarben zu schmücken. Ihre Entwicklung schreitet dann rasant voran, und sie kann sich des Ansturms ihrer Freier kaum noch erwehren, die sie den ganzen Sommer über geschäftig halten werden, bis sie im Herbst langsam wieder zu sich selbst findet, um im Winter erneut in einen erholsamen Schlaf zu versinken.

Die Dunkelheit brach früh herein, beschleunigt durch drohendes Gewölk, das sich im Tiefflug näherte und eine weitere Ladung Schnee ablud. Auf der Luvseite gezuckert, kämpften wir uns um eine Hausecke und gelangten zu dem einzigen Restaurant, das geöffnet hatte. Ein prasselndes Kaminfeuer taute uns schnell wieder auf und trotz eines dilettierenden Pianisten (vorsichtshalber brachte er sich per Band zu Gehör, vermutlich um Schußverletzungen zu entgehen), der Tonfolgen der einfacheren Art ständig faltete und streckte, als wollte er MANDELBROTsche Mengen erzeugen und damit die Allgemeingültigkeit der Chaos-Theorie demonstrieren, gelang es uns, eine Bilanz unserer ersten Eindrücke zu ziehen.

Es schien uns noch sehr wie ein Besuch in einem Freilichtmuseum, alles war drei Nummern kleiner und langsamer als Frankfurt, Personen und Häuser standen ziemlich hilflos als Staffage in der Gegend herum, unschlüssig, was sie von uns halten sollten und welche Attitüde uns gegenüber einzunehmen ratsam erschien. Dieses Abwarten schätzten wir als mehr oder weniger normal ein, stehen die Norddeutschen doch nicht gerade im Verdacht, sich allzu leicht zu vorschnellen Temperamentsausbrüchen hinreißen zu lassen.

Da hatte der Direktor der Schule schon mehr zu bieten. Mit der ihm eigenen Effizienz und Tatkraft, die mich später noch nachhaltig beeindrucken sollten, war es ihm gelungen, uns telephonisch in der Pension aufzustöbern, und er hatte uns noch für denselben Abend in die Schule einbestellt, also machten wir uns folgsam auf den Weg dorthin.

Bis zum Schulgebäude brauchten wir keine fünf Minuten, so richtig verirren konnte man sich auf der gesamten Insel nicht, wohl an manchem irre werden. Die letzten Meter führte uns ein einsames Licht aus dem Zimmer des Schulleiters. Beim Schein dieser Mitternachtslampe pflegte Esbit kleine Zettel mit diversen An- und Zurechtweisungen zu bekritzeln, die man dann am nächsten Morgen im Fach vorfand. Man konnte sie mit der Zeit schon am Geruch des Öls besagten

Beleuchtungskörpers erkennen. Dieser Duft konnte schon ziemlich in die Nase steigen.

Als ich den Herrn Oberstudiendirektor (Besoldungsgruppe A16 plus Zulagen) zum ersten Mal sah, dachte ich spontan, daß eine rote Pappnase eine perfekte Abrundung der Gesamtpersönlichkeit ergeben hätte.

Das Kerlchen sprang, heftig fuchtelnd und die Augäpfel wild rollend, in seinem Zimmer umher, als bereitete es sich auf einen Stabhochsprung vor oder wäre kürzlich von der Tarantel gestochen worden, dabei vibrierten seine krausen Haare heftig vor Aufregung.

Irgendwie erschien mir sein Auftreten etwas ungewöhnlich, ob er wohl eine Art Inselkoller hatte?

In Gedanken wies ich ihm eine passende Rolle zu und fand ihn ganz originell als Albert Einsteins kleineren Bruder, dem man gerade mitgeteilt hatte, daß er den erkrankten Jimi Hendrix bei einem Liveauftritt ersetzen müsse. Übersehen hatte man dabei, daß er gar nicht Gitarre spielen konnte, fernerhin kam etwas erschwerend hinzu, daß man ihm statt eines Beruhigungsmittels versehentlich LSD in den Kaffee getan hatte.

Artig erkundigte er sich, weiterhin die Pupillen verdrehend wie ein Chamäleon in visueller Verfolgung eines Insekts, nach dem Verlauf unserer Anreise und erteilte mir, scheinbar scherzend, eine leichte Rüge, da ich es unterlassen hatte, ihm den Namen der Pension mitzuteilen, in der wir untergekommen waren. Dadurch seien ca. zwanzig Minuten seiner kostbaren Zeit verlorengegangen, die er eigens an diesem Abend für Arbeiten von höchster Dringlichkeit reserviert habe. Diese bedeutungsschwangere Mitteilung löste in mir den ketzerischen Gedanken aus, was in dieser verschlafenen Gegend wohl dringlich sein könne.

Nun ging er mit ungebremstem Tatendrang daran, das lästige Wohnungsproblem, das ich ihm durch meine schiere Existenz eingebrockt hatte, ein für allemal zu lösen: ein energischer Griff zum darauf nicht vorbereiteten Telephon, das vor Schreck fast vom Schreibtisch fiel, zackig eine Nummer gewählt, einen Wortschwall über das nichtsahnende Gesprächsopfer ausgegossen – das war eins, und schon hatte er einen Besichtigungstermin für uns ausgemacht, ohne sich mit Belanglosigkeiten wie unseren eventuellen Wünschen nach Wohnungsgröße, -lage und Preisvorstellungen unnötig aufgehalten zu haben.

Das imponierte uns sehr, hier wußte man, worum es ging, nicht lange gefackelt und die Zeit mit sinnlosem Zeug verschwendet, immerhin galt es nunmehr, höchstwichtige Aufgaben von hoheitlicher, pardon: volks-, ... , bundesrepublikanischer Wichtigkeit zu erfüllen!

Ein Beamter in spe hatte mit einer der Dienststelle möglichst nahegelegenen Unterkunft versorgt zu werden, um seine schnellstmögliche Dienstverfügbarkeit sicherzustellen! Nichts weniger als das war hier zu vollstrecken!

Triumphierend knallte er den Hörer auf das unschuldig knirschende Telephon:

«Sie werden im Laufe der Zeit feststellen, daß meine Schule einen gewissen Ruf auf dieser Insel hat.»

Den ganzen Eisbergcharakter dieses Satzes lernte ich in den folgenden achtzehn Monaten allerdings kennen.

Nun absolvierte er noch einige gar possierlich anzuschauende Bocksprünge in der perfekten Imitation eines Almauftriebs.

Zehn Minuten später erfolgte der Auftritt einer zart errötenden Jungbäuerin, die uns zur Dienstunterkunftsantrittsbesichtigung fahren sollte. Der Anstaltsleiter vertraute uns der Obhut dieser Dorfschönen an, murmelte etwas von unaufschiebbaren dienstlichen Verrichtungen, entließ uns bis zum nächsten Tag und hämmerte, wohl als Demonstration seiner ungebrochenen Energie, die Tür so ins Schloß, daß die Klinke diesen Ausbruch fast mit dem Aushauchen ihres Lebens bezahlt hätte.

Durch die malträtierte Tür war mir noch, als hörte ich das Kurbeln an einem Feldtelephon und das Geräusch, das ein verriegelnder Gewehrverschluß verursacht, aber da war ich wohl einer ersten Sinnestäuschung erlegen.

Die Straße zu unserer zukünftigen Behausung war nur sehr spärlich beleuchtet. Es hatte wieder zu schneien begonnen, und der einzige Fußgänger, den wir schemenhaft gegen den Wind ankämpfen sahen, schien seinen Spaziergang nicht recht zu geniessen.

Um eine Hausecke zu umrunden, nahm er eine Körperhaltung ein, die mir sonst nur von Skispringern bekannt war, in dem Moment, wenn sie den Schanzentisch verlassen. Diese zunächst etwas extravagant wirkende Abwinkelung des Oberkörpers, gefolgt von einem Sturmangriff in die einzuschlagende Richtung, würde ich mir umgehend angewöhnen müssen, wollte ich nicht gleich als Inselfremdkörper identifiziert werden. Ich beschloß, bei der ersten sich bietenden Gelegenheit zu fragen, ob für diese Technik spezielle Volkshochschulkurse angeboten würden, vielleicht so ähnlich wie Schwangerschaftsgymnastik.

Offensichtlich war unsere Maid mit den höheren Künsten der Automobilbeherrschung bei schneebedeckter Fahrbahn nicht allzu vertraut, so daß wir froh waren, als wir unser Ziel erreicht hatten. Soweit es bei den herrschenden Licht- und Wetterverhältnissen feststellbar war, handelte es sich um ein Terrassenhaus neueren Baujahres.

Diese Häuser zeichnen sich bekanntlich dadurch aus, daß die Wohnungen versetzt übereinander angeordnet sind, was kostenbewußte Bauherrn dazu verleiten kann, an der Isolierung zu sparen, da sich die Mieter sowieso nicht gegenseitig auf den Köpfen herumtrampeln können.

Eine zusätzliche Attraktion liegt darin, daß man das Ganze mit preiswerten Flachdächern krönen kann, die ihre Reize allerdings weniger auf die Wohnungsmieter auszuüben vermögen, denn diese haben unablässig mit Wassereinbrüchen verschiedenster Herkunft und Intensität zu kämpfen, was die Hausbesitzer hingegen als penetrantes Querulantentum und notorische Nörgelei einstufen.

Als hätte sie meine Gedanken gelesen, begann unsere Betreuerin ihre Erläuterungen mit dem ausdrücklichen Hinweis darauf, daß man der Isolation bei Planung und Ausführung des Hauses verstärktes Augenmerk gewidmet habe. Wasserschäden, welcher Art auch immer, seien nicht bekannt geworden. Von dem Wahrheitsgehalt der vorgebrachten Meinung konnten wir uns an diesem Abend nicht mehr überzeugen, da vorübergehend der Strom ausfiel.

Dies schien nicht ungewöhnlich zu sein, unsere Vermieterin (oder genauer: die Enkelin unserer Vermieterin, wie wir später erfuhren) war mit einer Taschenlampe ausgerüstet, in deren Lichtkegel alles ganz annehmbar aussah.

Sicher würden unsere Möbel hier eine gute Figur machen, was wir von uns natürlich auch hofften. Also stimmten wir zu, daß uns der Vertrag zur Unterzeichnung geschickt werden solle: ab Februar 1981 würden wir die neuen Mieter sein! Den Rest des Tages verbrachten wir in der Pension, auf unserem Zimmer und versuchten, uns die aufsteigende Beklommenheit durch ein Gespräch zu nehmen.

In den Augen meiner Frau sah ich, wie sie von Furcht beschlichen wurde, die hinter ihren Augen zu flackern begann. Ich wußte sehr genau, wie sie sich fühlte und auch, daß die Angst sich gleich auf den Weg machen würde, mich am Hals zu packen, mich zu schütteln, um schließlich meine den ganzen Tag über demonstrativ zur Schau getragene Unternehmungslust zu erwürgen.

Still gingen wir zu Bett und hielten einander fest, während sich der Wind zum Sturm steigerte.

*

War das denn wirklich eine Schule, oder träumte ich? Bei dem Gang an den Klassenzimmern vorbei, in denen angeblich gerade Unterricht stattfand, hörte man keinen Laut. Vielleicht hatten sie mich irrtümlich an eine Taubstummenschule abkommandiert? Höchst unwahrscheinlich, selbst wenn ich die unergründlichen Wege der alteingefahrenen deutschen Kultusbürokratie in Rechnung stellte.

Dann kamen nur andere Erklärungsversuche in Betracht: entweder hatte, von uns unbemerkt, der Russe einen infamen Gasangriff durchgeführt, und nur wir und der Herr Direktor waren der Vernichtung entgangen, oder der hier erteilte Unterricht war so mitreißend, daß alle Beteiligten in den Schlaf der Gerechten gesunken waren.

«*Hier herrscht Disziplin*», bellte mich Esbit an, was ich niemals zu bezweifeln gewagt hätte, warum auch, wußte ich doch seit frühester Jugend, daß Disziplin etwas in Deutschland allseits Hochgeschätztes ist.

Das Reizwort '*Disziplin*' provozierte bei mir umgehend eine längere Gedankenkette:

Natürlich war auch die 6. Armee unter General Paulus im Kessel von Stalingrad *diszipliniert* zugrunde gegangen[1]. Ich war sicher, daß der liebe Gott, in Anerkennung der maßstabsetzenden deutschen Leistungen auf dem Felde der Disziplin, schon lange einen abgeteilten Himmelssektor eingerichtet hatte, in dem die deutschen Helden ihre Übungen gemäß dem preußischen Exerzierreglement in aller stets von der Truppe zu verlangenden Disziplin durchführen können, während sich z.B. das versaute Franzosenpack damit beschäftigt, widerwärtigen sexuellen Perversionen zu frönen.

Zurück in der disziplinierten Inselschule.

Als ich einen Blick auf eine sich aus der Decke lösenden Gipsplatte warf (auch ein Flachdach, registrierte ich beiläufig), wunderte sich mein zukünftiger Vorgesetzter lautstark darüber, daß '*seine langen Kerls aus der Oberstufe*' diese noch nicht abgenommen hätten. Solche Anhäufung preußischen Militärvokabulars fing an, mir gegen den zivilistischen Strich zu gehen.

Krönung und Abschluß des ersten Anstaltsbesuchs bestand in einem Abstecher ins Lehrerzimmer anläßlich der großen Pause.

Die anwesende Kollegenschaft, die Esbit durch einen sei-

---

1 Als *un*diszipliniertes Verhalten betrachtete Hitler es dagegen, daß sich Paulus *nicht* durch Selbstmord vor den Augen der Öffentlichkeit für schuldig erklärte.

nen Veitstänze sichtlich in Verlegenheit brachte[1], machte keinen besonders nachhaltigen Eindruck auf mich.

Es war die übliche griesgrämige Mischung, bestehend aus älteren, durch aufmüpfige Schüler und ungerechte, inkompetente Vorgesetzte ausgebrannte Pädagogen, farblosen Klassenbuchführern auf Lebenszeit, die ihre Restenergien darauf verwenden, 1 000 ganz legale Steuertricks bis zum gesetzlichen Rand zu nutzen und 7b-Abschreibungsmöglichkeiten auszuschöpfen.

Einige ökologisch berührte Pädagogen, unschwer kenntlich an ihren ausgeleierten, grobgestrickten, in Erdfarben gehaltenen Pullovern und Märtyrermienen, standen wie bestellt und nicht abgeholt herum.

Die wenigen Jüngeren unter der Lehrerschaft versuchten, ihre Verängstigung hinter schlecht gespielter Dynamik zu verstecken, wie das die Rollenzuweisungen unserer Gesellschaft nun mal verlangen:
'bieg Dich oder brich'.

Das war es nun also, das noch unbekannte Lebens- und Arbeitsumfeld, die *'ultima Thule'*, die unserer Entdeckung harrte. Oder auch nicht.

Der nach Frankfurt rollende Zug hatte zwei äußerst wortkarge, ihren schweren Gedanken nachhängenden Passagiere an Bord, die ihren gegenseitigen Blicken nach Möglichkeit auswichen.

---

1 Die Symptomatik schien mir, vorbehaltlich der Ergebnisse einer Differentialdiagnose, auf eine progrediente *'Chorea Huntington'* hinzudeuten.

3. Kapitel

Den einhundertzehn Pferdestärken, die mich mit Wolfsburger Zuverlässigkeit über das Frankfurter Kreuz brachten, gelang es nicht, etwas von ihrer Kraft auf mich zu übertragen.

Als ich die mir wohlbekannte Bürostadt Niederrad rechts liegen ließ, rasten, wie im Zeitraffer, alte Bilder an mir vorbei.

Zwölf Jahre hatte mich diese Stadt gelebt, in Atem gehalten, in Blechlawinen eingekeilt, in Kämpfen um Parklücken aufgerieben, mit hysterisch schrillenden Straßenbahnzügen ohne Erbarmen gejagt; eingepfercht, gedrängt, geschoben, gehetzt und oft einsam gemacht wie Zehntausende ohne Namen, die sich ihrem gnadenlosen Rhythmus unterwerfen mußten wie ich, wollten sie nicht als unbrauchbar gebrandmarkt werden, als Geprüfte, die vor ihr nicht bestanden hatten.

Sie war nicht schonend mit mir umgegangen, ihr Geräuschpegel war der des markerschütternden Donners der stählernen Saurier, die von Rhein-Main feurig in den Himmel ritten und heulender Motore der Wagen, die von gesichtslosen Fahrern in halsbrecherischen Spurwechseln über die Rollbahnen, die hier Autobahnen heißen, gejagt wurden.

*

Verwirrt und schockiert hatte sie mich mit ihren lasziven Geheimnissen des Bahnhofsviertels, in dem die Priesterinnen der Nacht ihre Schönheit und allerlei Kunstfertigkeiten anboten, dabei hatte sie sich ihrer Sittenlosigkeit nie geschämt, die Schminke trug sie nur zum Geldverdienen, nicht um sich zu verstellen. Das wußte jeder, es gehörte zum Geschäft, Zärtlichkeit war nicht Gegenstand des Dienstleistungsvertrages.

Immer schon war sie eine Boomtownhure mit Goldgräbermentalität gewesen. Sich wandelnden Konsumentengewohnheiten hatte sie frühzeitig mit der Einrichtung eines Straßenstrichs an der Messe Rechnung getragen, das erleichterte den eingeschüchterten Provinzlern das Einfädeln einer großstädtischen Verruchtheit und den Töchtern der Messalina das Abkassieren.

Man würde sich in heimatlichen, rauchgeschwängerten Bierrunden amouröser Heldentaten brüsten können!

Was störte es die Stadt, wenn sich die heuchlerischen Männer und ihre unbefriedigten Ehefrauen im Schatten der Dorfkirche das Maul über sie zerrissen:

'pecunia non olet', und ihre Kasse hat noch immer gestimmt.

*

Zukleistern sozialer Konflikte war zu meiner Zeit nicht die Art, wie man in Frankfurt zu Werke ging.

Als bürgerliche, der CDU nahestehende Kreise vorschlugen, die Reste der Alten Oper behutsam in einen kulturellen Zwecken der Oberschicht dienenden Neubau zu integrieren, fand das nicht den Beifall des damaligen hemdsärmelig-bürgernahen SPD-Oberbürgermeisters.

Ihm schwebte da eher eine gründlichere Bereinigung des Problems in der Form vor, daß die Ruinen am nachhaltigsten mit einer großzügig bemessenen Menge Sprengstoff aus der Welt zu schaffen seien.

Diese pragmatische Lösung trug ihm bei dem Teil der Bevölkerung, der im eigenen Leben stets unkomplizierten Konfliktbeseitigungen den Vorzug gibt, den bewundernden Beinamen *'Dynamit-Rudi'* ein.

*

Eines Nachts gingen die obersten Stockwerke eines nagelneuen Downtown-Skyscrapers in Flammen auf, woraufhin unverzüglich aus dem nahen Hauptbahnhof alle wermutseligen Penner zuhauf herbeiströmten, um diesem denkwürdigen Ereignis den angemessenen Rahmen zu verleihen.

Sie faßten sich brüderlich bei den Händen, umtanzten gemeinsam des brennende Fanal des Monopolkapitalismus und intonierten dabei lautstark ein eigens komponiertes Spottlied auf den allseits unbeliebten Bauherrn. Die angerückte Polizei war sich sichtlich unschlüssig, wie solche Art von Bürgerverhalten ordnungsrechtlich einzustufen und zu behandeln sei und hielt sich vorsichtshalber im Hintergrund.

*

Zwischen Hausbesetzern der Sponti-Szene und RAF-Sympatisanten auf der einen sowie angstbibbernden Jungpolizisten, die aus ihren Wiesbadener Polizeikasernen an die Hauptkampflinie im Westend gekarrt worden waren, auf der anderen Seite, war wenig von Toleranz und Liberalität zu spüren, die sonst in der alten Handelsstadt zu Hause sind.

Die Straßenschlachten, die sie sich lieferten, konnten einen das Fürchten lehren, denn hier zählte ein Menschenleben nicht mehr viel.

Im Rahmen einer dieser mit bürgerkriegsähnlicher Gewalt ausgetragenen Auseinandersetzungen, in die ich versehentlich geraten war, büßte mein Auto sein Heckfenster ein, das ein Chaot aus den Schwarzen Block zielsicher mit einem Pflasterstein ins Jenseits beförderte, mich beinahe mit, hätte ich nicht Sekunden vorher mein Heil in der Flucht gesucht.

Damals wußte man nicht recht, von wem die größere Gefahr ausging, von der vermummten Stadtguerilla oder der bis an die Zähne bewaffneten Staatsmacht, die in altrömischer Kampfformation das Gefechtsfeld zu beherrschen suchte.

*

Einmal, als ich noch neu in der Stadt war, und sie merkte, daß sie mich ängstigte, hielt sie ganz kurz in ihrem hektischen Treiben inne, atmete leise ein und raunte mir, nur mir hörbar, ins Ohr:

«Wenn Du mich aushältst, und es scheint mir so, dann lasse ich Dich ein Stück von mir werden; dann schenke ich Dir Stätten von mir, deren geheime Bedeutung nur Du und ich kennen werden. Und wenn Du einst Dein dunkles Sterbezimmer betreten wirst, dann werde ich bei Dir sein und mit Dir zum letzten Mal unsere Geheimnisse teilen, bis nur noch ich sie hüten werde.»

Da begann ich zu ahnen, daß diese Stadt alle Attribute einer glänzenden Geliebten hatte.

**

Mir war gar nicht wohl, eher ausgesprochen mulmig. Mein Herz hatte seinen angestammten Platz hinter dem linken Rippenbogen verlassen und befand sich viel weiter unten. Bei jeder leichteren Erschütterung durch Fahrbahnunebenheiten schepperte und rasselte es hinter mir in den Kisten und Kästen mit meinen Habseligkeiten.

Ich war die Vorausabteilung mit nördlicher Bestimmung, sollte einen ersten Brückenkopf dort oben, am Rande der Ökumene einrichten, meine Frau mußte noch zwei Monate bis zum Ablauf ihrer Kündigungsfrist in Frankfurt bleiben.

Das waren alles keine Aussichten, mich fröhlicher zu stimmen: mutterseelenallein in einer öden Gegend, in einer leeren Wohnung, vor Augen jede Menge neue Klassen, deren Verhalten ich überhaupt nicht einschätzen konnte. Die Angst des Lehrers vor dem Schüler saß mir schon wieder hinter dem *Solarplexus,* dieses lähmende Gefühl, das ich noch aus der Referendarszeit bestens kannte, das sich bis zu würgender Übelkeit steigern konnte.

Wie würden sie auf mich reagieren, die verehrten Schülerinnen und Schüler?

Würden sie mich akzeptieren oder mit mir Schlitten fahren?

An welche Art von Lehrerverhalten waren sie gewöhnt?

Nach dem Auftreten des Chefs zu urteilen, waren sie vermutlich altdeutscher Zwangspädagogik mit Befehls- und

Gehorsamsstrukturen ausgeliefert. Das konnte heiter werden.

Erfahrungsgemäß hatte ich immer dann die größten Probleme, wenn ich Klassen bekam, die von den Kollegen nach dem Prinzip *'Zuckerbrot und Peitsche'* fürs Leben verhunzt worden waren.

Es war ganz unglaublich schwer und – wenn überhaupt – nur möglich, mit solchen Klassen zurechtzukommen, wenn ich die Chance bekam, sie über längere Zeiträume hinweg davon zu überzeugen, daß demokratische Umgehensweisen nicht ein Zeichen von Schwäche sind.

Aber wie sollten sie das eigentlich kapieren können, wenn sie vor und nach mir von Leuten drangsaliert wurden, die Schule für eine Mischung aus Kasernenhof und Justizvollzugsanstalt hielten?

Ein behutsames Hinführen zu erstrebenswerteren Lehrer- und Schülerverhaltensweisen konnte nur dann halbwegs erfolgversprechend sein, wenn man im Kollegium nicht mit dem Rücken zur Wand als Einzelkämpfer gehandelt wurde. Dann war man schnell zum Abschuß freigegeben und sah besser zu, daß man das Hasenpanier ergriff, bevor man irreparable Schäden an der Seele nahm.

Diese Gedankenfolge ging mir zum x-ten Mal durch den Sinn, als ich linker Hand die Antennenanlage des American Forces Network sah.

Vor zwölf Jahren hatten sie mir *'Voodoo Child'* ins Radio gefunkt, zur Einstimmung auf meine Lehr- und Wanderjahre, jetzt spielten sie irgend etwas Getragenes, das zwar gut zu meiner Stimmung paßte, aber die Lebensgeister auch nicht weckte:

«*Good bye, soldiers. Hope to see you soon. Take care.*»
Wohlbekannte Wegweiser zogen an mir vorbei:
Bad Homburg vor der Höhe. Das Taunusrandstädtchen, das nicht verwinden kann, daß keine Kaiser mehr zur Kur kommen.

Achtzehn Monate meines Lebens, nicht die schönsten, aber allemal unvergeßliche, hatte ich dort verbracht, erste

Erfahrungen mit mir in der Rolle als Lehrer gesammelt, Wahrnehmungen von mir selbst gewonnen, indem ich während des Unterrichtens sozusagen kopfschüttelnd neben mir gestanden hatte, andere, die mir die Schüler als Antworten auf meine persönliche Wirkung signalisiert hatten.

Einige meiner Seelentechniken waren mir dabei bewußter geworden, in erster Linie solche, die ich vorzugsweise mit mir selbst abhandele, da sie das Bild der autonomen, rational gesteuerten Persönlichkeit, als die ich mich selbst am liebsten sehe, ziemlich ins Wanken gebracht hatten.

Diese Bad Homburger Erfahrungen sollten in Kürze eine Auffrischung nach der nicht ganz so subtilen norddeutschen Art erhalten!

Oberursel. Teilnahme an einer surrealistischen Lehrprobe, wie sie auch der in diesem Genre begabteste Filmregisseur, selbst unter größter Aufbietung seiner Talente, nicht hinbekommen hätte.

Das bedauernswerte, während ca. vierzig Minuten weit jenseits seiner Nervenkraft kämpfende Opfer war eine von mir sehr geschätzte Kommilitonin und Kollegin gewesen. Der grundlegende taktische Fehler, den sie bei der Planung und Vorbereitung dieses Fachleiterbesuches gemacht hatte, bestand darin, nicht berücksichtigt zu haben, daß dieser Herr ab 15.00 Uhr regelmäßig nicht nur vom pädagogischen, sondern zusätzlich von dem Geist erfüllt war, den man in Flaschen kaufen kann.

So nahm das Verhängnis seinen grauenvollen, unaufhaltsamen Lauf.

Dabei hatte alles so makellos begonnen: die Stunde war bis ins Detail vorbereitet, nach allen Regeln der Erziehungskunst hatte Uschi eine mehrseitige methodisch-didaktische Analyse ausgearbeitet (unter Berücksichtigung der aktuellen Situation der Fachwissenschaft), den Stand der Lerngruppe schriftlich festgestellt (nicht auf dem Fußboden, sondern unter curricularen Gesichtspunkten, versteht sich), problem- und prozeßorientierte Vorgehensweisen evaluiert, Alternativen ins Kalkül gezogen, den Medieneinsatz fein abgestimmt, unablässigen Wechsel der Sozialformen berücksichtigt, eine Katalogisierung und Rangfolge der in die Kategorien kognitiv, affektiv-sozial und instrumental akribisch aufgeteilten Lernziele vorgenommen, den geeignetsten Raum reserviert und medientechnisch auf Hi-Tech-Standard gebracht...,

eben alles das erledigt, was *jeder* Lehrer vor *jeder* Stunde *immer* macht.

Nun fehlte nur noch derjenige, dem zu Ehren diese Zirkusnummer inszeniert worden war. Langsam wurde die Komparserie – man nennt sie gewöhnlich Schülerinnen und Schüler, aber nur dann, wenn sie dem normalen Unterricht beiwohnen – unruhig, und ich beschloß, mich in der Schule umzusehen und festzustellen, ob der Herr Vorgesetzte sich nicht im Unterrichtsort geirrt haben könnte.

Es war ein trüber Herbsttag und in den Räumen, die um diese Tageszeit genutzt wurden, brannte Licht, nur nicht im Lehrerzimmer, das hier euphemistisch *'Lehrertreff'* hieß.

Sicherheitshalber betrat ich auch diese Räumlichkeit und siehe da: schwer atmend sich an einem Tisch festhaltend, stierte mir der altgediente, sichtlich mitgenommene Pädagoge entgegen und murmelte, starken Eucalyptus-Menthol-Geruch verbreitend:

«*wo sind wir?*».

Na, das war ja eine Frage von philosophischer Abgründigkeit. Erwartete er jetzt eine Erklärung, was für ein Gebäude das war, in das er zufällig geraten war und das ihn zu verwirren schien?

Spielte er darauf an, daß die Welt für alle Menschen ein höchst unsicherer, gefährlicher Ort ist, dessen einschüchterndes Bedrohungspotential durchaus Sinnfragen dieser Komplexität legitimiert? Ich fing mich relativ rasch und nannte den Medienraum als Zielpunkt unserer jetzt zu unternehmenden Exkursion.

Das war eine Antwort, mit der sein umflortes Gehirn etwas anfangen konnte: Medien.

Klasse, die liebte er doch so, unser Studiendirektor, ganz

versessen war er auf sie, so daß wir uns bei jeder Lehrprobe geradezu verpflichtet fühlten, eine Multi-Mediashow abzuziehen.

Schließlich mußte ja auch anständig was geboten werden fürs Geld, das waren wir ihm schon schuldig, denn normalerweise ließ er uns ziemlich in Ruhe. Also taten wir ihm den Gefallen und verwandelten für solche ersehnten Höhepunkte des ansonsten tristen Referendarslebens die Klassen in ausgefeilte Kompositionen aus Sendeanlagen des Hessischen Rundfunks und Hi-Fi-Vorführstudios!

'Die Welt will betrogen sein', wie meine Vertraute Hanne zu sagen pflegte.

Nichts wie los; den leicht schwankenden Unterrichtsbeobachter in meiner Kiellinie, betrat ich den Raum, in dem die gesamte Versammlung unseres Auftauchens in größter Gespanntheit harrte.

Als Uschi des Ritters von der traurigen Gestalt oder, besser gesagt, dessen mitgefühlerregenden Zustandes ansichtig wurde, nahm ihr Gesicht den Ausdruck der abgrundtief leidenden *'mater dolorosa'* an.

'Eins fehlt jetzt eigentlich nur noch zu unserem Glück,' zuckte mir durch das panikgepeitschte Hirn, *'daß sie in Ohnmacht fällt, und er, in einem pädagogischen Reflex, den Unterricht mannhaft selbst übernimmt! Thema der Stunde: die alkoholische Gärung.'*

Doch dank der unermeßlichen Güte des Herrn hatte sich die Jungpädagogin unter bewundernswerter Kontrolle und ließ die Show beginnen, die ich absolut mitreißend fand und sie hinreißend.

Nach knapp zehn Minuten schlief unser Gast ein.

Ein Unterricht, der niemanden stört oder verärgert, kann nur ein guter, sinnvoller Unterricht sein, und wenn man dabei sogar noch schlafen kann, sind alle Fein-, Mittel-, Grob- und sonstigen Ziele mehr als erreicht!

Kurz vor *Marburg.* Hier hatte ich mir in langen Nächten mit ehemaligen Klassenkameraden den Kopf und die Stimmbänder heiß geredet, Reden von Dutschke hatten wir interpretiert und uns eine neue Welt gebaut, in der jeder einen Platz haben würde[1].

Wir sahen es damals als unausweichlich an, daß der fundamentale Grundwiderspruch zwischen Lohnarbeit und Kapital die Weltrevolution auslösen würde, daß aus ihr dann doch nicht das geworden ist, was wir so perfekt geplant hatten, ist schließlich nicht uns anzulasten, sondern der Uneinsichtigkeit der korrumpierten Arbeiterklasse. Selber schuld, ihr Kälber, sucht euch eure Metzger nur weiter aus!

Gießen. Damit assoziierte ich Vogtländer Klöße, deren Durchmesser mich an die großkalibrigen Kartätschen schwerst gepanzerter Küstenartilleriebatterien des Atlantikwalls erinnert hatte sowie ein Käsefondue, dessen Verdauung damals eineinhalb Tage beansprucht hatte. Vorzuwerfen war das weniger der Käsemischung als vielmehr der Menge von Verdauungskirsch, die hinterhergegossen werden mußte.

Die altehrwürdige Universitätsstadt war der Heimatort eines Referendarskollegen, der seine Expatriierung ins depressionserregende Emsland nie verwunden hatte und dort elendiglich im Moor untergegangen ist.

Ruhe in Frieden, oh Du mein Fritz, Du Altmeister des Faulenzens und der Leistungsverweigerung. Wenn sie Dich dereinst zu dem zurückgeben werden, wovon Du genommen worden bist, sollten sie darauf achten, von einer Einäscherung abzusehen.

Ich ahne heftige Explosionen des Krematoriums voraus!

Die hessische Rhön. Geologisch angelegt in den mesozoischen Buntsandsteinfolgen, überlagert vom Muschelkalk, gekrönt von tertiären Basaltkuppen, die häufig Ruinen tragen, teilweise bedeckt von periglazialem Löß, der in den eiskalten Stürmen der Eiszeiten transportiert worden ist, Ort so manchen aufreibenden geographischen Geländepraktikums.

---

1 Nun höre ich bereits das Gemurmel der Gereiften vom jugendlichen Überschwang und der Zeit, die alles zurechtrücken werde. Vielleicht sind 'die Gereiften' ja schon lange in die ewigen Jagdgründe eingegangen und haben es bloß noch nicht bemerkt?

Vom Hunger geplagt, verschlang ich einmal in dieser Gegend einen Pilz, den ich, dank meiner sammelgeübten Augen, zweifelsfrei als Steinpilz identifiziert hatte. Stunden später ließ mich mein körperliches Befinden erste niederdrückende Vermutungen anstellen, ob es in jener Region vielleicht eine mittel- bis schwertoxische Variante dieser beliebten Speisepilzgattung geben könnte.

Ein lieber Kommilitone, der wegen seiner taktvoll-einfühlsamen Art bei uns allen sehr beliebte *'Gurkenkönig'*, hielt solche Spekulationen für total deplaziert (mein feinsinnig-philosophisches Grübeln über die Imponderabilien des Lebens war ihm immer wesensfremd geblieben) und verkündete kategorisch-abschließend:

«*Kommt vom Saufen!*», was mich ja ungemein beruhigte.

Meine Zweifel an der Verläßlichkeit irdischer Freundschaften erhielten durch diesen, meiner Ansicht nach unverzeihlichen Mangel an Mitgefühl neue Nahrung. Ich rang mit dem Tode, die Gestade des Styx vor Augen, hörte den gedämpften Ruderschlag des Charon, der seinen Nachen ans Ufer lenkte, um mich in der Blüte meiner Jugend überzusetzen, die Schwingen des Todes streiften mein erbleichendes Antlitz – und dieses Rindvieh dachte ans Kübeln.

Pilze habe ich später ausschließlich in der Kleinmarkthalle in Frankfurt gekauft, hätte mich einer von denen zur Strecke gebracht, wäre meine Witwe immerhin noch in den Genuß von Schadenersatz gekommen und hätte mich wenigstens finanziell in guter Erinnerung behalten.

In der Rhön standen wir einmal vor den Fußabdrücken eines kleinen Sauriers, der vor etlichen Jahrmillionen an jener Stelle, als sie noch eine Lagune war, seinem Lebenserwerb und Zeitvertreib nachgegangen war, und der Hauch der Erdgeschichte wehte uns an, machte uns schweigen und weckte die Einsicht in unsere Winzigkeit.

Das *'chiroterium barthii'* ist für mich zu einem inhaltsschweren Symbol für viele Ereignisse meines Lebens geworden.

Kurhessisches Bergland und Waldeck. Historischer Boden. Den Vollmond über dem Edersee werde ich niemals vergessen.

Hessen ade, bei *Hannoversch Münden* (Achtung! Oberhalb der Brücke erhöhtes Radarvorkommen!) geht es hinüber ins Niedersächsische, in dem alle Leute sturmfest und erdverwachsen sind. Davon habe ich nicht viel mitbekommen, aber die Menschen sprechen hier genauso wie ich, und das verbindet.

Wenn man, ohne Rücksicht auf die finanziellen Folgen eines Polizeiphotos, über die Brücke Anlauf nimmt, kommt man oben, im Land der gekreuzten Pferdeköpfe auf den Giebeln, mit 160 km/h an.

In der anschließenden, langgezogenen Kurvenfolge belehrt einen die an den Bizeps zerrende Vorderachse, daß auch deutsche Ingenieurskunst die physikalischen Gesetze nicht überlisten kann.

Als nächstes wird einem, sofern man Geograph ist, eine wunderschöne Muschelkalk-Synklinale präsentiert (auf der linken Seite), dann erreicht man *Göttingen,* in dessen gastlichen Mauern die akademische Freiheit eine wahre Heimstätte hat.

Mit ehemaligen Klassenkameraden hatten wir dort in bunter Vorzeit eine Zusammenkunft, deren Verlauf mich stark an STEINBECKS *'Tortilla Flat'* erinnerte.

Der nächtlich von uns entsprechend zugerichteten Studentenbude des Festpräsidenten wurde am nächsten Tag der völlig überraschende Besuch seiner treusorgenden Eltern zuteil, was uns nicht weiter erschütterte, sie schon eher, denn sie hatten offensichtlich Vorstellungen von Ordnung, die von unseren beträchtlich abwichen.

Taktloserweise trat sein Vater auf eine harmlos am Boden liegende Leberwurst, die sich eigentlich nichts hatte zuschulden kommen lassen, was eine solche Behandlung gerechtfertigt hätte.

Sie rächte sich, indem sie ihn unvermutet zu Fall brachte. Die Landung erfolgte in einer unserer umfangreichsten Leergutsammlungen, von deren Rückgabe wir uns eine einschneidende Sanierung unserer desolaten finanziellen Lage erhofft hatten.

Den Zimmerinhaber veranlasste der vehemente Auftritt seines Erzeugers zu der lapidaren Bemerkung:

«Der König hat eine Bataille verloren.»

Der nun folgenden, für unseren Geschmack nicht mit der gebotenen Sachlichkeit geführten Diskussion entzogen wir uns, indem wir den Frühschoppen in die nächste Kneipe verlegten.

Weiteren Ärger gab es dann noch mit der Vermieterin, als wir das Feld der Heimsuchung erneut betraten. Zunächst wurde uns angekreidet, daß wir auf der Straße den völlig harmlosen Spruch *'unsere Polizisten schützen die Faschisten'* skandiert hatten.

Als hätte man uns durch diesen Maulkorberlaß nicht schon genug bevormundet, wurde unser Rädelsführer in diktatorischer Weise daran gehindert, auf der Treppe die Göttinger Räterepublik und die Diktatur des Proletariats auszurufen, was wir für schon lange überfällig gehalten hatten.

Dies konnten wir nun allerdings nicht mehr hinnehmen, besonders erschien uns die mehr als spießbürgerliche Argumentation, daß durch unsere ewige Lauferei der teure, vom Munde abgesparte Teppichboden leide, sehr an den Haaren herbeigezogen: man suchte offensichtlich Vorwände, um die intellektuelle Speerspitze der ausgebeuteten, sprachlosen Werktätigen außer Gefecht zu setzen, was einen gravierenden Mangel an Verständnis für epochale Ereignisse offenbarte.

Unser progressives Auftreten sollte als schnöde Insubordination gebrandmarkt werden und dazu, mit welch primitiven Mitteln: wenn schon, dann sollte man wenigstens die Noblesse haben, uns vor ein Tribunal zu stellen!

Vergleichbar konterrevolutionär wäre es gewesen, wenn die mit entblößten Brüsten für das Volk kämpfende Marianne von ihrer pikierten Concierge darauf hingewiesen worden wäre, daß vor ihrer Wohnung ein breitgetretener Camembert liege, der nun gefälligst wegzuräumen sei, anstatt auf den

34

Barrikaden herumzukreisen und anschließend die Adligen kopflos zu machen.

Wir hatten noch mehrere, vergleichbar erfolgreiche Zusammenkünfte dieser Art. Mit der Zeit schliefen sie dann zu unserem Leidwesen ein, weil die jeweiligen Zimmerinhaber es auf die Dauer als störend und an den Nerven zerrend empfanden, sich immer unmittelbar anschließend eine neue Bleibe suchen zu müssen, was in einer Universitätsstadt nicht ganz einfach ist.

Goslar. Diese Autobahnabfahrt hatte ich unzählige Male befahren auf dem Weg in meine tausendjährige Geburtsstadt, den Ort meiner Kindheit und Jugend.

Die Mittelgebirgsschwelle, die ich als nördliche Grenze des positiveren Teils meiner Erinnerungen betrachte, lag südlich von mir, also: Autopilot aktivieren, direkter Gang: *'put the hammer down'*.

Bis zum Landeanflug auf Hamburg nur noch geradeaus, Erhebungen waren nicht mehr zu erwarten, was die Hamburger als Harburger Berge bezeichnen, verdient eher den Namen Maulwurfshügel.

Lüneburger Heide. 3. Juli 1967, 21.45 Uhr. Ich lag mit sieben Unbekannten in einem trostlosen Zimmer und starrte die weiße, sterile Decke an. Vier doppelstöckige Betten, acht Schränke, ein Tisch, acht Stühle, ein Mülleimer.

An der Tür ein *'wiederkehrender Dienstplan'*. Ab sofort erwartete man von mir, meine Pflicht zu erfüllen, ein *'Mann'* zu sein und mit der Waffe in der Hand mein Vaterland zu verteidigen, falls es befände, in einer Notwehrsituation zu sein. Die Begründungen dafür würde es mir sicher nicht freiwillig liefern, ich würde ihm schon glauben müssen.

Ich hatte keine Vorstellung davon, wie ein Mann zu sein hatte.

In einer Kaserne in Sibirien lag zur gleichen Zeit ein *'Mann'*, der ähnliche Schwierigkeiten hatte.

Vielleicht würden wir uns eines Tages gegenseitig die Eingeweide und das Gehirn herausschießen, ohne das erfahren und ohne gelebt zu haben.

Seine und meine Mutter würden sich fragen, ob es nicht besser gewesen wäre, uns nie den *'Vaterländern'* ausgeliefert zu haben.

Der Jüngling in Sibirien weinte verstohlen unter seiner Decke und hoffte, daß niemand diese *'Unmännlichkeit'* bemerkte.

Ich hätte meinen sibirischen Bruder gern in die Arme genommen und getröstet.

*

Nach wenigen Monaten in der Schule der Nation beherrschte ich einige für das weitere Leben sehr nützliche Dinge bereits erheblich besser.

Zum Beispiel war mir jetzt endlich klar geworden, daß Zivilisten noch nicht einmal richtig gehen können. Das, was sie fälschlicherweise dafür halten, ist in Wirklichkeit *'taumeln'*, denn ein vaterländisch gestählter Mensch fühlt sich nur dann wohl, wenn er von mindestens acht Personen umgeben ist (besser sind noch ca. dreißig), die alle dieselbe, in sehr gedeckten Tönen gehaltene Kleidung tragen[1], einen Metallbehälter auf dem Kopf balancieren, sich in demselben Rhythmus bewegen und die gleichen sinnlosen Texte zur selben Zeit in dieselbe Richtung grölen. Das stärkt das Zusammengehörigkeitsgefühl.

Noch intensiver wurde das wärmende Gefühl der Zugehörigkeit und Geborgenheit, wenn sich nach einem 20-km-Marsch alle gleichzeitig in einem engen Raum die Stiefel auszogen. Dann wurden diese Empfindungen so zusammenschweißend, daß ich gegen eine Ohnmacht ankämpfen mußte.

Ganz neue Arbeitstechniken brachte man mir bei. Nach in-

---

1 Trotz durchaus variierender Körpergrösse und unterschiedlichen Leibesumfangs reichen ganz wenige Konfektionsgrößen aus, die Truppe aufs vorteilhafteste zu kleiden, wie ich mit großem Erstaunen feststellen mußte.

tensivem Training gelang es mir, einen hoffnungslos überarbeiteten Eindruck hervorzurufen, bevor ich überhaupt angefangen hatte, irgend etwas zu tun (beim Militär tut man meistens *'irgend etwas'*).

Unterrichtung wurde dem mehr oder weniger Wißbegierigen gleichermaßen in der Anatomie des weiblichen Geschlechts zuteil, ob er nun wollte oder auch nicht.

Da in militärischen Formationen besonders darauf geachtet werden muß, die intellektuelle Aufnahmefähigkeit der Soldaten nicht auf zu anspruchsvolle Proben zu stellen, wurden hier gewisse Vereinfachungen der Betrachtungsweise eingeführt, alles darüber Hinausgehende hätte die Leute überfordert; also beschränkte sich die Fokussierung auf die Körperregionen, die vom an Nabel abwärts vorkommen, wobei deren *'Inwertsetzung'* durch die männliche Gattung besonderes Augenmerk zuteil wurde.

Auch die Nahrungsaufnahme gestaltet sich beim Militär grundsätzlich abweichend von der Art, die außerhalb von Kasernen üblicherweise praktiziert wird. Dies betrifft in erster Linie die Flüssigkeiten. Hier werden vorrangig zwei Ziele verfolgt:

1. Die zu verabreichenden Getränke sollten möglichst schon morgens alkoholisch sein.

2. Es muß durch ständiges Üben angestrebt werden, in möglichst kurzer Zeit diejenigen Quantitäten hinunterzustürzen, die ein Kamel befähigen würden, die Sahara ohne erneutes Nachtanken zu durchqueren.

Ein kleiner Nachteil dieser allseits beliebten Gewohnheiten besteht darin, daß manche bei der Rückkehr ins Zivilleben gelinde Schwierigkeiten haben können, mit derartigen, mittlerweile in Leber und Blut übergegangenen Hobbies wieder aufzuhören. Den Betroffenen steht dann aber immerhin noch die Möglichkeit offen, sich weiterzuverpflichten, um diese Formen der verfeinerten Lebensart bis zur Perfektion zu entwickeln.

Abgerundet wurde meine militärische Ausbildung durch eine zweimonatige Wehrübung, die ich in dem malerischen, anheimelnden Ambiente des Truppenübungsplatzes *Munster-Nord* verleben durfte.

Haften geblieben im Gedächtnis ist mir ein Oberfeldwebel, der über die denkwürdige Eigenschaft verfügte, seine Arme wie *'Growian'* rotieren lassen zu können. Hätte man ihm eine Glühbirne in den Hals geschraubt, hätte er vermutlich eine vortreffliche Gefechtsfeldbeleuchtung geliefert.

Auch sonst waren die langen Jahre abwechslungsreichen und erbaulichen Dienstes nicht spurlos an ihm vorübergegangen. So hatte er sich, gedrillt durch disziplinierten Funksprechverkehr selbst unter feindlicher Artilleriebelegung, die Angewohnheit zu eigen gemacht, alle ihm wichtig erscheinenden Satzteile zweimal auszusprechen.

Während acht Wochen gelang es uns allerdings nicht, seine Wertehierarchie zu ergründen, nach der er diejenigen semantischen Einheiten aufspürte, die sich eine Verdoppelung verdient hatten. Allerdings schien das ihm wesentlich Erscheinende mit der Tageszeit auch gewissen Änderungen zu unterliegen: waren es bis zum Mittag noch eher dienstliche Tätigkeiten, so verlagerte sich gegen Abend alles zum kameradschaftlichen Teil: *'Whisky, Whisky'*, was natürlich auch als Teil des NATO-Alphabetes zu interpretieren gewesen wäre und somit für seine hohe Dienstauffassung gesprochen hätte.

Wie immer dem auch gewesen sein mag, sein diesbezüglicher Einfluß auf uns war von der Art, daß wir am Ende der glorreichen zwei Monate alle Mühe hatten, uns diese extravagante Sprechweise wieder abzugewöhnen, wieder abzugewöhnen ...

*

Hamburg. Das Tor zur Welt kündigte sich mit seiner typischen Geruchsmischung aus Raffinerien und Hafen an.

Das Gefühl, daß ich nun ganz in der Nähe des meerumschlungenen, deichgeschützten Landes war, ließ den leichten Übermut, der mir beim Passieren der Schauplätze vergangener Schand- und Ruhmestaten die Seele massiert hatte, schnell wieder gegen Null streben.

Durch den Elbtunnel (ein RANKSches Geburtstrauma fühlend, empfand ich doch das mir Bevorstehende als einen schockartigen Eintritt in eine unbekannte Welt), gleich am Ende rechts ab nach Altona, wo mein Bruder wohnte, der mich für die Nacht beherbergen würde. An der vierten Abzweigung verlor ich bereits unwiederbringlich die Orientierung, parkte schätzungsweise drei Kilometer von der Wohnung entfernt und ging den Rest vorsichtshalber zu Fuß, um nicht im Labyrinth der spinnennetzartigen Einbahnstraßen den Ariadnefaden und die Hoffnung zu verlieren.

Es war ein naßkalter Nachmittag, wie es in Hamburg vermutlich dreihundert pro Jahr gibt, und die Häuser sahen nach Hanseatenart arrogant und unnahbar auf mich herab.

Entweder schienen sie überhaupt nicht zu bemerken, daß da einem Heimatlosen etwas Zuwendung Trost gewesen wäre, oder dieser Dahergelaufene war ihnen genauso gleichgültig wie die Tauben, die gurrend auf Dächern und Dachrinnen flanierten.

Alles schien sehr entfernt, grau und mitleidslos, kümmerte sich überhaupt nicht um mich, wies mich eiskalt zurück. Dieser Eindruck des damaligen Freitagnachmittages ist in meiner Vorstellungswelt eine feste Verbindung mit meinem persönlichen Bild von Hamburg eingegangen.

Dort bin ich immer nur abgereist, nie angekommen, auch hat mich in dieser Stadt niemals jemand erwartet. Höchstens mit dem Kaffee, aber nicht mit dem Herzen.

Vielleicht hat diese Stadt ihre Leidensfähigkeit erschöpft in den von Bomber-Harris' Royal Air Force als Antwort auf den Naziterror gegen Coventry entfachten Phosphornächten, in denen das stolze, hochmütige Hamburg seine Kinder als lebende Fackeln verglühen sah: zerfetzt, verdampft und ausradiert in den waffenstarrenden Flakstellungen, welche die fliegenden Festungen mit ehernen Titanenfäusten von den Luftschutzbunkern rissen.

Keine Stadt vergißt die Schreckensnächte in den Bombenkellern, die Sirenen, die Schreie wie verendende Tyrannosaurier ausstoßen und ankündigen, daß der ohne alles Maß tobende Leviathan Krieg auf Beute aus ist, auf schlachtfrisch rauchendes Menschenfleisch, das ihm die Kraft verleihen wird, weiterzurasen.

Das Grauen hat sich auf ewig in den Häusermauern eingenistet und überträgt sich auf die Bewohner, die es auch mit ihrem euphorischsten Lachen nicht vertreiben können.

'Das ist nun mal der Norden', flötete bewußt forsch der Wanderer im Walde, der ich selbst war, *'rauhe Schale, weicher Kern'*.

Die tibetanische Gebetsmühle funktionierte noch schlechter als sonst.

Hamburg und der Norden begannen unaufhaltsam, mein Leben zu ergreifen, und ich hatte dem nichts entgegenzusetzen.

Der Empfang bei meinem Bruder war wie immer. Auf sehr vertrautem Fuße haben wir eigentlich nie gestanden, dazu sind wir genetisch zu unterschiedlich, und die Erziehung, die uns unsere Mutter angedeihen ließ, hatte manches intendiert, anderes als Gewolltes erreicht, jedoch nicht, falls überhaupt bezweckt, eine brüderliche Vertrautheit erzeugen können.

Mir war offensichtlich schon früh der immerwährende Part des *'kleinen Bruders'* zugeteilt worden, mit allen landläufigen Konnotationen des nur bedingt Zurechnungsfähigen, vorsichtshalber ständig der Kontrolle Bedürfenden.

Da man aber versäumt hatte, mir das Drehbuch mit der mir zugedachten Rolle auszuhändigen, hatte ich bedauerlicherweise ständig Fehler begangen.

Ich hatte immer dann gelacht, wenn zu schweigen angebracht gewesen wäre, hatte Ideen entwickelt, wenn es genügt hätte, Anordnungen zu befolgen, hatte gefragt, wenn man am wenigsten damit gerechnet hätte oder es für unpassend hielt, meinen Lehrern nicht alles für bare Münze abgenommen und auch sonst ein Verhalten gezeigt, das die Zustimmung meiner unterkühlten, preußisch-distanzierten Mutter nicht sehr oft hatte finden können.

Als besonders störend stufte sie meine unerschöpfliche

Phantasie ein, die sie bei einer Tochter wohl noch gerade akzeptiert hätte, aber ihrer Erwartung von dem, wie sich ein männliches Wesen, namentlich ein deutsches, aufzuführen habe, unversöhnlich entgegenstand.

Am liebsten hätte sie mich als großen Sportler gesehen. Um diesem Ziel näherzukommen, hatte sie die wenig glorreiche Idee, mich beim Männerturnverein meiner Heimatstadt anzumelden. Die Leibesertüchtigung, die dort betrieben wurde, konnte meinen Enthusiasmus nur sehr begrenzt entfachen. Alle möglichen Arten von Folterbänken wurden unter großer Mühe aufgestellt, einzig zu dem Zweck, an diesen Geräten Verrenkungen und wundersame Übungen auszuführen, die etwas mit Eleganz und Körperbeherrschung zu tun haben sollten.

Die Begabung, den Eindruck von Eleganz zu bewirken, war mir zweifellos nicht in die Wiege gelegt worden, ich mußte ständig meine gesamte Konzentration aufbringen, um spektakuläre Abstürze zu verhindern, was beim Betrachter eher Bedauern als Begeisterung hervorrief. Als ich mir dann eines Tages den linken Arm brach, befand mein Vater, daß die Schinderei des armen Jungen nun endlich ein Ende haben müsse, ich durfte mich aus dem Verein abmelden.

Das Glück war hingegen nur von kurzer Dauer, denn als nächstes entschied meine Mutter: Schwimmen, das sei die richtige Sportart für mich, da mich mein Körperbau geradezu prädestiniere, wie ein Delphin durchs nasse Element zu zischen. Damit ich in Kürze an den olympischen Spielen teilnehmen könnte, mußte ich allerdings erst die Grundfertigkeiten dieser Disziplin erlernen. Kein Problem, sie hatte mich schon wieder in einem Verein angemeldet.

Der Schwimmlehrer dieser männlichen Vereinigung war ein strikter Anhänger preußischer Schwimmunterrichtsdidaktik, deren einzige Maxime lautet: *'gelobt sei, was hart macht'*.

Da aber auch er, trotz aller zur Schau getragenen Schneidigkeit, die Augen vor der Tatsache nicht verschließen konnte, daß Menschen Angst vor Wasser haben, hatte er sich im Laufe der Jahre ein einfühlsames Konzept zurechtgelegt, wie man ihnen diese Angst nehmen konnte.

41

Schrecklich einfach, die furchtsamen Kandidaten seiner schwimmtechnischen Unterweisungen wurden am ersten Tag ins Wasser geworfen, und zwar in das drei Meter tiefe Schwimmerbecken. Dies erschien ihm völlig logisch, denn sein Unterricht hieß *'Schwimmunterricht'*, nicht: *'Laufen-auf-dem-Boden-eines-wassergefüllten-Beckens-Unterricht.'*

Aus der Art und Weise, wie die aufgeschreckten Opfer seiner Einführungsveranstaltung das rettende Ufer erreichten und in welchem Zustand, konnte er wertvolle Rückschlüsse auf deren Begabung für den Schwimmsport im allgemeinen ziehen, was dem weiteren Unterricht und somit den Kandidaten nur förderlich sein konnte.

Als mein Vater von diesen Methoden erfuhr, kam er zu dem Schluß, diesen Schwimmlehrer als *'Arschgeige'* einzustufen und ihn daher auch nicht mehr mit der Unterweisung seines Sohnes zu betrauen. Dieses Mal mußte mich meine Mutter persönlich beim Verein abmelden, was ihr eine Lehre sein sollte, wie mein Vater hoffte[1].

Meine Mutter sah mir das erneute klägliche Scheitern der sportlichen Ambitionen, die sie für mich hatte, nie mehr nach, da sie der festen Überzeugung war, ich hätte schon gekonnt, hätte ich nicht diese starke, nicht zu brechende Renitenz in mir, deren Herkunft sie natürlich der väterlichen Linie zuschrieb.

Meinem Bruder hatte sie da erheblich mehr durchgehen lassen, schien er in seinem Charakter und Auftreten den Erwartungen der Mutter sehr nahe zu kommen, wobei ich bis auf den heutigen Tag nicht herausgefunden habe, ob sie nicht vielmehr umgekehrt, je nach ihrem Bedarf, ihre Wunschvorstellungen dem jeweiligen, von meinem Bruder gerade an

---

1 Sportliche Betätigungen, gleich welcher Art, betrachtete mein Herr Vater sowieso als etwas für Leute, die aus Langeweile auf diese Hirngespinste verfielen. In bezug auf das Schwimmen vertrat er die Meinung, daß der liebe Gott uns sicher mit Kiemen und Flossen ausgerüstet hätte, wenn er uns als Beherrscher der Meere geplant hätte.

den Tag gelegten Verhalten anpaßte, so daß er fortwährend und zuverlässig der Gefahr entgangen war, überhaupt etwas falsch machen *zu können;* ein beneidenswerter Zustand, wie ich klammheimlich immer befunden hatte.

Für die Hypothese, daß meine Mutter die Realität ihren Bedürfnissen entsprechend zurechtbog und -biegt, sprach und spricht so manches Indiz, nicht zuletzt der zur Schau getragene indignierte Gesichtsausdruck[1], der als deutliches Signal an die Umwelt gemeint ist, daß man hier eine Person vor sich habe, der das Leben die Dinge boshaft und vorsätzlich verweigert habe, die ihr, nach eigener Überzeugung, mehr als zustanden, was seitens der Betroffenen keinesfalls akzeptiert werde. Immerhin entstamme sie einer preußisch-elitären Beamten-, Offiziers- und Akademikerfamilie!

Um dieses System mit ihrer Psyche im Gleichgewicht halten und die Widersprüchlichkeiten erträglich gestalten zu können, hat sie differenziert modifizierte Wahrnehmungsweisen und Ordnungskategorien für ihr Leben erfunden, die keinerlei Realitätsprüfung standhalten würden, von dieser Examinierung aber ausgenommen sind, da sie in einem individuellen Koordinatensystem existieren, das der irrationalen, lustbetont-tyrannischen Diktatur des FREUDschen 'Es', untersteht, somit nachvollziehbaren Kriterien perfekt entzogen bleibt.

In diese Unterwelten einzudringen, ist von der Natur ihrer Anlage her Außenstehenden verwehrt, was den Umgang mit diesem Seelengebräu und ihrer Erfinderin aufs äußerste erschwert, überwiegend unmöglich macht[2].

Mein Weggang aus meiner überwiegend auf den Norden

---

1 Der Volksmund hält hierfür das unübertreffliche Bild der *'beleidigten Leberwurst'* bereit.

2 Klinisch-analytisch betrachtet liegt hier eine Regression vor, verbunden mit einer Fixierung, die auf nicht verarbeitete früh-kindliche Konfliktkonstellationen hindeutet. Dieses Buch halte ich nicht für den Rahmen, um der inneren Familiensphäre zugehörigen, sehr privaten Dingen nachzugehen. Sie werden nur erwähnt, um Ansätze für die Hemmnisse und Beschränktheiten anzudeuten, die ich bei mir selbst immer wieder gefunden habe.

ausgerichteten Heimatstadt Goslar ins südliche Frankfurt war von meinem Bruder, für den, wie er niemals zu betonen vergaß, der Balkan bei Hamburg-Harburg anfängt, mit reichlichen Sottisen begleitet worden, so daß er nunmehr glaubte, ausreichend Anlaß und Berechtigung zu besitzen, meine quasi-reuevolle, nicht ganz freiwillig erfolgte Verlegung in den Norden halb zustimmend, halb süffisant kommentieren und begleiten zu müssen.

Dies geschah in der fürsorglich-herablassenden Weise des großen Bruders dem kleinen gegenüber, für dessen Flausen man in der Vergangenheit mehr Geduld aufgebracht habe, als schlechterdings zumutbar gewesen sei.

'Nun reiß' Dich zur Abwechslung mal zusammen, vielleicht wird aus Dir ja doch noch mal was Vernünftiges, was ich mir zwar kaum vorstellen kann, aber ...', schien er mir zu übermitteln.

Da ich ausnahmsweise wenig Lust zu Streitereien verspürte, verlief der Abend in einer zwischen uns ungewöhnlichen Harmonie. Ich ging früh zu Bett, um am nächsten Morgen rechtzeitig Schleswig-Holstein unter den Kühler nehmen zu können.

Die ohnehin unruhige Nacht wurde mir versüßt durch die lieblichen Gesänge der Reeperbahn-Spätheimkehrer, über deren gesangliche Qualitäten durchaus zu diskutieren gewesen wäre, die Lautstärkeintensität hingegen gab, nach militärischen Regeln beurteilt, nicht den geringsten Anlaß zu Beanstandungen.

'Wenn der erste Eindruck der richtige ist, dann gute Nacht, Marie', dachte ich mir, aber weder eine Marie noch Morpheus ließen mich in ihren Armen zur Ruhe kommen.

*

Wie gerädert saß ich um 6.00 Uhr im Wagen und suchte den nördlichen Ausgang dieser ungastlichen Stadt, wenigstens unbehelligt von der Rush-hour, die samstags nicht abgehalten wird.

Dies war nun die Schlußetappe, der *'point of no return'*, die Elbe war zu meinem Rubikon geworden.

Im Osten überzog die aufgehende Sonne den Himmel mit einer Purpur-Aura. Die über das platte Land verstreuten Gehöfte und Katen rechts von mir setzten sich zu meiner Begrüßung Kronen von feurigen Dornen auf, in den Backsteinmauern links von mir färbten sich die vorher pechschwarzen Augenhöhlen blutrot, wie Stigmatisierungen in den Fachwerkskeletten.

Das Land zwischen den Meeren bemalte sich zu meiner Einstimmung mit dramatischen Farben.

Das Licht des Nordens ist ständigem Wechsel unterworfen, ausgeliefert der unberechenbaren Willkür des Wolkenzuges. Unstet, nie lange gleich, mal durch ein Loch einen Kirchturm herausgreifend, dann wieder diffus verhüllend, prägt es, wie sonst nirgends, den Charakter und die eigentümlich eintönige, melancholische, mitunter gespenstische Wirkung dieses Landes.

Die Vertikale sucht das Auge vergeblich, dafür bekommt es im Übermaß die Weite der eiszeitlich geprägten Landschaft geboten, bevor es sich schließlich hinter den Deichlinien in der Unendlichkeit der See verliert.

Wer hier geboren wurde, fühlt sich durch jeden Berg, jeden Hügel eingeengt und dieses freien Blickes beraubt.

Die ersten weiß-roten Leuchttürme der Küstenbefeuerung setzten farbige, senkrechte Linien in das satte Grün der Weiden, zu ihren Füßen wiederkäuende Schwarzbunte, abgelöst von den geländegängigeren, leichteren Schafen, die die Deichbegrasung kurz halten, ohne sie zu ruinieren.

Und dann das Meer, zu dem ich schon als Kind eine besondere Beziehung hatte.

Von einem Sommerferienaufenthalt zum folgenden kamen mir regelmäßig Zweifel, ob ich es je wiedersehen würde. Irgendwie wurde ich den Verdacht nicht los, daß es beim nächsten Mal verschwunden sein könnte, wie das Badewasser, dessen Existenz mit dem Herausziehen des Stöpsels jäh beendet werden kann. Um so überraschter und erfreuter war ich immer wieder aufs neue, es unverändert wiederzusehen.

Nun würde ich sogar mein weiteres Leben am Meer verbringen, dieser Gedanke übte eine nicht zu beschreibende Faszination auf mich aus.

In geradezu künstlichem, unverschämtem Ansichtskartenblau präsentierte es sich mir, verziert von den tätowierten Dreiecken der Segelboote, zwischen denen ein geschäftig tuckernder Krabbenfischer – voller Verachtung für den Müßiggang der Süßwassermatrosen aus der Großstadt – nach getaner Arbeit seine Bahn hinter die heimatliche Mole zog, umschwärmt von zänkisch keifendem Möwenvolk, das sich Aussichten auf ein gutes Frühstück machte.

Die Insel lag vor mir wie ein Pfannkuchen, die Deichumrahmung hatte die Form beim Backen emporgequollenen Teiges, der dem Ganzen Halt gab.

Zur Sicherheit schien man die Konstruktion an den Außenpunkten noch durch vier Leuchttürme verstärkt zu haben, die vermutlich wie Reißzwecken das Versinken ins Meer verhinderten sollten, um Atlantis' Schicksal zu entgehen.

Auf diese Szenerie schien Rod Stewart nur gewartet zu haben, der, wie auf sein Stichwort, sich mit seinem *'Sailing'* perfekt in die Meeresidylle eingliederte und sie akustisch ausmalte.

Solcherart war meine Inselankunft.

46

4. Kapitel

Da die Zeit bereits knapp war, und ich den Herrn Schulleiter, meinen zukünftigen Vorgesetzten[1], auf keinen Fall auf mein gelungenes Entrée warten lassen wollte, fuhr ich auf direktem Wege zur Schule.

Während ich über die verbogene, holprige Hauptstraße rumpelte, flüsterte mir eine dunkle Vorahnung ein, die Insel- und Schulgemeinschaft wisse schon viel mehr von mir als ich über sie – die Blicke der vereinzelten Fußgänger auf mein exotisches Nummernschild bestärkten mich in dieser Vermutung und sprachen Bände – zumindest hatte man gewiß bereits eine Meinung über Frankfurt.

Die einfacheren Gemüter die von *'Bild'* verbreitete, die beleseneren Bewohner, deren insulare Existenz ich wohlwollend voraussetzte, dachten eventuell an die tief in der Wolle marxistisch gefärbte und vom KGB finanzierte Frankfurter Schule, an solch suspekte Elemente wie ADORNO, HORKHEIMER, MARCUSE, HABERMAS et al., bei deren tunlichst zu vermeidender Erwähnung jeder anständige Christenmensch vorsichtshalber das Kreuz schlägt, selbstverständlich ohne sie jemals gelesen zu haben.

Mit an Sicherheit grenzender Wahrscheinlichkeit war die Urbevölkerung sich darin einig, über alle Bildungsschranken hinweg, daß *'man einfach nicht aus so einer Stadt kommt, Punktum!'*.

Ich meldete mich im Sekretariat bei der grauen Vorzimmerdame, die, wie ich mit untrüglich erinnere, keinerlei Gesicht besaß. Das heißt, ich *wollte* mich gerade bei ihr melden,

---

1 Bei *'vorgesetzt'* fällt mir folgende Situation ein: jemand sitzt im Gefängnis und bekommt einen scheußlichen Fraß hingeknallt (Steckrübeneintopf mit *einer* Schweineschwarte, die einen blauen Stempelaufdruck *'garantiert trichinenfrei'* zwischen den Borsten trägt). «Was habt Ihr mir denn da vorgesetzt?!» brüllt der Strafgefangene.

als mir (und ihr) das Zepter aus der Hand gerissen wurde durch den ins Zimmer stürmenden Esbit, der triumphierend meinen persönlichen Stundenplan wedelte und mir fast auf die Nase klebte. Offensichtlich eines seiner unerträglich wichtigen Dienstdokumente.

«Da sind Sie ja endlich. Folgen Sie mir.», war seine wenig verheißungsvolle Begrüßung.

'Alles, was Sie von jetzt ab sagen, kann gegen Sie verwendet werden', fügte ein wahrsagender Satan in meinem Kopf ergänzend hinzu.

Es war Unterrichtspause, und wir begegneten auf den Gängen einigen Schülern, die umgehend von Esbit angeschnauzt und auf den eiskalten, zugigen Hof getrieben wurden. Sie quittierten diese Anweisung mit Blicken, die ich noch nicht richtig deuten konnte, damals.

Für die Funktion des neutralen Beobachters und Analytikers war ich auch alles andere als in der optimalen Verfassung.

Auf den Korridoren hatten sich die SchülerInnen ununterbrochen nach mir umgedreht und grinsend über mich gewispert.

Mir war sterbenselend und meine Knie zitterten, als wir das im ersten Stock gelegene Lehrerzimmer erreichten. Das Öffnen der Tür zog ca. dreißig Augenpaare auf mich, dreißig unterschiedliche Farben und Formen, ein Ausdruck:

'Aha, der Neue. Aus Frankfurt.'

Allen wurde ich der Reihe nach vorgestellt, behielt keinen einzigen Namen länger als zwei Sekunden, ertrug die prüfenden Blicken unterschiedlich schlecht und war froh, als ich neben die junge Kollegin gesetzt wurde, deren Klassen ich übernehmen sollte, da sie den Schuldienst quittiert hatte, um ihre Familie zu erweitern und anschließend zu erziehen.

Eine leider exklusiv dem holden Geschlecht verliehene Fähigkeit, manchem elegant aus dem Wege zu gehen, natürlich nicht uneingeschränkt zu empfehlen, weil man nie sicher sein kann, was der Nachwuchs an Überraschungen bereit hält und worauf man sich einläßt.

Aber dies sind Spitzfindigkeiten aus der zeitlichen Distanziertheit: *'hic Rhodus, hic salta!'*.

Mein *'Rhodus'* war die Schule, wie hoch und weit die Sprünge werden sollten, blieb der Zukunft und Esbit vorbehalten.

Sie machte einen vertrauenerweckenden Eindruck auf mich, die Kollegin, und sie hatte gleich eine kleine Bitte an mich, die liebe Ingrid, die ich ihr gern erfüllte, indem ich mich spontan bereit erklärte, ihre erste Montagsstunde in Vertretung zu übernehmen, denn sonst müsse sie eigens für diese lächerlichen fünfundvierzig Minuten die Fahrt vom Festland unternehmen, was sich ja nicht recht lohne.

Zusätzlich verschaffe mir das den Vorteil, umgehend meine zukünftigen Schüler kennenzulernen und außerdem treffe sich alles sehr günstig, da ich zur besagten Zeit sowieso eine Freistunde habe, wie sie blitzschnell dem in meiner Hand vibrierenden Stundenplan entnahm.

Überflüssig, den Direktor mit Lappalien wie Stundentausch zu behelligen, versicherte sie mir auf meine schüchterne Frage. Das sei ja problemlos unter uns regelbar, Hauptsache, die Stunde werde abgehalten und müsse nicht ausfallen.

In realistischer Einschätzung meiner erzieherischen Talente wäre es mir am sinnvollsten und für alle Beteiligten am komplikationslosesten erschienen, von mir zu erteilenden Unterricht generell ausfallen zu lassen[1].

Aber das behielt ich denn lieber doch noch für mich, einer glücklichen Eingebung Folge leistend. Mangels stringenterer pädagogischer Konzepte, deren Existenz mir während des Studiums jedenfalls nicht zur Kenntnis gebracht worden war oder mir sonst irgenwie aufgefallen wäre, was entweder an der Vagheit der Gesellschaftswissenschaften oder an meiner selektiven Wahrnehmung lag, hatte ich eigene Unterrichts-

---

1 Dies ist überkritisch, aber was Selbstbeurteilung betrifft, bin ich an Gnadenlosigkeit nicht zu übertreffen.

methoden entwickelt, und zwar nach Ober- und Unterstufe grundlegend verschieden (in der Mittelstufe unterrichtete ich intuitiv).

Wissenschaftlich verklausuliert und verbrämt würde ich die bis zur Klasse 6 einschließlich (in Schleswig-Holstein in der typischen Hybris *'Quinta'* genannt) von mir bevorzugte Methodik als *'induktiv'* charakterisieren, was sich gar trefflich anhört.

In inneren Zirkeln, zu vorgerückter Stunde, hätte man diese Art von Didaktik ganz anschaulich paraphrasieren können als eine Mischung von Robert Lembkes heiterem Beruferaten und der Sesamstrasse plus Muppets Show: *'welches Schweinderl hätten's gern?'*.

Von Klasse 7 bis Klasse 9 (*'Quarta'* bis *'Obertertia'* für Grössenwahnsinnige) fand bei mir eigentlich nichts in der Art statt, was Außenstehende als Unterricht im landläufigen Sinne hätten erkennen können. Die Kinder pubertierten heftig, und meine Hauptbefürchtung war, daß der Krach überhand nehmen könnte, was die in den Nachbarräumen unterrichtenden Kollegen auf den Plan gerufen hätte. Dies war unbedingt zu vermeiden.

Eigentlich gefiel mir persönlich diese Art von Chaos nicht schlecht, da sich die Natur Bahn brach und durch ihre anarchistische, unbezwingbare Gewalt das ganze Widernatürlich-Zwanghafte des Schulsystems gnadenlos offenbarte. Wenn bloß der Direktor nicht gewesen wäre, der in seinem Zimmer das Damoklesschwert wetzte.

Um auch für meinen in dieser Alterstufe ausgeübten, segensreichen pädagogischen Einfluß eine griffige Formel einzuführen, schlage ich vor: *'Groucho Marx in der Provinzklitsche'*.

Ab Klasse 10 (*'Untersekunda'*) wurde es dann meistens wieder etwas besser, d.h., wenn ich mich recht entsinne, war es da überhaupt am erträglichsten. Die Schüler bereiteten sich seelisch auf das Kurssystem der Oberstufe vor, mit der Pubertät hatten sie sich abgefunden.

Jetzt kam meine große Stunde: da sie mich mittlerweile als

gefahrlos im Sinne der Schulordnung klassifiziert hatten, ließen sie mir schon gewisse Freiheiten bei meinen Unterrichtsversuchen, was ich sehr zu schätzen wußte.

An besonders guten Tagen hatte ich dann immer ein Auditorium von ca. zehn Schülerinnen (die Jungen spielten lieber Karten oder fertigten Hausaufgaben für die folgenden Stunden an, wofür ich volles Verständnis hatte, irgendwann mußten sie das ja auch mal machen). Die Mädchen hingen mir an den Lippen, was meiner Eitelkeit gut tat, und wir hatten einen wirklich sehr intensiven Gedankenaustausch, gelegentlich gelang es mir sogar, etwas einzustreuen, das entfernt mit meinem Unterrichtsfach zu tun hatte, aber ich bestand nicht darauf[1]. Schließlich wollte ich sie ja nicht langweilen oder gar verärgern, dazu waren sie mir zu wertvoll als Restpublikum.

Zwei Kollegen mittleren Alters unterbrachen mich jäh in diesen Grübeleien, in die mich die Bitte der jungen Inselkollegin nach Vertretung in der ersten Stunde meines ersten Unterrichtstages gebracht hatte. Sie wandten sich mir zu mit anteilnehmenden Fragen der Art, wie ich denn gereist und angekommen sei und nach Anzahl, Art und Qualität meiner Wohnungsausstattung.

Sichtlich erschrocken darüber, daß ich noch nicht einmal ein Bett, sondern nur eine Campingausrüstung mein eigen nennen konnte, avisierten sie mir ihren kollegialen Besuch im Terrassenhaus für 15.00 Uhr, um mich etwas besser auszustaffieren.

Erneuter theatralischer Auftritt des Anstaltsleiters in antiker Manier. Durch Heben des Armes *('salve imperator')* gebot er Schweigen und kündigte dem nur mäßig interessierten Kollegium meine nunmehr unmittelbar bevorstehende Verei-

---

1 Eine wirkliche Sternstunde legte ich hin, indem ich einmal innerhalb von vierzig Minuten die gesamte geologische Erdgeschichte in einer phantastischen *'tour d'horizon'* vortrug und mit persönlichen Randbemerkungen anreicherte. Meine Mädchen schmolzen vor Bewunderung dahin!

digung gemäß den einschlägigen Passagen des deutschen Beamtenrechts an.

Dafür gab das Lehrerzimmer nicht den angemessenen, würdigen Rahmen ab, also hasteten wir atemlos zu seinem Dienstzimmer[1], in dem er mir unverzüglich undurchschaubare, in abstrusem Kanzleideutsch abgefaßte Verpflichtungserklärungen, Erlasse, Umzugskostenerstattungsregelungen mir nicht bekannter Landesregierungen, Kultusminister und anonymer Ministerialdirigenten verschiedener Besoldungsgruppen (mit und ohne Zulagen) in mehrfach geänderten, widerrufenen, ergänzten und erweiterten Fassungen (teilweise von nur vorübergehender Gültigkeitsdauer), Beihilfeverordnungen und sonstige höchst unterhaltsame Schriftstücke zu Gehör brachte.

Vereidigungen sowie Gelöbnisse, die ich auf die unterschiedlichsten Länder und Regierungen ablegen mußte, folgten dann anschließend.

Aufgelockert wurde diese verwaltungstechnische Weihestunde, indem er in unregelmäßigen Abständen aufsprang, wie wild meine Hand schüttelte, mir zu verschiedensten Ereignissen gratulierte, sich wieder setzte, erneut in die Höhe schoß und so fort. Der Verdacht kam in mir auf, daß ich es hier unter Umständen mit einer protestantischen Inselvariante der Echternacher Springprozession im Sitzen zu tun haben könnte.

Hin und wieder mußte ich etwas unterschreiben, und wenn ich mich nicht sehr täusche, war auch meine eigene Entmündigung dabei, so daß ich für mich eigentlich nicht in Anspruch nehmen kann, ich hätte nichts gewußt von der Wiederherstellung des deutschen Berufsbeamtentums und ihren Folgen.

---

1 Es zeugt von außerordentlicher, vorbildlicher Dynamik, immer so durch das Schulhaus zu rennen, als sei einem entweder der Leibhaftige auf den Fersen, oder als ob man dem Vorgesetzten unverzüglich einen Bericht über den Verlauf der Schlacht bei der Thermopylen zur Genehmigung vorgelegen müsse.

Es schien sich um irgendeine notdürftig verschleierte Form von archaischem Ritual zu handeln, deren Bedeutung mir weitgehend entging, vielleicht ein Initiationsritus, eine norddeutsche Beschneidungszeremonie. Ich begann, um Teile zu fürchten, an die ich mich im Laufe meiner Jahre sehr gewöhnt hatte. Sie würden mir fehlen.

Nachträglich stellte sich zweifelsfrei heraus, daß es das Hornberger Schießen war.

Mit der Beendigung des Hoheitsaktes fiel das sofortige Erlahmen des Interesses Esbits an meiner Person zusammen. Als laufbahntechnisch vorerst nicht weiter zu würdigende Person war ich für ihn nicht mehr vorhanden, eine *'persona non grata',* die ihn nur von seinem normalen blindwütigen Aktionismus abhielt, den er ganz irrtümlich als effizientes, solides Arbeiten ansah.

Mit leicht flackernden Augen belehrte er mich noch prägnant darüber, daß mein Dienstantritt am Montag zur ersten Stunde zu erfolgen habe, dann stand ich vor der Tür. Fünf Schritte weiter schoß mir durch den Kopf:

'Pest und Verdammnis, wieso zur ersten Stunde? Auf dem Stundenplan steht doch die zweite, und Ingrid habe ich für die erste meine Vertretung versprochen.

Was will der Alte überhaupt in der ersten von mir? Gut hast du das gemacht, ausgezeichnet hast du das hingekriegt. Keine zwanzig Minuten da, und schon bricht das Chaos los!'

Oh Schreck! Oh Graus! Mir schwante Fürchterliches; wenn das schon wieder *so* anfing ...

'Noch zweiundvierzig Stunden bis Montag früh, ganz allein auf dieser elenden Insel, ohne meine weitaus bessere Hälfte, die nächsten Freunde und Bekannten sechshundert Kilometer weg, keinen kennst Du hier, hast kein Telephon, keinen Fernseher, noch nicht mal Dein Bett.'

Panik überflutete mein Hirn, das heulende Elend überfiel mich, und meine treuesten und anhänglichsten Gefährten, die uralten Ängste, begleiteten mich über den eiskalten Schulhof zum Lehrerparkplatz, wo das letzte Stück Heimat, das mir noch geblieben war, auf mich wartete.

Das Terrassenhaus fand ich sofort; von den Leuchttürmen abgesehen, war es die höchste Erhebung auf dem Eiszeitpfannkuchen und diente als Orientierungspunkt für den Landverkehr.

Der Schlüssel sei bei einer Nachbarin hinterlegt, war uns nach Frankfurt gemeldet worden. Die brauchte ich nicht lange zu suchen, denn sie hatte, mangels anderer sinnvoller Beschäftigungsmöglichkeiten auf dem verlassenen Eiland, mein Eintreffen beobachtet, mehr oder weniger gut hinter ihrer Gardine getarnt. Nachdem sie mir den Schlüssel am ausgestrecktem Arm überreicht hatte, flüchtete sie alsbald in ihre rettende Wohnung und zog sicherheitskettenrasselnd die Zugbrücke hinter sich hoch.

In der Wohnung fühlte ich mich auf Anhieb wohl, sie hatte etwas sehr Übersichtliches. Kein störendes Möbelstück behinderte den freien Blick von einer weißen Wand zur gegenüberliegenden ebenso makellos weißen Fläche, beim Durchqueren der Räumlichkeiten mußte ich nicht auf Stühle und ähnlich unnützes Gerümpel achten, das mir in die Quere hätte kommen können, und auch die Elektrokabel, die von der Decke hingen, um dereinst Beleuchtungskörper zu speisen, trugen durchaus nicht dazu bei, die Suite unangemessen überladen wirken zu lassen, wie das bei kristallenen Kronleuchtern oft als ästhetisch beeinträchtigend beanstandet werden muß.

Um die Wohnung herum verlief ein breiter Balkon, zu allen Jahreszeiten stets optimal windgekühlt, auf dem sich gerade eine Schneeverwehung mit eindrucksvollen Luv- und Leedifferenzierungen bildete, was mein Geographenherz höher schlagen ließ, denn ich konnte tadellos verfolgen, wie sich diese geomorphologische Kleinform unter dem Einfluß der kräftigen Luftdruckdifferenzen permanent veränderte und im Begriff stand, die Balkontür zuzuwehen. Aber draußen sonnen wollte ich mich sowieso nicht, so daß mich dieses Naturereignis nicht aus der Bahn werfen konnte.

Aus sehr lobenswerten ökonomischen und ökologischen Gründen hatte man darauf verzichtet, die Zimmer auf mehr als 8° Celsius zu erwärmen, jedoch hatte man nicht vergessen, die Frostschutzschaltung zu aktivieren, so daß ich immerhin fließendes Wasser im flüssigen Aggregatzustand zu meiner freien Verfügung hatte, was ja immerhin schon besser als gar nichts war und mir deutlich zeigte, daß ich die von Menschen besiedelbaren Breiten doch noch nicht ganz verlassen hatte.

Um meiner Apathie entgegenzuwirken, erstellte ich eine Liste der Gegenstände, die ich unbedingt noch am selben Tag benötigte, um den ersten Inselabend nicht hungrig in Dunkelheit verbringen zu müssen.

Die Auswahlpalette im Lebensmittelgeschäft war der Abwesenheit der Touristenmassen angepaßt und zeichnete sich nicht dadurch aus, den potentiellen Kunden durch unangemessene Vielfalt zu verwirren und ihn vor die Qual der Wahl zu stellen.

Viel Geräuchertes, Holsteinisches gab es und farbenfrohe Flüssigkeiten in Flaschen, alles Abarten der Grundsubstanz 'Korn', die schon ganze Landstriche entvölkert und zahllose Familien in Elend, Not und Blindheit gestürzt hat.

In Frankfurt hätte ich solcherlei Fusel zu Beleuchtungszwecken oder zur Desinfektion kleinerer Verletzungen verwandt, aber hier schien man das Zeug wohl zu trinken, so daß ich mich diesen Gepflogenheiten anschloß. Nur zur besseren Verträglichkeit des Schinkens und des Aals, versteht sich, nicht etwa um mich in artifizielle Paradiese zu flüchten, denn war ich nicht gerade erst darüber belehrt worden, daß der Staatsdiener sich besonders dadurch auszuzeichnen habe, mit seinem vorbildlich-gemäßigten (oder mäßigen, ich konnte mich nicht mehr erinnern) Lebenswandel keinen Stein des Anstoßes zu bieten?

Selbst das vorzutragen, hatte der sich seiner Fürsorgepflicht stets bewußte Schulleiter nicht versäumt, nebst anderen an mich gerichteten, erbaulichen und lehrreichen Reden, gespickt mit ungebetenen Ratschlägen.

Auch war ich ermahnt worden, Wochenendfahrten nach Frankfurt zu meiner Frau, die ja ohnehin in zwei Monaten nachkomme, gefälligst zu unterlassen, bis dahin werde ich '*es*' ja wohl aushalten, außerdem solle ich das Wochenende besser für Korrekturen und Unterrichtsvorbereitungen nutzen.

Diese '*es*' betreffenden '*von-Mann-zu-Mann-Sudeleien*', die augenzwinkernd in den Pissoirs ausgetauscht werden, während '*Mann*' sich wiehernd mit dem *anderen* Arm in die Rippen boxt, haben mich schon immer angewidert, gefehlt hätte nur noch, daß er mir auf Staatskosten ein Abonnement für den nächstgelegenen Massagesalon überreicht hätte '*von Mann zu Mann*'!

Der nächste Gang führte mich in ein am Marktplatz gelegenes Haushaltswaren- und Elektrogeschäft, das ich kurz darauf wieder verließ, schwer beladen mit allerlei Werkzeugen, Glühbirnen, Schraubfassungen, Lüsterklemmen und einer Haushaltsleiter. Es paßte alles gerade so ins Auto, das seinen Weg schon von allein um die drei Ecken zum Terrassenhaus zurückfand.

Jetzt hatte ich wenigstens eine Ablenkung und fing nicht gleich wieder an, meinen tristen Gedanken nachzuhängen. Viel zu schnell war ich damit fertig, die vier Glühbirnen zu installieren, die ich brauchen würde, um die Intimät und Geborgenheit zu erzeugen, die, nach meiner Phantasie, im Hochsicherheitstrakt der Baden-Württembergischen Strafvollzugsanstalt von Stuttgart-Stammheim herrschen mußte.

Meine zu nichts führenden Grübeleien wurden durch die Klingel abgebrochen; die Herren Kollegen erschienen pünktlich auf die Minute und widmeten sich zunächst der Begutachtung meines neuen Domizils. Offensichtlich wußte hier jeder alles über jeden, wie ich ihren Unterhaltungen entnahm: sie kannten die Vermieterin nebst zugehörigen Familienmitgliedern über mehrere Generationen (inklusive schulischer Erfolge und Mißerfolge), der Hausbesitzer war ihnen kein unbeschriebenes Blatt, und die beim Hausbau beteiligten Handwerker hatten auch alle schon irgendwann einmal für sie gearbeitet (einer von denen war geschieden, ein anderer neigte dem Alkohol zu, ein weiterer pflegte seine Frau zu betrügen und zu verprügeln etc.).

Abschließend befanden sie, daß ich es mit der Wohnung nicht schlecht getroffen habe, die monatliche Miete, die sie völlig ungeniert erfragten, wurde als angemessen taxiert. Dann forderten sie mich auf, ihnen beim Herauftragen der mir zugedachten Luxusmöbel behilflich zu sein.

Beim Anblick derselben beschlichen mich gelinde Bedenken, ob wir uns nicht mißverstanden hätten. Meines Wissens hatte ich nichts in der Art verlauten lassen, daß ich meine Wohnung als Zwischenlager für unbrauchbare Wohnungsausstattungen zur Verfügung stellen wollte.

Als Arbeitsunterlage wurde mir ein in aggressivem Grün gehaltener Gartentisch zugedacht, der lediglich einen winzigen, nach unerschütterlicher Überzeugung seines stolzen Besitzers jedoch nicht ins Gewicht fallenden Nachteil hatte, die Tisch'platte' bestand aus Latten, einem Gartenzaun ähnlich. Durch Auflegen einer anderen Platte, die er aber in der Eile nicht habe wiederfinden können, sei dieser geringfügige Mangel im Handumdrehen auszugleichen.

Die besagte Platte tauchte nie wieder auf, vielleicht hatte er sie zwischenzeitlich versehentlich im Kamin verfeuert. Bei meinen ersten Schreibarbeiten machte mir die Einübung eines ganz ungewohnten Schreibstils noch ziemliche Mühe, da ich mich schwer daran gewöhnen konnte, nur auf den Latten zu schreiben. Zwischendurch geriet ich immer wieder in die Leerräume, und die ersten zwanzig Schülerhefte waren alle perforiert.

Dieses Arbeitsmöbel zeichnete sich zusätzlich durch die erstaunliche Eigenschaft aus, daß man seinen Standort auch in völliger Dunkelheit orten konnte. Ihm war ein sehr ausgeprägter, modriger Schimmelgeruch zu eigen. In mir kam nach und nach die Vermutung auf, daß es sich um einen Tisch gehandelt haben müsse, der auf einem der Sonnendecks der Titanic gestanden hatte und nach deren tragischem Untergang irgendwann als Strandgut auf der Insel angespült worden war, wo ihn die raffgierigen Bewohner blitzschnell annektiert hatten.

Die Schmuckstücke meiner neuerworbenen Wohnraumkollektion waren aber ganz ohne jeden Zweifel ein wackliger Nierentisch mit Streichholzbeinen und eine Tütenlampe, beides im unverwechselbaren Stil der peinlichen 50er-Jahre. Bei der Benutzung der Tütenlampe, so der sich nur schweren Herzens von ihr trennende Eigentümer, müsse unbedingt darauf geachtet werden, Glühbirnen mit einer Leistung von maximal 25 Watt zu verwenden, da sonst akute Brandgefahr provoziert werde.

Die Matratze des abschließend hochgeschleppten Bettes hatte auch schon bessere Tage gesehen, konnte in der Intensität ihres leicht muffigen Seegrasgeruchs aber keinesfalls mit meinem Arbeitstisch konkurrieren, kein Wunder, hatte sie ja auch erst ein Jahr in der Garage gelegen, *'das ist die verdammte Feuchtigkeit hier überall'*, murmelte der Bettenlieferant, Studienrat Strengholtz, als Entschuldigung.

Nach erfüllter Samaritermission verabschiedeten sie sich, bei welcher Gelegenheit mich der Dienstälteste und Ranghöchste von ihnen, Studiendirektor Waffelboldt, eine geradezu penetrante Nächstenliebe verströmend[1], für den Sonntagnachmittag zum Kaffee zu sich nach Hause einlud.

Ich hörte sie noch die Autotüren schlagen, wegfahren und war allein. Die Stille fand ein wehrloses Opfer und fiel auf mich.

Bedrückendes Schweigen erfüllte das Bauwerk, kein Geräusch aus seinem Inneren, das Leben oder eine seine Äußerungen bedeutet hätte. Das Haus konzentrierte sich auf die Lautlosigkeit, horchte in sich hinein und versuchte zu ergründen, womit seine Bewohner gerade beschäftigt waren. Dem Wind, der pfeifend um seine Ecken ging, gelang es

---

1 Er glaubte, dies seiner Frau unbedingt schuldig zu sein. Sie unterrichtete in den unteren Klassen der Schule Religion und versuchte, den Kindern die Ideale des Neuen Testaments nahezubringen. Kläglichen Schiffbruch erlitt sie täglich dadurch, daß Esbit ununterbrochen die Kontrastvorstellung lieferte und scheinbar sehr erfolgreich und lustvoll damit lebte, permanent alle von ihr gepredigten Gebote der Menschenliebe und Duldsamkeit mit Füßen zu treten.

nicht, es von dieser Tätigkeit abzubringen oder die Richtung seiner Gedanken zu beeinflussen.

Offensichtlich war es dem Anwesen nicht entgangen, daß es einen neuen Bewohner hatte, den es daraufhin überprüfen mußte, ob es ihn annehmen und beschützen, oder ob es ihm gegenüber eine feindselige Haltung einnehmen solle. Wenn die Untersuchung für den Aspiranten negativ ausfiele, was zu entscheiden es sich durchaus vorbehielt, fände es Mittel und Wege, ihn auszuspeien wie einen unverdaulichen Fremdkörper.

Es war zwar das jüngste der Gebäude in der ganzen Gegend, aber da es aus denselben Materialien wie die anderen bestand, kannte es deren vollständige Geschichte, und all ihre Erfahrungen und Handlungsweisen waren in seinen Fundamenten eingemauert. Es konnte jederzeit darauf zurückgreifen oder sich auch nachts mit den anderen beraten, wenn die Bewohner in ihrer Aufmerksamkeit nachließen und nicht ahnten, daß über ihr Schicksal entschieden wurde.

In engem Bunde stand es mit einem Backsteinbau schräg gegenüber, der unablässig zu mir herüberstarrte, aus mitleidlosen, neurotisch-gequälten Augen, in denen der mehrfach gebrochene Widerschein einer blauen Neonreklame irrlichterte. Die Schatten der windgefegten Zweige einer Trauerweide erzeugten an der Zimmerdecke das Muster eines hypnotisierenden Kaleidoskops.

Fahles, schwankendes Licht einer einsamen Straßenbeleuchtung hauchte waagrecht gejagten Schneeflocken sekundenkurzes Leben ein, bevor sie in der Dunkelheit untergingen.

Das Haus hatte mich ganz in die Enge getrieben. Unter Aufbietung aller restlichen Selbstbeherrschung, auf dem Fußboden, ganz in die Zimmerecke gedrängt, ertrug ich meine neue Umgebung und nahm so den Willkommensgruß der Insel entgegen.

In der ersten Nacht träumte mir etwas Sonderbares. Ich war beim Militär und sollte eine Unterrichtsstunde halten, für die ein Oberstleutnant sein Kommen angesagt hatte. Fernerhin hatte er mitteilen lassen, daß meine weitere Karriere davon bestimmt werde, ob ich die gestellten Anforderungen erfüllen *wolle.*

Fieberhaft durchsuchte ich daraufhin alle mir zugänglichen Unterlagen, ohne irgendwelche Anhaltspunkte zu gewinnen, welche Beurteilungskriterien er wohl meinte; meinen Kameraden war darüber auch nichts geläufig. Die Nacht verbrachte ich mit vergeblichen Versuchen, mich auf etwas vorzubereiten, das ich nicht kannte.

Da allen Soldaten bewußt war, daß von dem Unterricht viel für mich abhing, erschienen ausnahmsweise alle pünktlich und hatten die befohlene Ausrüstung dabei. Ich hatte ihnen eingeschärft, daß beim Eintreten des Stabsoffiziers eine besonders korrekte und disziplinierte militärische Meldung zu erfolgen habe, auf die ich sonst keinerlei Wert legte, da ich Erwachsene nicht bevormunde.

Der Vorgesetzte erschien zehn Minuten zu spät, die Meldung ging schief, ich verhedderte mich in den Fallstricken meiner mehr als dürftigen Vorbereitungen, und weitere zehn Minuten später übernahm er zornesrot den Unterricht mit der Bemerkung:

«Das ist der größte Mist, den je einer gewagt hat, mir anzubieten!»

Nach Ende des Unterrichts zitierte er mich ins Nebenzimmer und verriß die Stunde, die er eigentlich selbst gehalten hatte. Einwänden hörte er überhaupt nicht zu und bügelte sie diktatorisch ab, so daß ich es vorzog zu schweigen.

Abschließend informierte er mich teilnahmslos, daß ich im Morgengrauen des folgenden Tages von meinen eigenen Kameraden füsiliert werde, die, aufgrund seines intensiven Befragens, mit der Exekution einverstanden seien, da sie Grund genug hätten, um ihr Seelenheil zu fürchten.

Das schwache Licht des Tagesanbruchs rettete mich vor den Kugeln derer, die ich irrtümlich für Verbündete gehalten hatte.

In glücklicheren Tagen, als ich mit Leichtigkeit die Bedeutung des Geldes durch Lebensfreude übertraf, war mir

die Abwesenheit von Luxus nicht als sonderlich störend aufgefallen. Dies hatte sich zusehends geändert, je weiter ich
der ungebundenen, anarchischen Studienzeit entfremdet
wurde.

Es gehört zum Grundkonsens unserer Gesellschaftsord-
nung, die teilweise Preisgabe der persönlichen Freiheiten,
wie sie Voraussetzung für ein Arbeitsverhältnis ist, durch finanzielle Gegenleistungen zu kompensieren.

Wie hoch oder niedrig das Individuum auch immer das
Materielle für sich bewerten mag, ob es im Grunde diesen
Tauschhandel überhaupt akzepieren kann, hat es mit sich
selbst auszumachen. Danach wird es nicht gefragt.

So wie ich mich an meinem ersten Inselmorgen fühlte, wären die Devisenvorräte der Deutschen Bundesbank nicht ausreichend gewesen, mein Gemüt kompensatorisch aufzuhel-
len. Nach der feindlichen Nacht hätte nur das Lächeln eines
Menschen die Dämonen in die Flucht schlagen können,
stattdessen schwieg mich das Haus weiter an und von Menschen war weit und breit keine Spur zu sehen und kein Laut
zu hören.

Der Blick aus dem Schlafzimmerfenster traf als erstes auf
die Fassade der Realschule, etwas weiter dahinter lag das
Krankenhaus, beide Gebäudearten selten von Menschen fre-
quentiert, die sich in beneidenswerter, aufmunternder Verfassung befinden.

Aus dem Küchenfenster auf die Ausfallstraße zu blicken,
war auch nicht erbaulicher, da mir als erstes die Trauerweide
ins Auge stach, die am Abend für psychedelische Lichteffek-
te gesorgt hatte. Im trüben Licht des an jenem Sonntag sicher
nicht mehr erwachenden Tages machte sie ihrem Namen alle
Ehre.

Die Straße verlor sich im belanglosen Grau der Ebene
zwischen landwirtschaftlichen Intensivflächen auf ihrem
Weg nach nirgendwo. Während der zwanzig Minuten, in denen ich meine Gegner fixierte, befuhren zwei Wagen die
Straße, Menschenpassagen fanden keine statt.

Das Frühstück nahm ich, der Notwendigkeit und nicht

dem Verlangen gehorchend, auf meinem giftgrünen Garten-
mobiliar ein, dessen Ausdünstungen meinen Appetit vollends
zum Erliegen brachten.

*'Raus. Du mußt hier 'raus aus der Bude. Unter Menschen.
Schaufenster ansehen, bummeln, irgend etwas, bloß 'raus
hier!'*

Als ich auf der menschenleeren Straße stand, wurde mir
zum ersten Male erschreckend und realistisch bewußt, daß
ich Frankfurt, meine mir Sinn und Halt gebende Heimat, verloren hatte. Theoretisch war ich auf das Landleben vorbereitet, aber nur sehr, sehr theoretisch, wie ich praktisch fest-
stellte.

Das war ja ganz unbeschreiblich fürchterlich, dieses Kaff,
diese Insel, diese Einöde!

Lebten hier überhaupt welche?

Wo versteckte sich das Gesindel? Dies war die tiefste Provinz, der Archipel Gulag, Cayenne, die Insel ohne Wieder-
kehr! Eine Strafkolonie!

Was sollte hier bloß aus mir werden?

Der Graf von Monte Christo, der war ich, allerdings ohne
DUMAS, der mit einem Federstrich die Mauern um mich herum zum Einsturz hätte bringen können.

Der Rand der Ökumene, die Schattenlinie war von mir erreicht, hinter der nächsten Ecke standen bestimmt zwei Eski-
mos, aßen ranzigen Speck und tranken lauwarmen Lebertran
auf das Wohl von Robinson Crusoe, der zufällig vorbeilief
und sich vor diesem bedrohlichen Menschenauflauf schnell
in die Abschirmung seiner Baumhütte flüchtete.

Hier wäre KAFKA reichlich mit den lustigsten Inspiratio-
nen versorgt worden, und VAN GOGH hätte sich vor lauter
Übermut vermutlich nicht nur das Ohr abgeschnitten, sondern auf die eine oder andere Weise dafür gesorgt, daß er wenigstens keine Nachkommen zurückgelassen hätte, die in
dieser Wallachei dahinzuvegetieren gezwungen gewesen wären.

Immerhin gelang es mir, eine Telephonzelle ausfindig zu
machen und einige Zeit mit meiner Frau zu sprechen. Wir lo-

gen uns vor, wie planmäßig gut alles gehe und wußten gleichzeitig voneinander, daß wir schon erheblich überzeugendere Phantasiegebilde ausgetauscht hatten.

Klack, machte das letzte 5-Mark-Stück, das ich hatte, kappte die Verbindung und nahm mir die Illusion, wieder zu Hause gewesen zu sein.

Mißmutig zog ich zurück zum Terrassenhaus, völlig unschlüssig, wie man hier einen Sonntag verbringen sollte. Um überhaupt etwas zu tun, kratzte ich das Eis von den Autoscheiben und beschloß, eine kleine Rundfahrt zu machen, um die Insel zu erkunden.

Fünfhundert Meter entfernt von meiner Wohnung hörte die Bebauung auf, ein vereinsamtes Ortsausgangsschild kündete überflüssigerweise davon, daß der Ort hier tatsächlich endete. Wer hätte das gedacht? Es ist schön, wenn einem im Leben alles erklärt wird.

Nun begann 'die Natur', die fest im Griff der industriell betriebenen Agrochemie war (früher hieß dieser Erwerbszweig noch mit einiger Berechtigung 'Landwirtschaft').

Damit die Erinnerung daran, daß bäuerliches Wirken ehemals tatsächlich etwas mit harmonischer Wechselwirkung zwischen naturräumlichen Gegebenheiten und anthropogener Nutzung zu tun hatte, nicht verblaßte, hatte die bäuerische Inselbevölkerung große Schilder mit blödsinnigen Aufschriften installiert, die ihre aufopfernde Unterstüzung der von sich aus völlig hilflosen Landschaft ins rechte Licht rücken sollten.

Pflanzensoziologische Aufnahmen der Universität Kiel kamen allerdings zu dem vernichtenden Urteil, daß die noch anzutreffende quasi-natürliche Vegetation als 'Ökosteppe' zu klassifizieren sei.

Hecken, die im Norden 'Knicks' heißen, waren nur noch in Resten vorhanden. Da sie den effizienten Einsatz der teuren landwirtschaftlichen Maschinen der Landschaftspfleger behindern, sind sie zum größten Teil vernichtet worden. Sie waren zwar schon vom Reichsjagdmeister Hermann Göring, dem reißenden Wolf in der Verkleidung des jovialen Biedermannes, höchstpersönlich unter Naturschutz gestellt worden, aber ein freier Landmann, zumal einer, der mit norddeutscher Hartnäckigkeit gesegnet ist *(andere Version:* mit Holsteiner Borniertheit geschlagen), läßt sich auf seiner dampfenden Scholle nicht ins Handwerk pfuschen: weg mit dem Kroppzeug: *'wat mutt, dat mutt'*.

Andere Arten staatlicher Interventionen werden allerdings als selbstverständlich akzeptiert und regelmäßig entgegengenommen, zumal wenn das EG-Füllhorn Subventionen über die Häupter Gerechter und Ungerechter gleichermaßen regnen läßt.

Die wenigen Kopfweiden, die, von Axt und Säge noch verschont, sporadisch die Läufe von Rinnsalen begleiteten, erschienen mir als eine Friedhofsvegetation ganz besonders makabrer Art, wie Finger, die, von der Totenstarre gekrümmt, die Sargdeckel durchbohrt hatten und sich drohend in den grauen Himmel krallten.

Alles verbreitete eine niederdrückende Melancholie und Tristesse, die Atmosphäre eines Bahnhofs, der vor unsagbar langen Jahren die letzten Züge mit Reisenden gesehen hatte.

In dem verödeten, halbverfallenen Wartesaal hielt die bleierne Zeit die Zeiger der Uhr fest. Es gab keine Zeit mehr, sie war verlorengegangen.

Vergangenheit, Gegenwart und Zukunft hatten ihre Bedeutung verloren, sie waren ineinander verwoben, da es keine Menschen gab, die die Obliegenheiten ihres Lebens wie Ankünfte, Abfahrten, Geburt, Leben, Vergehen und Sterben an der Unterscheidung gemessen hätten, ob etwas in ihrem Dasein gewesen war, war oder sein würde.

Ich irrte durch den Raum, der seine Zeit vergessen hatte. Es war völlig belanglos, ob ich im Neolithikum oder 1981 hier angekommen war. Meine Zeit lag unerreichbar in Frankfurt und an der ihren, die ich ohnehin nie begreifen könnte, würden mich die Inselbewohner keinen Anteil haben lassen, denn dann hätte ich verstanden, warum sie so waren, wie sie waren. Das konnten sie nicht zulassen, denn das hätte mir Angriff und Vernichtung erlaubt. Ich hätte sie in ihrem Zeitsystem festnageln und zur Rede stellen können.

So ließen sie mich vorsätzlich nach meiner Zeit suchen und blieben in ihrer zurück, um mich aus der sicheren Dekkung belauern und bekämpfen zu können. Das ganze Kontinuum von Raum und Zeit hatten sie zu ihren Gunsten verschoben. Aus diesem Grund sah ich sie auch nicht, sie hingegen nahmen jede meiner Bewegungen wahr, registrierten sie und konnten sich darauf einstellen, denn sie wußten stets, was ich im Sinn hatte.

Bereits am ersten Tag stellte ich an mir massive Symptome eines Umzugs- und Kulturschocks fest.

'Die Durchfahrt ist nach 200 m wegen Einsturzes der Straße gesperrt',

informierte mich das sinnige Schild, das die Weiterfahrt verwehrte. Der Himmel war mir schon längst auf den Kopf gefallen, jetzt bröselte auch noch die Straße unter meinen Füßen weg. Das durfte doch alles nicht wahr sein, eine Straße, die sang- und klanglos einbrach, und niemand zu entdecken, der Anstalten gemacht hätte, diesen Zustand zu ändern.

Völlig zerknirscht drehte ich bei und fuhr zurück zu dem Ausgangspunkt meines Kurzausflugs.

Kaffee bei Studiendirektor Waffelboldt! Sicher eine seltene Ehre, die mir da zuteil wurde und eines der Glanzlichter insularen Gesellschaftslebens[1]!

Knapp fünfhundert Meter vom Terrassenhaus stand das schmucke Einfamilienhaus der Lehrerfamilie, umgeben von einem pflegeleichten Garten, inmitten der schmucken Einfamilienhäuser der anderen Lehrerfamilien, umgeben von pflegeleichten Gärten. Obwohl einander nicht grün, hatten die Kollegen eine Art Pädagogenwagenburg gebildet, um even-

---

1 Viel später, als ich mit den provinziellen Gepflogenheiten vertrauter geworden war, fand ich heraus, daß Esbit bei jeder Ankunft eines neuen Sträflings einen älteren Kollegen dienstverpflichtete, diese grandiosen Veranstaltungen abzuhalten.

tuellen Attacken der verbitterten Schülerschaft gemeinsam Widerstand leisten zu können, in ihren schmucken Einfamilienhäusern, umgeben von den pflegeleichten Gärten.

Waffelboldt beanspruchte für sich im Kollegium eine Art Sonderstellung, was er dadurch herausstrich, daß er sich als einziger den Luxus leistete, einen Mercedes zu fahren.

Lehrer fahren sonst eigentlich keine Mercedes, das gilt als extrovertiert und angeberisch, ihre Wagenklassen sind Opel Rekord und VW Golf; Volvos gehen auch noch an, sind aber schon hart an der Grenze des Exhibitionismus. Die jüngeren, vermeintlich Aufstrebenden unter ihnen bevorzugen Passat Variant, da passen die Kinder gut hinein und die Surfbretter aufs Dach.

Zur Serienausrüstung scheint auch die Progressivität verkündende Friedenstaube auf dem Heckfenster zu gehören, die von der Schulaufsichtsbehörde gerade noch geduldet wird, denn wer kann schlechterdings gegen den Frieden sein?

Nicht geduldet werden Aufkleber mit 'Atomkraft? – Nein danke!', wie ich einen auf meinem Auto hatte.

Der Empfang durch Waffelboldt war abwartend-distanziert, er bat mich in das Wohnzimmer, das so aussah, wie Wohnzimmer von Studiendirektoren auszusehen pflegen. Leicht kleinbürgerlich angehaucht, mit dem obligatorischen Meter Goethe & Co. auffällig unauffällig in der Naturholz-Schrankwand (ohne Barfach).

Belanglose Bilder an den Rauhfaserwänden. Wenn es hoch kommt, ein Feininger oder der Turm der blauen Pferde. Teppiche der mittleren Preisklasse: raumfüllend.

Waffelboldts persönliche Ausstrahlung: nicht raumfüllend.

Er fühlte sich merklich auf Lehrerkonferenzen wohler als in der Anwesenheit von Fremden.

Seine verhärmte Frau, die wenig von der frohen Botschaft unseres Herrn Jesus Christus verströmte, begrüßte mich so herzlich, wie sie das eben konnte. Die ihr dienstlich im Unterricht obliegende Verbreitung der freudigen Nachrichten aus Galiläa schien ihre ganze Lebensfreude zu absorbieren, so daß sie sich privat darauf beschränken mußte, einfach unwiderstehlich nett und sterbenslangweilig zu sein.

Ich stellte mir gerade vor, daß zu den erotischsten Augenblicken dieses ehelichen Lehrerdaseins sicher das gemeinsame Ausfüllen von Zeugnislisten gehörte.

«Ist Kaffee recht?»

Wenn man mich zum Kaffee einlädt, trinke ich überwiegend auch Kaffee, sonst sollte man mich nicht zum Kaffee einladen. Alkoholische Kaffeeverstärkungen anzubieten, hielt man offensichtlich für zu verwegen, ich hätte womöglich akzeptiert und sie damit gezwungen, am hellerlichten Tag einen Cognac zu trinken. Da sei Gott vor!

Wir begaben uns zu der von der Firma Villeroy & Boch hübsch verzierten Kaffeetafel, auf der ein Teller mit Kuchen stand, bei dessen bloßem Anblick ich einen aufkommenden Schluckauf bekämpfen mußte: ich vertrage keinen trockenen Kuchen.

Ganz leger nahm ich auf den äußersten zwölf Zentimetern meines Stuhles Platz und stellte mich dem mündlichen Abitur:

«Warum haben Sie den Lehrerberuf ergriffen?»

Jeder Schuß ein Treffer. Es war ja genau umgekehrt, ich war vom Lehrerberuf ergriffen worden, denn meine ureigensten Interesse lagen in den universitären Fächern, nicht in deren Verschleiß und trauriger Verballhornung im Unterricht.

Also erzählte ich etwas Menschenfreundliches über Kindererziehung und ähnlich Erbauliches. Waffelboldt bohrte weiter:

«Warum wollten Sie auf unsere Insel?»

Als hätte ich mich darum gerissen, in der verödeten Diaspora gefangengenommen zu werden. Also Platte fünfzehn von den Wohltaten des ländlichen, friedlichen Lebens im Stil von *'The Bliss of Solitude.'*

Einem Studiendirektor zu demonstrieren, daß man schließlich keine Holzwolle im Kopf hat und während der

Studienzeit nicht ununterbrochen in Wirtshäusern dem Herrgott den lieben, langen Tag gestohlen hat, kann ziemlich ins Auge gehen, wie ich umgehend merkte, denn Waffelboldt nahm mein leichtfertig hingeworfenes Lyrikzitat zum Anlaß, mir eine diabolische Falle zu stellen:

«Bevorzugen Sie Shakespeare oder die englischen Romantiker?»

SHAKESPEARE zu antworten, wäre einem Sakrileg gleichgekommen und hätte mich entweder als blasierten Banausen oder Hochstapler entlarvt; das wäre so, als merkte man leichthin an, daß Goethe wohl ganz passabel habe schreiben können: *'Wenn ich mich entspannen will, lese ich ganz gern mal die eine oder andere Passage im Faust II.'*

Romantiker zu mögen, zumal die englischen, hätte mich sogleich als Feuerkopf und Revoluzzer entlarvt, worauf sowieso schon das *'F'* an meinem Auto hindeutete.

Immerhin hat kein Geringerer als SHELLEY zur offenen Revolte gegen den König aufgerufen, und die Sympathie der romantischen Vordenker für die Ideale von 1789 sind Anglisten natürlich geläufig.

Auch BLAKES Überzeugung, nur durch Exzesse komme der Mensch zu tieferen Einsichten in die Zusammenhänge des Lebens, hatte sich ja vielleicht inzwischen sogar bis nach Schleswig-Holstein herumgesprochen.

'So schnell fängst Du mich nun auch wieder nicht.'

«Ich widme mich zur Zeit Literatur, die ich direkt meinem Unterricht nutzbar machen kann.»

'Touché', dagegen konnte er nichts sagen, mit dieser Gemeinheit hatte er nicht gerechnet.

Jetzt hatte ich das ganze, von Studienräten mehrerer Generationen bis zur Infertilität beackerte Feld der HUXLEYs und SALINGERS zu meiner persönlichen, freien Verfügung, nicht zu vergessen ORWELLS *'Animal Farm',* die von stramm konservativen Schulmeistern nach wie vor scheinheilig dazu benutzt wird, Sozialismus und Kommunismus in einen Topf zu werfen, um beide in einem Aufwasch zu erledigen, und zwar unter strikter Ausblendung der Vergangenheit und Entwicklung ORWELLS, der immerhin ein anderes Credo in *'Homage to Catalonia'* niedergelegt hat. Dieses Werk habe ich bezeichnenderweise nicht in Schleswig-Holsteinischen Lehrplänen entdecken können.

Als ich dann, nach und nach meine Scheu ablegend, den Spieß umzudrehen versuchte, indem ich die Rolle des Examinators übernahm, wich er mir nur noch aus und gab mir hinhaltende Antworten, die ich im Laufe meines Inselgastspiels noch sehr häufig erteilt bekommen sollte. Sie gehörten zum Standardrepertoire und sollten den schönen Schein der heilen Welt wahren.

In unterschiedlichen Fassungen betonten sie immer wiederkehrend die unschätzbaren Vorzüge eines überschaubaren Kollegiums und der braven Schüler.

Entlarvend war aber, wie ich natürlich nicht gleich registrierte, daß bei dem Abspulen dieser Standardlitanei niemals vergessen wurde, kontrastiv dazu die Zerrbilder des Durcheinanders auszumalen, das nach unverrückbarer Meinung der Dorfschulspielschar überall woanders herrsche, was ihren Aussagen die sedierende Wirkung eines einlullenden, an sie selbst gerichteten Wiegenliedes gab.

'Bah, bah, black sheep, have you any wool? Yes, sir, have I, two barns full. But one for my master and one for my dame, and none for the little child that's crying down the lane.'

Interpretierbar wäre ihre verklärende Situationsbeschreibung in der Art, daß zwar alles ziemlich öde und wenig erfreulich sei, woanders aber bestimmt noch viel schlimmer, da seien sie ihrer Sache ganz sicher.

Eine Art Modifikation des Sankt-Florians-Prinzips.

Was sie wohlweislich verschwiegen, war die Tatsache, daß sie, selbst wenn sie gewollt hätten, nicht von dem vermaledeiten Pfannkuchen heruntergekonnt hätten. Wer hätte denn wohl ihre schmucken Eigenheime Marke *'Beamtenglück'* gekauft?

Umgeben von den pflegeleichten Gärten?

Ich kenne nur ein Ehepaar, daß die Courage aufgebracht hat, dem Eiland des Schreckens den Rücken zu kehren, obwohl sie ein Haus besaßen, von dem abzusehen war, daß sich dessen Verkauf mehr als schwierig gestalten würde.

Fünf lange Jahre hatten sie diese Last, bis sich endlich jemand ihrer erbarmte und ihnen die Bürde von den Schultern nahm (vermutlich ein strafversetzter Beamter, dem sowieso schon alles egal war, so daß nach dem psychischen der finanzielle Ruin nicht mehr weiter ins Gewicht fiel).

«Noch ein Stück Kuchen, Herr Peters?»

Um Himmels Willen, mir hing das letzte Stück Trockenkuchen noch zehn Zentimeter oberhalb des Magens.

«Sehr gern, Frau Waffelboldt. Haben Sie den selbst gebacken? Er schmeckt ganz ausgezeichnet.»

Natürlich hatte sie den selbst gebacken; ein Bäcker, der gewagt hätte, so etwas gegen Bezahlung abzugeben, wäre schon längst von der aufgebrachten Kundschaft gesteinigt worden.

«Das ist meine Spezialität; ich freue mich, daß er Ihnen so gut schmeckt.»

Wenn das ihre Spezialität war, hätte ich ihre mindergelungenen Backwaren selbst mit vorgehaltener Waffe nicht probiert.

«Morgen ist ja dann schon ihr erster Schultag an unserem Gymnasium.»

Tatsächlich, Donnerschlag, messerscharf erkannt. Gut, daß sie das erwähnte, sonst hätte ich doch glatt vergessen, warum ich auf die Insel gekommen war.

Was hieß denn hier überhaupt *'unserem'*?

War das eine Genossenschaft? Da mir niemand Gesellschafteranteile zum Kauf angeboten hatte, betrachtete ich mich nicht als Miteigentümer und lehnte es ab, die Anstalt mit Possessivpronomen zu bezeichnen.

«Ich bin auch schon sehr gespannt.»

So wie der römische Gladiator sehr gespannt darauf war, wie er vermutlich auf die Löwen wirken würde und die Löwen, ob er wohl ihrem Geschmack entspräche.

Es wurde langsam Zeit, sich zu verabschieden und diese außergewöhnlich stimulierende Konversation zu beenden.

70

Waffelboldt nebst Ehegespons machten mir die Ehre, mich zur Tür zu geleiten, beide dankten artig für den Besuch und freuten sich schon verbal darauf, bald meine *liebe* Frau kennenzulernen.

Woher wußten sie denn, daß ich eine *liebe* Frau hatte, und wie kamen sie wohl zu der Überzeugung, daß wir Wert darauf legen könnten, noch so einen hinreißenden Nachmittag mit ihnen zu verbringen? Vermutlich gab ihnen der Mangel an insularen Auswahlmöglichkeiten die Gewißheit, daß wir ihnen *'nolens, volens'* nicht entgehen konnten.

Der Wind war stärker geworden und blies mir einige Schneeflocken direkt ins Gesicht. Ungemütlich war es, die schneebedeckte Straße ausgestorben, so daß ich froh war, nach zwei Häuserecken das Terrassenhaus zu erblicken.

Die Inselbewohner wußten es sicher gar nicht zu schätzen, daß sie vollständig möblierte Wohnungen besaßen, bevölkert mit Lebewesen.

Ich machte den Fehler, mir auszumalen, was ich an einem Sonntag wie diesem in Frankfurt gemacht hätte. Schnell merkte ich, daß dies ein eklatanter Mißgriff war, denn ich ertappte mich dabei, abzuschätzen, welche Wirkung wohl die Gravitation auf einen Organismus hätte, der aus Balkonhöhe mit ihr in Kontakt käme.

Um kurz vor acht befand ich mich im durchgelegenen Seegrasbett und ließ den ersten Inseltag Revue passieren. Es wurde keine sehr erheiternde Vorstellung, eher so etwas wie die *'Rocky Horror Picture Show'* mit *'Dr. Jekyll and Mr. Hyde'* in den Hauptrollen.

Meine Mutlosigkeit und pessimistische Stimmung schrieb ich der Verlassenheit und der ungewohnten Umgebung nur indirekt zu, da es ein mir wohlbekanntes Phänomen war, neue Lebensumstände nur zögerlich und zaghaft zu akzeptieren, die Insel als solche mußte nicht unbedingt die Ursache sein, auch meinen Start in Frankfurt hatte ich nicht als einen bravourösen in Erinnerung.

Mein Vorwärtskommen in neuen Lebenszusammenhängen hatte immer davon abgegangen, in welcher Form die Menschen mich aufnahmen, integrierten oder auch ausgrenzten, was mir allerdings noch nie massiv passiert war.

Damals hatte ich mir noch keine Maximen gegeben, nach denen ich menschliche Verhaltensweisen wahrnahm, mit den mir in der Vergangenheit begegneten verglich, um anschließend darauf mehr oder weniger adäquat zu reagieren, je nach intendiertem Zweck.

Das Fehlen solcher Kategorien pflegte ich damals vor mir selbst als *'Vorurteilsfreiheit'* zu rechtfertigen, der wirkliche Grund war hingegen der, daß ich es entschieden bevorzugte, in den Tag hineinzuleben. Im übrigen hatte sich mir die Notwendigkeit, dergleichen Fähigkeiten zu entwickeln, einfach noch nicht mit überlebensnotwendiger Dringlichkeit gestellt, jedenfalls nicht in der Form, daß ein Ausweichen unmöglich gewesen wäre, worin ich eine nicht unbeträchtliche Geschicklichkeit entwickelt hatte.

Besorgt all dies hin und her bewegend, ohne etwas davon lösen zu können, dachte ich voll Wehmut und Zärtlichkeit an meine Lebensgefährtin, der ich so viel verdankte.

Der Morgen nahm immer bedrohlichere Gestalten an.

5. Kapitel

Und er kam unaufhaltsam. Ohne Erbarmen bewegten sich die Uhrzeiger zuckend vorwärts und maßen mir die verbleibende Restzeit zu, die Spanne, während der ich mich noch im Bett verschanzen konnte; aber auch diese Karenzzeit lief ab.

Exekutiert wird traditionsgemäß im Morgengrauen, weil sich um diese Zeit weder Delinquent noch Scharfrichter gegen die Melancholie wehren können, und ihr Widerstand am geringsten ist. Aus diesem Grund beginnt an deutschen Schulen der Unterricht auch möglichst früh.

Um kurz nach sechs schlich ich ins Badezimmer und begrüßte das Gespenst, das mir von hinten durch den Spiegel in die Augen starrte. Es sah aus, als wartete es auf geistlichen Beistand, der hoffentlich so gnädig wäre, an ihm zumindest die definitive Christenpflicht der letzten Ölung zu erfüllen.

Derjenige, der vor dem Spiegel zitterte, und vermutlich ich war, gehörte keiner Religionsgemeinschaft an, so daß er ohne den Trost der Mutter Kirche und ohne deren Sakramente nach Canossa gehen mußte.

Das Frühstück bestand aus einer Tasse Kamillentee, den ich am Küchenfenster einnahm. Mehr hätte meinen Magen vor unlösbare Aufgaben gestellt.

Auf der Ausfallstraße brandete der Berufsverkehr. Schätzungsweise alle vier Minuten strömte ein Mensch in jeweils einem Wagen dem urbanen Zentrum zu.

Schräg gegenüber, auf dem Hof des Getränkevertriebs der alteingesessenen Firma Strengholtz, entstieg der erste Kunde seinem Auto und stahl sich durch den Lieferanteneingang in den Verkaufsraum zwecks Ergänzung seiner Schnapsvorräte. Dies war die auf der Insel im Schutze der Dunkelheit anzuwendende Methode, um den beobachtenden Augen und Strichlisten führenden Händen der Nachbarn zu entgehen.

Die andere Möglichkeit bestand darin, in einem Supermarkt auf dem Festland einzukaufen und den Nachschub bei Nacht und Nebel durch die Tiefgarage in die Wohnung zu schleppen. Meistens trafen sich dieselben Mitbewohner bei dieser konspirativen Tätigkeit.

Um meinem ersten Auftauchen in der Schule einen angemessenen Anstrich zu geben, nahm ich die mit einem Lehrerkalender und einem Kugelschreiber nicht annähernd gefüllte Tasche unter den Arm und begab mich in Richtung höherer Lehranstalt, bei jedem Schritt begleitet vom Klappern meiner sehr rudimentären Dienstinsignien.

Dunkel und kalt begrüßte mich die Außenwelt. Der kürzeste Weg führte an den 7b-Festungen der Kollegen vorbei, in deren Küchen Licht brannte.

Dann endete die Asphaltierung. An Gärten entlang gelangte ich über einen Plattenpfad auf einen breiten Feldweg, der in Richtung zur Schule führte, die weithin strahlte, damit sie auch ja kein Schüler oder Lehrer mit der Ausrede hätte verfehlen können, es hätte ja gar nichts darin geleuchtet.

An ausuferndem Einfallsreichtum schien ihr Architekt nicht gelitten zu haben. Camouflierend pflegen solche Baukünstler ihre Meisterwerke als *'funktionale Zweckbauten'* zu bezeichnen und darauf hinzuweisen, daß ihrer Phantasie durch die Knickrigkeit der öffentlichen Hand enge Grenzen gesteckt worden seien.

So hatte es eben nur zu einem *'Bau'* gereicht, völlig angemessen den Ansprüchen der ohnehin nicht befragten Schüler, die bloß vorübergehend und unfreiwillig darin verkehrten und denen der *'Lebenslänglichen'*, die mit dieser Funktionalität, in der sie funktionieren mußten, durchaus einverstanden waren, solange die Unbequemlichkeiten nicht überhand nahmen, oder ihnen die Decken auf den Kopf fielen. Sie kamen ohnedies so spät wie eben noch vertretbar und entfernten sich so fluchtartig wie möglich aus ihrem dienstlich zugewiesenen Domizil.

Der einzige Insasse, dem es darin so gut gefiel, daß er sogar den überwiegenden Teil seiner *Frei*zeit dort verbrachte, war Esbit, der schon bei der Planung dafür Sorge getragen hatte, daß er von den Fenstern seines Zimmers aus alle Eingänge der Schule überwachen konnte.

Wie eine Spinne in ihrem Netz hielt er den zentralen Punkt besetzt. Um auch akustisch permanent auf dem laufenden zu sein, befand sich in jedem Raum ein Lautsprecher, den er gezielt in seiner Befehlszentrale ein- oder ausschalten konnte. Während des Unterrichts knackte es oft vernehmlich in den Lautsprechern, ohne daß eine seiner berüchtigten Durchsagen erfolgte. Bei Wechselsprechanlagen, die sowohl Mikrophon- als auch Lautsprecherfunktion vereinen, habe ich ähnliche Geräusche vernommen.

Um den von Esbit für seine Anstalt beanspruchten Komparativ *'höher'* zu rechtfertigen, hätte man das Bauwerk zumindest auf einer Warft errichten sollen, so hätte es durch die Höhenlage diesen Anspruch wenigstens optisch eingelöst.

Zweckbauten werden von denen errichtet, die es nicht für nötig erachten, die Zwecke der Benutzer in Erfahrung zu bringen, da es in ihrer Macht steht, die Benutzer dem Gebäude anzupassen, denn der Zweck heiligt bekanntlich die Mittel.

Bauten werden von Termiten errichtet. Dann gibt es noch Fuchs- und Dachsbauten, Adlerhorste, Wolfsschanzen und den Berghof, den Limes, die Maginotlinie, den West- und Hadrianswall, den Führerbunker sowie sonstige Trutz- und Wehrbauwerke, die alle etwas über die gesellschaftliche Organisation, den angenommenen oder tatsächlichen Bedrohungsgrad sowie das geistige und psychische Befinden ihrer Konstrukteure und Bewohner aussagen.

Im Zweckbau, der mich aufnahm, herrschte das übliche Morgen-Tohuwabohu. Niemand auf der ganzen Welt hat weniger Zeit als ein Lehrer, der am Montagmorgen in die Schule spurtet. In Gedanken bereits in der Untertia b, der er schon vor zehn Tagen die Rückgabe der Klassenarbeit versprochen hat, legt er sich vom Parkplatz zum Lehrerzimmer die sechste Ausrede zurecht, warum er es immer noch nicht geschafft hat, die Arbeit fertig zu korrigieren; seine Frau hat er schon zweimal krank sein lassen, nun wird er eine gebrechliche, greise Mutter ins Feld führen müssen.

Leichtes Unwohlsein ergreift ihn, wenn er an den Oberstu-
fenkurs der 5. und 6. Stunde denkt, auf den er sich wieder
mal nicht vorbereitet hat, während er in seiner Tasche die
Matrize sucht, die er vor der ersten Stunde noch abziehen
muß, damit er in der Quarta a die Arbeit schreiben kann, um
nicht mit den Zeugnisterminen ins Schleudern und mit dem
Direktor zum wiederholten Male in Kollision zu geraten.

Die Matrize hat er gefunden, allerdings nützt ihm das
nicht viel, denn einer der rücksichtsvollen Kollegen hat den
letzten Spiritus verbraucht, und der Hausmeister ist nirgends
auffindbar. Er taucht erst in dem Moment auf, als unser Pädagoge bereits vier Minuten seiner Frühaufsicht versäumt hat,
was ihm der Direktor in der ersten großen Pause vor versam-
meltem Kollegium mit den Worten ankreiden wird:

*«Das ist ganz typisch für Ihre unsolide Arbeitsweise, sie
verdienen es nicht, Studiendirektor zu sein[1].»*

Das hat er aber noch nicht zu hören bekommen, da es erst
7.45 Uhr ist, und er verstohlen in die Klassen späht, ob jemand seine Hausaufgaben vom Nachbarn abschreibt. Das ist
eine besonders ehrenvolle Aufgabe, die ich immer ausgesprochen pflichtbewußt und voller Freude erfüllt habe.

Wie ein Denuziant pirscht man sich an den Delinquenten
heran, reißt ihm das Heft fort und schreit triumphierend:

*«Das wird Folgen haben. Du bekommst das Heft vom Di-
rektor zurück.»*

Womit man einen kleinen Einblick bekommt, wie wunder-
schön sich das tragende Element der Angsterzeugung, an
dessen Aufrechterhaltung man als Lehrer sowohl austeilend
als auch einsteckend tatkräftig mitbeteiligt ist, durch das
ganze Schulsystem zieht.

Esbit gab solchermaßen erbeutete Hefte nicht etwa unter
vier Augen zurück, oh nein, das hätte ihn ja um einen melo-
dramatisch-burlesken Auftritt gebracht, er hatte da einen anderen Fahrplan, den er penibel einhielt, denn wie alle Men-

---

1 Originalzitat Esbit.

schenschinder kannte auch er die wirkungsvollste Methode, seine ihm ausgelieferten Untergebenen zu ängstigen. Sie ist sehr einfach und funktioniert immer nach demselben Muster, nämlich dem, die Menschen ganz einfach im Unklaren zu lassen, was sie zu erwarten haben.

Ergo war der erste Schritt der, das Heft erst zehn Minuten vor Schluß des Vormittagsunterrichts zurückzugeben, somit hatte der betroffene Schüler den ganzen Morgen Zeit, seinen Angstphantasien ausgiebige Entfaltungsmöglichkeiten einzuräumen und sie sich intensiv entwickeln zu lassen.

Des weiteren war es Esbits Intention, den Erfolg zu verbessern, indem er den Missetäter dem öffentlichen Gespött preisgab mit Sprüchen wie:

«Bei Dir wundert mich das natürlich nicht.»

«Kannst Du außer Abschreiben eigentlich sonst noch irgend etwas?»

«Das finde ich besonders kameradschaftlich von Dir, Deinen Kameraden den Erfolg zu stehlen.»

Bei Bedarf hatte er noch Intensivierungen der folgenden Art parat:

«Ich wollte schon lange mal mit Deinem Vater sprechen.»

Meistens tat er das dann doch nicht, was den *'Auf-kleiner-Flamme-Weichkocheffekt'* überdies entscheidend verbesserte und verstärkte.

Mit derlei philantropischen Vorsätzen gewappnet, polterte er, das *'corpus delicti'* triumphierend-bedrohlich schwingend wie weiland Thor seinen Hammer, donnergrollend in das Klassenzimmer, fuhr dem gerade Unterrichtenden in die Parade, knallte die Trophäe der morgendlichen Jagd aufs Pult und spulte seine *'opera buffa'* planmäßig ab.

Aus pädagogischer Sicht sind mir verheerendere Pyrrhussiege als diese nicht mehr vorstellbar.

7.55 Uhr. Die Schulglocke lädt die Beteiligten scheppernd ein, doch bitte ihre Plätze für die tägliche Vorstellung einzunehmen, was auch alle unverzüglich tun, außer mir, der ich nicht weiß, ob ich, wie Ingrid versprochen, Vertretung geben soll oder auf Esbit warten muß; also stehe ich halb im Lehrerzimmer, allen im Weg und halb auf dem Flur, jedem vor den Füßen.

7.58 Uhr. Die letzten Klassenraumtüren schließen sich, alle sind in irgendwelchen Gruppen mit anderen, die sie kennen. Ich bin allein mit mir, den ich auf der Insel noch nicht kenne und dessen weiteres Verhalten dort auch noch ungeklärt ist.

'Wenn ich jetzt in die Klasse gehe, sucht er mich. Garantiert. Bleibe ich hier, geht's über Tisch und Bänke. Vernachlässigung der Aufsichtspflicht, Vermerk in der Personalakte.'

Da naht rasant-dynamisch der Anstaltsleiter, der Boden vibriert, mit Stentorstimme werde ich ins Lehrerzimmer zurückbeordert, weitausladende Handbewegungen deuten an, daß er sich nicht schlüssig ist, ob ich überhaupt in der Lage bin, seinen verbalen Äußerungen mental folgen zu können, ich kann, aber ich will nicht, versuche zögernd vorzubringen, daß ich Kollegin Collins-Hinz immerhin die Vetretr...

«Sie können doch in meiner Schule nicht nach Ihrem Dafürhalten schalten und walten. Stundenverteilungen gehen Sie überhaupt nichts an. Jetzt kann ich Ihre Anmaßung wieder geradebiegen, vielen Dank.»

'Fulminant und für den ersten Tag schon sehr beachtlich', davon hätte sich mancher Kompaniefeldwebel eine Scheibe abschneiden können.

Schnelle, klare Entscheidung:

«Warten Sie hier. Ich teile der Klasse Ihren Fehler mit.»

Ratsch-bumm, General Vorwärts stürmt mit gefälltem Bajonett die feindlichen Stellungen, die Düppeler Schanzen hinan, um im heldenhaften Kampf, Mann gegen Mann zu zeigen, wer hier die Initiativen ergreift und wer hier ergriffen wird.

'Der hat ja wohl nicht alle Tassen im Schrank', war alles, was mir zu dieser Nummer noch einfiel, und ich ließ mich schlotternd in einen Stuhl fallen, aus dem ich sofort wieder hochgejagt wurde.

«Sie hatten Glück, daß ich das gleich gemerkt habe, sonst wäre es böse schiefgegangen.»

Mein Gott, war ich dem dankbar, Glückspilz, der ich war. Gar nicht auszumalen, was alles hätte passieren können, eventuell hätten sich die Kinder sogar mit sich selbst beschäftigt und dem Lehrkörper demonstriert, daß die von Esbit enorm wichtig genommene und stets wie ein loderndes Fanal zur Schau gestellte solide Erfüllung der Aufsichtspflicht eine Beschäftigungstherapie für überflüssige Beamte ist.

Das wäre die schlimmste aller denkbaren Alternativen gewesen, die Schüler als Wesen, die sich in ihrem Leben selbst zurechtfinden und dem Leerkörper zeigen, wie obsolet er ist.

Was machen sie eigentlich nachmittags, wenn sie die Aufsichtspflicht entbehren müssen, die Armen? Ziellos wie einsame Steppenwölfe auf der vom Vollmond gräßlich beschienenen Heide ziehen sie heulend umher und suchen ihren Rudelführer. Eher wohl nicht, vermute ich stark.

Da ging es mir viel besser: mit dem Zeitpunkt meiner Dienstaufnahme im damals von einem gewissen Ministerpräsidenten Dr. Dr. Uwe Barschel regierten Schleswig-Holstein brauchte ich überhaupt nichts mehr selbst zu entscheiden, dafür hatte ich meinen Mustervorgesetzten vorgesetzt bekommen[1].

»Würden Sie mir zur Abwechslung mal zuhören?« blaffte es neben mir.

'Was bleibt mir denn anderes übrig?' dachte es mich.

Der Stundenplan mußte detailliert besprochen werden, da meine Möglichkeiten, ihn im Selbststudium zu verstehen, als nicht ausreichend eingestuft wurden. Begleitet wurde jede der näher in Augenschein genommenen Klassen mit Hinweisen, Ratschlägen, Ermahnungen, Drohungen:

«Auf gar keinen Fall ..., glauben Sie bloß nicht, daß ..., Sie werden noch an meine Worte denken ..., als ich anfing, bilde-

---

1 Ob die Doppelpromotion des Herrn damaligen Ministerpräsidenten aus ähnlichen Gründen erfolgt war wie der zweimalige NSDAP-Eintritt eines deutschen Stardirigenten, nämlich aus der panischen Befürchtung, es könne beim ersten Mal niemand bemerkt haben, was ja für die Welt eine enorme Verarmung bedeutet hätte!?

te ich mir auch ein ..., *Sie werden mir da schon noch zustim-
men müssen ..., mit Eigenmächtigkeiten werden Sie bei mir
nicht weit kommen ..., blah, blah, blah ...»*

Dann wurden die einzusetzenden Lehrmittel, die auf der
Insel in Form von Büchern der Art vorzuliegen schienen, die
ich aus Frankfurter Antiquariaten kannte, einer Einzelbe-
trachtung und Würdigung unterzogen.

Sichtlich beruhigend wirkte auf den Anstaltsleiter mein
schüchterner Hinweis, daß mir die Existenz von Büchern in
meinem Vor-Inselleben bereits aufgefallen sei, dergestalt,
daß er mir wenigstens *das* nicht auseinanderzusetzen brauchte, hingegen legte er Wert darauf, die Unterscheidung zwischen regulären und außergewöhnlichen Büchern einzuführ-
en.

Wir fassen zusammen:

Bücher, die in Schulen zum Zwecke der Belästigung wehr-
loser Kinder regelmäßig, also lehrplanvorschriftskonform
Verwendung finden, ja sogar Verwendung finden müssen
*(«Ihnen steht hierüber keinerlei Ermessensspielraum zur
Verfügung.»)*, werden im regulären Unterricht auch tatsäch-
lich verwendet[1]. Aha, das ist jetzt hoffentlich auch dem
Dümmsten ein für allemal klar!

Finden sie im regulären Unterricht keine reguläre Verwendung, haben sie umgehend jedwedes Recht verwirkt, als re-
guläres Unterrichtsmaterial bezeichnet werden zu dürfen, ja
daraus ist die zwingende Notwendigkeit abzuleiten, sie keinesfalls dem regulären Unterricht nutzbar zu machen, was
allerdings in dem Falle nicht greife, wenn sie, nach Bedeutung des Erlasses, nicht als solche im Wortsinne einzustufen
oder zu behandeln seien, wobei dieser Erlaß gerade geändert
werde.

Außergewöhnliche Bücher sind Bücher, die, im Sinne des
in Überarbeitung befindlichen, nur noch auf absehbare Zeit
in Gültigkeit seienden Erlasses, nicht als reguläre Bücher an-

---

1 Meine Art von Unterricht fällt nicht unter diese Gattung, fürchte ich.

zusehen seien, mithin der Kategorie *'außerwöhnlich'* zurechenbar seien.

Ich zog daraus den etwas voreiligen Schluß, daß außergewöhnliche Unterrichtsmaterialien sicher recht außergewöhnlichen Unterrichtsstilen vorbehalten wären[1], was mir Gelegenheit gegeben hätte, mit SchülerInnen der Oberstufe intensiv LAWRENCES *'Lady Chatterley's Lover'* zu lesen, um auf diese Weise die Emanzipation voranzubringen.

Außergewöhnliche Bücher (was immer das nun sein sollte, ich begriff es einfach nicht) durften nur nach vorheriger, ausdrücklicher Zustimmung Esbits im Unterricht benutzt werden. Ich würde keine außerwöhnlichen Bücher benutzen, sondern unauffällig auf meine Frankfurter Bestände zurückgreifen.

Befreit wurde ich von der hochnotpeinlichen Schuleinführung durch das Läuten zum Ende der ersten Stunde. Knapp zwanzig Sekunden brauchten die schnellsten Mitglieder des Kollegiums, um den vor der Schülerschaft Schutz verheißenden Lehrerstützpunkt zu erreichen.

Da ich ganz vorn, direkt an der Tür saß, nahm ich gewissermaßen die Parade der Ankommenden ab und versuchte, mir die Gesichter zu merken. Keine Lebensfreude ging von ihren Mienen aus, ernst und lethargisch schleppten sie sich an mir vorbei, wenig Gutes für die Zukunft verheißend. Besonders der Anblick ihres Dienstvorgesetzten löste eine Versteinerung und Verfinsterung ihrer Züge aus.

Meine spontane Neugierde zogen nur zwei von ihnen auf sich, die, nach ihrem Habitus zu urteilen, als mutmaßliche Weggefährten in Betracht gezogen werden konnten.

Einer von ihnen hieß Harald, der mir auf Anhieb sympathisch war, der andere Volker, dessen stechend-durchdringender Blick mich allerdings ziemlich verunsicherte.

Nun war die Stunde der Wahrheit gekommen, und nach der Pause durfte ich vor die Schüler treten, allerdings noch

---

1 Meine Art von Unterricht fällt unter diese Gattung, weiß ich.

ziemlich unverbindlich, denn erste Stunden in neuen Klassen liefern gute Vorwände, die Angst mit Formalien wie Erstellen von Namenslisten, Sitzplänen, Verteilen von Sonderaufgaben und ähnlichem zu kaschieren.

Mit den Namen würde ich keine großen Schwierigkeiten haben, da deren Variationsbreite direkt proportional zu Größe und Bedeutung der Insel war.

Eine weniger günstige Konstellation schien mir darin zu bestehen, daß ich ausgerechnet Esbits Tochter in einer meiner Klassen zu unterrichten hatte.

Ob das wohl auf einem Zufall beruhte?

Auch dieser Vormittag ging vorüber, ich belegte mein Fach im Lehrerzimmer mit Beschlag (bei Tieren bezeichnet man das als Markieren des Reviers), verlieh mir noch einen sehr beschäftigten und ernsthaften Anschein, indem ich so tat, als erweckten die dienstlichen Anschläge am Schwarzen Brett mein äußerstes Interesse und trollte mich dann in Richtung Stadtzentrum zur Post, um die Installation eines Telephons, das meine Abkapselung durchbrechen sollte, zu forcieren.

Die tiefstehende Februarsonne hatte den Rauhreif dort, wo er sich zu vorwitzig nach vorn gewagt hatte, zum Verschwinden gebracht, in den Schattenbereichen war ihre Kraft nicht ausreichend, die Temperatur über den Gefrierpunkt steigen zu lassen.

Beim Licht der Sonne und mit der Perspektive des freien Nachmittags, in den ich mich gerettet hatte, sah sogar das Schulgebäude nicht so abstoßend wie am frühen Morgen aus. Die Schüler strebten lärmend zu ihren Mittagstischen und fühlten sich nicht mehr verpflichtet, der Lehrerschaft ihre Aufmerksamkeit zu widmen.

Auf dem Parkplatz traf ich die beiden Solidarität verheißenden Kollegen, die mir im Lehrerzimmer aufgefallen waren.

Sie hatten auf mich gewartet, um mich unauffällig auf unter Umständen bereits davongetragene Läsionen zu untersuchen. Die Art ihrer Fragen und ihres Verhaltens zeigte mir augenblicklich, daß sie bei ihrer eigenen, noch nicht lange zurückliegenden Inselankunft all das durchlaufen und durchlebt hatten, was mich sichtbar stark belastete. Es war ein sehr gutes Gefühl, ihre Anteilnahme zu fühlen, und ich glaube, sie akzeptierten mich als Leidensgenossen.

Um mich aus meiner Isolationshaft im Terrassenhaus zu befreien, luden sie mich für den frühen Abend in das Domizil des Junggesellen Volker zum gemeinsamen Abendessen ein.

Naiverweise fragend, ob diese Behausung schwer zu finden sei, erntete ich wieherndes Gelächter:

«Außer der Motivation ist hier überhaupt nichts schwer zu finden, aber das wirst Du bald merken.»

Na dann: Mahlzeit, meine Herren und guten Nachhauseweg.

Zum Marktplatz führte die kürzeste Route von der Schule aus durch eine enge, mit welligen Kopfsteinen gepflasterte Passage, eingerahmt von Häusern mit windschiefen Giebeln und weißgetünchten Fassaden.

Der Durchgang mündete direkt in den baumbestandenen Marktplatz, an dessen Peripherie sich einige Supermärkte befanden.

'Jeden Mittwoch lädt der Wochenmarkt auf dem romantischen Marktplatz zu einem Einkaufsbummel ein. Sich hinterher in einem der fast südländisch wirkenden Straßencafés zu entspannen, zu sehen und gesehen zu werden, gehört mit zu den schönsten Urlaubsbeschäftigungen[1].'

An einem der zwei Marktstände versorgte ich mich mit meinem Mittagsproviant, verzichtete auf einen südländischen Caféaufenthalt, da die entsprechenden Etablissements geschlossen waren und erreichte die Post gerade rechtzeitig, um festzustellen, daß sie erst nach der Mittagspause wieder geöffnet sein würde.

Der Gang nach *'Hause'* führte an einem kleinen Weiher vorbei, auf dessen Ufern zahlreiche Bäume stockten, die ei-

---

1 Diese Freuden verheißt ein Prospekt des Verkehrsvereins der Insel.

ner Armada von pechschwarzen Saatkrähen als Rastplatz und Beobachtungsposten dienten. Heiser krächzend begleiteten sie mich.

Frugales Mahl in der Küche auf Kollege Barschs Gestühl und Lattenrost, Holsteiner Kost nach Gutsherrnart in rustikal-würzigem Ambiente.

Den Nachmittag beschloß ich mit meinen ersten Unterrichtsvorbereitungen zu verbringen, da ich immerhin einige Initialinformationen über Klassen und Unterrichtsmaterialien erhalten hatte, so daß ich mich an die Organisation meines Inselschuldaseins begeben konnte.

Um es mir so richtig gemütlich zu machen, verschob ich das sandelholzduftende Treibholz ins Wohnzimmer, drapierte die benötigten Utensilien auf dem Fußboden, schaltete das Radio ein und stellte fest, daß ich keinen Schritt weiter war als im Referendariat, was meine Fähigkeiten der Unterrichtsplanung betraf.

Am Willen und den besten Vorsätzen scheiterte es nicht, allein es fehlte ganz entschieden am Instrumentarium, die Fülle und Komplexität der fachwissenschaftlichen Inhalte dem Unterricht so zu erschließen, daß die Kinder einen Nutzen daraus zogen. Das Problem war mir nicht unbedingt neu.

Die Überlebensstrategie in der schulpraktischen Ausbildungsphase hatte darin bestanden, so verzögerungsfrei wie möglich durch Befragungen der älteren Semester herauszufinden, welche Vorlieben und Antipathien der entsprechende Fachleiter hatte und den eigenen Unterricht daran zu orientieren. Für Unterrichtsbesuche galt es vordringlich, formvollendete Potemkinsche Dörfer zu errichten und während einer Schulstunde mit der Art pädagogischen Lebens zu erfüllen, wie es den Prüfungsinstanzen vorschwebte. Diese Täuschungsmanöver hatten mich immer nur ganz kurzfristig befriedigen können.

Es überraschte mich naturgemäß nicht im geringsten, daß ich diese Schwierigkeit mit auf die Insel genommen hatte.

Woraufhin ich zunächst eine Flasche Bier öffnete. Ein Gang über den weitläufigen Balkon würde bestimmt Inspira-

84

tion bringen. Nachfolgend vermaß ich Schritt für Schritt die einzelnen Räume der Wohnung, bestimmte Standorte für Gefrierschrank und Waschmaschine, nahm Breite und Höhe der mit Vorhängen und Gardinen zu versehenden Fenster auf, zeichnete Pläne mit Standorten unserer Möbel und versuchte, das Wohnzimmer zu meiden, in dem mein Unterricht darauf erpicht war, vorbereitet zu werden.

Woraufhin ich zunächst eine Flasche Bier öffnete. Die Schneeverwehung auf dem Balkon mußte ich beseitigen, das war nötig, um einen Blick in den Abstellraum werfen zu können, der die eine Seite des Balkons zur Nachbarwohnung hin begrenzte. Hier könnten wir unsere Balkonmöbel aufbewahren und diverse Utensilien einlagern, die für die Pflege der zahlreichen, in das Balkongeländer eingelassenen Blumenkästen nötig wären.

Woraufhin ich zunächst eine Flasche Bier öffnete. Jetzt waren mir die Prioritäten völlig klar. Als erstes war der Lebensraum nach unseren individuellen Ansprüchen zu gestalten, erst dann war zu erwarten, die berufliche Seite regeln zu können. Dies war die zwingend logische Reihenfolge, denn die Organisation des Haushalts würde mir die Sicherheit verleihen, aus der sich die berufliche Integration ungezwungen ergeben würde. Also war in dieser Pionierphase noch gar nicht daran zu denken, perfekten Unterricht zu halten! Das sah ja wohl jeder ein!

Von diesem Zeitpunkt an lag das weitere Vorgehen offensichtlich zutage, und ich ging mit Energie und Tatkraft daran, alles Erforderliche in die Wege zu leiten. Eine Waschmaschine und eine Kühl-, Gefrierkombination mußten besorgt werden, das Bankkonto war einzurichten, damit der Rubel in die richtige Kasse rollte, eine Arbeitsplatte für die Küche würde nicht schaden, das Telephonprojekt war einzuleiten und ich vertat die Zeit damit, über ungelegte Eier wie Unterricht nachzusinnen. Geradezu absurd.

Ich müßte die Klassen vor allem kennenlernen, dann würde ich weitersehen. Hatten mich Phantasie und Intuition bei meinem Unterricht jemals im Stich gelassen? Niemals!

Hatte Waffelboldt nicht ausdrücklich betont, wie friedfertig und aggressionsfrei die Inselkinder seien? Allerdings! Das hatte ich doch klar und deutlich gehört und darauf konnte ich mich ganz fest verlassen!

Es würde schön werden auf unserer Insel, und wenn dann erst der Sommer käme, würden wir uns einen Strandkorb mieten, Besuch von unseren Freunden bekommen, und alles würde liebens- und lebenswerter sein als im alten Frankfurt, das in unverminderter Haßliebe in mir fortbrannte.

Mit diesen Gedanken lief ich aus dem Haus und fuhr in die Stadt, die von mir freundlich zunickenden Passanten erfüllt war. Die Mittagspause war vorüber, und die Menschen gingen ihren Tätigkeiten nach, hielten hier und da ein Schwätzchen, alles bedächtig und in Ruhe, mit der Geschwindigkeit, die sie für sich selbst als die richtige erachteten, frei von großstädtischer Hektik und Beunruhigung.

Parkplätze gab es en masse, eine für mich sensationelle Erfahrung, sogar direkt vor dem Elektrogeschäft, in dem ich beim Kauf sehr zuvorkommend von einer Art Inselgecken bedient wurde, der sich offensichtlich für den erklärten Liebling der provinziellen Damenwelt hielt.

Mir schien, daß er beim Andienen seiner eigenen Vorzüge und Leistungen mindestens so tüchtig sein müßte, wie er es verstand, die technischen Eigenschaften der von ihm vertriebenen Elektrogeräte ins rechte Licht zu rücken. Der Kaufvertrag war schnell unterschrieben, und ich bekam einen Termin für Lieferung und Installation in der allernächsten Zukunft, schon zum Ende der Woche, in Aussicht gestellt.

Ähnliches auf der Bank und der Post, deren Personal scheinbar noch höflicher und aufmerksamer wurde, als ich meinen Beruf und Arbeitsort nannte.

Meine Projekte gingen zügig voran, ich konnte mehr als zufrieden sein, die Aussicht auf den Abend mit den Kollegen ließ die Mittagssorgen um Unterricht und ähnliches als weit weg und unwichtig erscheinen.

Pfeifend bog ich in die Einfahrt zur Tiefgarage ein. Ganz ohne Frage hatte die dörfliche Begrenztheit auch ihre unbestreitbaren Vorzüge, ich war nicht irgendein Anonymus, und der Service war entsprechend persönlich ausgerichtet, da eventuelle Fehlleistungen der Kaufmannsgilde wie ein Lauffeuer herumgetratscht wurden, und ein Ruf erheblich schneller ruiniert als aufgebaut ist.

Auf der Treppe begegnete ich meiner Wohnungsnachbarin, die nicht mehr gar so verschüchtert wirkte und sogar den Mut aufbrachte, sich nach meinem Befinden zu erkundigen. Höfliche Verabschiedung, verbunden mit der Aufforderung, bei Bedarf an Informationen oder Konkretem ungeniert zu klingeln. Man werde dann alles in der Macht Stehende einleiten, um mich an das Inselleben zu gewöhnen.

Die nicht gemachten Unterrichtsvorbereitungen im Wohnzimmer schreckten mich nur gelinde. Kurzer Blick auf den Stundenplan: Dienstag waren vier Stunden zu halten, davon zwei in einem Englisch-Leistungskurs.

Ich war sehr neugierig darauf, wie die Leistungen der hiesigen Schüler im Vergleich zu meiner Bad Homburger Kaderschmiede wohl einzustufen sein würden, aber das hatte alles Zeit bis zum Folgetag, jetzt war Kollegialität angesagt. Das Gefühl, daß ich nicht mehr so total isoliert war, sondern, daß sich die Kollegen durchaus Gedanken machten, wie meine Aufnahme am schnellsten und besten zu bewerkstelligen wäre, gab mir enormen Auftrieb.

An diesem Abend sollte ich sie alle kennenlernen, mit denen meine Frau und ich die vor uns liegenden achtzehn Monate[1] durchleben würden.

Da war zunächst Harald, der aus Lüneburg stammte und in Braunschweig Mathematik und Physik studiert hatte. Dort hatte er auch Gerlind, seine sanfte und gedankenvolle Frau kennengelernt, die mich so traurig und mitfühlend ansehen

---

1 Achtzehn Monate sind eine Zeitspanne, die in meinem Leben dreimal krasseste Übergänge und gravierendste Einschnitte bedeutet haben: Wehrdienst, Referendariat, die Insel. Sollte ich mal im Gefängnis landen, als Opfer eines Justizirrtums, wohlverstanden, wäre es auch für achtzehn Monate, da bin ich mir ganz sicher.

konnte, daß ich immer ein ganz schlechtes Gewissen bekam. Manchmal glaubte ich, sie sähe bis auf den Grund meiner Seele hinab, und was sie da entdeckte, ließ sie schnell die Augen schaudernd schließen, bevor der Mahlstrom sie hinabgezogen hätte[1].

Die beiden waren nur wenige Monate vor mir auf die Insel gekommen, sie hatten sich von ihr ähnliches versprochen wie wir, vielleicht beeinflußt von grünem Gedankengut, dem sie nicht fernstanden, Gott sei Dank ohne jeglichen, mich enervierenden missionarischen Anspruch, der in ökologisch-puri(tani)stischen Kreisen leider häufig jegliche Lebensfreude im Keim erstickt.

Im Oktober 1980 hatten sie ihren ersten Sohn bekommen. Der Geburtstermin fiel in eine Zeit, in der Harald eine Klassenfahrt durchführen sollte, was ihn ausgerechnet zu jener Zeit verständlicherweise nicht begeisterte.

Diese Kollision widerstrebender Verpflichtungen wurde von Esbit aus der Welt geschafft, indem er Kinderkriegen kurzerhand zu einer außerdienstlichen Belustigung erklärte, zu deren Gelingen die Anwesenheit der Väter absolut entbehrlich sei, womit, seiner Überzeugung nach, für Harald die Rangfolge der wahrzunehmenden Verpflichtungen völlig eindeutig sein müßte. Also fuhr er, und Gerlind brachte derweil mutterseelenallein ihren Erstling zur Welt.

Der Hausherr der gastlichen Behausung, in der die Empfangsveranstaltung für mich ablaufen sollte, war Volker, den es aus dem von französischem 'savoir-vivre' beeinflußten Saarbrücken unfreiwillig auf das nördlich karge Eiland verschlagen hatte.

Hier war die französische Leichtigkeit des Seins genauso ungeübt wie 'laisser-faire' als mögliche Organisationsform zwischenmenschlicher Beziehungen.

Dieser Volker war eine der facettenreichsten Persönlich-

---

1 Selten bin ich einem Menschen begegnet, der so viel Mitleidensfähigkeit nur mit den Augen ausdrücken kann.

keiten, die jemals meinen Lebensweg gekreuzt haben und davon hat es einige gegeben.

Von unübertrefflicher Herzlichkeit und Großzügigkeit, die ihn *alles* mit seinen Freunden teilen ließ, konnte er innerhalb weniger Minuten in finsterste Depressionen fallen, die ihn grenzenlos gefährlich und unberechenbar machten.

In solchen Verwerfungen seines unauslotbaren Gemütes lauerten mühsam gebändigte Gorgonen von urwüchsiger Gewalttätigkeit, ausgestattet mit einem ungestümen Destruktions- und Selbstzerstörungspotential, das ihn zu einem wahren Teufel machen konnte. Dann ging man ihm besser aus dem Wege, um nicht zur Zielscheibe von Haßphantasien und Vernichtungsorgien zu werden, für die er mir einige sehr drastische Beispiele liefern würde.

Doch davon zu gegebener Zeit. Noch befand ich mich auf dem Weg der Annäherung an ihn und seine *'Villa Frankenstein',* wie er seine Festung höchst zärtlich zu nennen beliebte.

Dieser angemietete Wohnsitz hätte in der Tat eine untadelige Figur in einer POE-Verfilmung gemacht, hoch auf einer Klippe am südlichsten Ende von Cornwall, über dem entfesselten Element, in seinem schimmelnden, vom Pilz unterminierten Mauerwerk die dem Tode geweihte *Ligeia* beherbergend, deren zerbrechliche Morbidität geradewegs ins Herz greift.

So stand das finstere Gemäuer vor mir, gebeugt von der Mühsal eines langen Lebens, behaftet mit den Gebrechen des Alters. Ob EMILY BRONTË wohl an der Tür stehen würde, um mich auf *'Wuthering Heights'* zu begrüßen?

Die Räume waren hell erleuchtet und Musik dröhnte auf einem Pegel, der mich auf den letzten dreihundert Meter geleitet und angezogen hatte wie das Landeradar auf *Rhein-Main Air Base, Home of V. Corps.*

Das ließ sich hören und beflügelte meine Schritte und Phantasie ganz ungemein, die Beklommenheit, welche die provinzielle Enge in mir erzeugt hatte, fiel ab von mir, und ich eilte dem Ort entgegen, der freundliche Aufnahme und Wärme verhieß.

Fast war mir, als hätte ich meine verloren geglaubte Heimat wiedergeschenkt bekommen, und die Insel wäre unter der Rubrik 'Fata Morgana' abzulegen, als ein Spuk, ein Alp, den einem die Dämonen der Nacht, herbeigerufen von Gänsebraten und Rotkohl nach 19.00 Uhr, auf die Brust setzen.

Die ausgetretene Treppe hoch, noch zwei Stufen, ich war am Ziel. Was ich da sah und hörte, war ganz nach meinem Geschmack und öffnete mein Herz:

Deep Purples 'Speed King', strahlend geschmettert mit dem Crescendo einer Schweizer Edel-Hi-Fi-Marke, mit Höhen, die mühelos perlend bis zur Schmerzgrenze laufen und wieder zurückrasen in den schwärzesten, tiefsten Baßkeller, aus dem sie zwerchfellkomprimierende Tiefen aufsteigen lassen, denen jegliches Wummern fremd ist.

Minutenlange Riffs der fetzendsten Stakkatokategorie zwingen eidgenössische Technik noch lange nicht in die Knie, da müßte schon ein Artillerieangriff kommen, um sie aus der Ruhe zu bringen.

Sie stellt die Gitarrenattacken, die ihren Transistoren und Membranen galten, ganz einfach vor ihre Lautsprecher, mitten in den Raum, als wären sie das Matterhorn!

'Noch irgendwelche Fragen?' blitzt der Schalk aus ihren roten Kontrollampen.

Das souveräne Lächeln des Besitzers zeigte an, daß ich jemanden vor mir hatte, der sich wohl bewußt war, daß die örtlichen Bauerndiscos, die den Landpomeranzen und Nachwuchslandwirten zum Tanze aufspielten, dem nichts Konkurrenzfähiges entgegenzusetzen hatten, es sei denn, man hielte Klangbreigetöse von der Konsistenz einer giftgrünen Götterspeise, die mit Moltofill angerührt worden ist, für hochklassige Musikdarbietungen.

'Willkommen bei Freunden, fühl' Dich akzeptiert und hör' auf, Deine Rolle zu spielen, zeig' uns lieber, wer Du bist, und ob wir Dir überhaupt trauen können.'

'Könnt Ihr, Jungs. Darauf mein Wort als Mann von Ehre!'

An jenem Abend meinte ich gehört zu haben, daß wir uns, ohne einen Laut darüber zu sprechen, den Rütlischwur zugeraunt hätten. Wortlos wurden wir uns einig in der Gründung einer Notgemeinschaft, deren einziger Zweck darin bestand, den Mitgliedern das Überleben in einer feindlichen Umwelt zu ermöglichen.

Die Proben auf die Tragfähigkeit dieser neuen Konstellation ließen nicht lange auf sich warten.

Wenn sich die Seele nicht gerade in Hochstimmung befindet, sucht sich der niedergedrückte Mensch ein wenig Linderung auf dem Weg von Ersatzbefriedigungen zu verschaffen. Dieses Motto hatte man offensichtlich bei Auswahl und Einkauf des Essens beherzigt. Es fehlte nichts von dem, was die Läden der Insel zu bieten hatten, und wir setzten die gegenseitige, unauffällige Exploration am sich biegenden Tisch fort.

Neben mir saß Harald, in dem sich schon mancher getäuscht hatte, machte er doch überwiegend einen verträumten, leicht geistesabwesenden Eindruck. Dies war ganz sicher auch der Gemütszustand, den er bevorzugte, andererseits scheute er sich durchaus nicht, seinen Standpunkt couragiert zu vertreten, auch gegenüber der Obrigkeit, was alle Welt jedesmal in Erstaunen versetzte, da man ihm solches Auftreten nicht zugetraut hätte. Um so durchschlagender war regelmäßig die unverhoffte Wirkung.

Da er der einzige Lehrer an der Schule war, der aufgrund seiner Eaxamina über die Berechtigung verfügte, in seinen beiden Fächern die Abiturprüfungen abnehmen zu können, hütete sich Esbit wohlweislich, seine Geduld über die Maßen zu strapazieren, aber dafür hatte er ja schließlich noch uns.

Zum Beispiel Volker, den Herrn über die geballte Unterhaltungselektronik, mit dem unser verehrter Schulleiter seine liebe Not hatte.

Das Sphinxhaft-Undurchschaubare, das er sorgsam kultivierte, machte Volker selbst für streitsüchtige Provinzdirektoren zu einer außergewöhnlich harten Nuß. Er widersetzte sich ständig erfolgreich den Schubladeneinsortierungsversuchen, deren gewisse Charaktere bedürfen, um ihre Mitmenschen jederzeit wiederauffindbar kategorisieren zu können.

An meinem Inselbegrüßungsabend war Volker völlig in seinem Element. Er bewirtete und verwöhnte uns, seine Gäste, nach allen Regeln der Kunst.

Dies hatte, vermute ich, für ihn etwas genauso Nostalgisches und Wehmütiges wie für mich, wir beide dachten uns nach Hause, zu den alten Freundschaften, auf die man sich verlassen konnte, bevor man sie verlassen mußte.

In seinem fernen Saarbrücken hatte er so manches Bacchanal veranstaltet, an das seine leidgeprüfte Mutter noch nach Jahrzehnten mit allergrößtem Schrecken zurückdachte, er hingegen mit jederzeit wiedererweckbarer Euphorie.

Erinnerungen, vergoldet vom unaufhaltsamen Dahingehen der Jahre, glorifiziert durch das graue Dilemma des Inseldaseins.

Der Champagner, den Volker in Saarbrücken einschenkte, floß in Strömen auf der Insel in der *'Villa Frankenstein'*.

Wir saßen zusammen, getrennt um Hunderte von Kilometern, verbunden von der Notwendigkeit zusammenzuhalten gegen eine abweisende Außenwelt, die all den Erfahrungen, Einsichten und Überzeugungen zuwiderlief, die sich bei uns dreien aufgrund vergleichbarer Lebensgeschichten geformt hatten.

Eine Art Schützengrabengemeinschaft, wie sie einst, unter viel schlimmeren Umständen[1], die menschenfressenden Stahlgewitter an Marne und Somme erzwungen hatten: *'Kamerad spring Du, ich schieße!'*.

Hoffentlich würde uns die Munition nicht zu schnell knapp werden!

Wir würden uns auf einen längeren Partisanenkampf mit subversiven Mitteln einrichten müssen, da uns unsere unterlegene Ausgangslage keine Chance zu regulärer Kriegsführung im anerkannten Kombattantenstatus ließ. Eine Taktik des *'hit and run'* oder der Nadelstiche würde zumindest dafür sorgen, daß unserem Dienstvorgesetzten die Freude an

---

1 Schlimm ist immer nur dasjenige, das *im Augenblick* bedrohlich wirkt.

einem reibungslos laufenden Schulgetriebe etwas vergällt würde.

Volker wurde, unter dem Einfluß der feurigen Witwe aus Reims, zusehends übermütiger und bereitete uns auf die Demonstration einer seiner vergangenen Höchstleistungen vor, deren Konkretisierung er als Jagdtrophäe auf das liebreizende Eiland am Polarkreis mitgebracht hatte.

Zu unserem nicht geringen Erstaunen, das bei Gerlind eher Entsetzen war, schleppte er mit Triumphgeheul eine Verkehrsampel in das Zimmer, die, nach seiner glaubhaften Versicherung, noch sechs Wochen zuvor an einer Hauptverkehrskreuzung der saarländischen Metropole für Ordnung gesorgt hatte, bis sie von Volker um 3.00 Uhr morgens fachgerecht demontiert worden war.

Ich hätte nie gedacht, zu welch imposanter Größe eine Lichtregelungsanlage in einem Wohnraum anwachsen kann. Harald fand sie unter physikalischen Gesichtspunkten bemerkenswert.

Wir steuerten dem Kulminationspunkt des Abends entgehen, als Volker mit wenigen geübten Handgriffen die brave Verkehrsampel mittels einer Frequenzweiche in eine Lichtorgel verwandelte.

Was wohl die wackere Saarbrücker Polizei zu ihrer schönen Ampel gesagt hätte, die Hendrix' *'Machine Gun'* aufs Herrlichste in Lichtkaskaden umsetzte?

Die Woodstock-Nostalgie ging zu Ende, und die Notwendigkeiten zwangen uns, unangenehmeren Dingen ins Auge zu sehen, nämlich, um der hochgradig unerfreulichen Schulsituation etwas besser vorbereitet entgegentreten zu können, unsere individuellen Erfahrungen auszutauschen.

Konsens war sehr schnell darüber erzielt, daß nur einer von uns, Hartmut, ebenfalls aus Saarbrücken, aber von völlig anderer Art als Volker, sich offensichtlich mit der Zeit an die Provinz gewöhnt hatte, dies hauptsächlich deshalb, weil er weitgehend ungeschoren den Heimsuchungen Esbits entgangen war. Die Gründe dafür waren nicht feststellbar, mit großer Wahrscheinlichkeit entzogen sie sich dem Initiator aller

Drohgebärden, Abmahnungsaktionen und Strafexpeditionen selbst.

Harald empfand alles als sehr schwierig und ziemlich schlimm, war aber stets bemüht, der Sachlage, wenn irgend möglich, positive Seiten abzugewinnen, denn er und Gerlind, die ihren kleinen Stammhalter auf den Knien schaukelte, waren mit dem Vorsatz auf die Insel gekommen, hier ein neues Leben zu beginnen, und so schnell wollten sie verständlicherweise die Flinte nicht ins Korn werfen.

Blieb Volker, der Desperado, der im Sturmangriff meine Sympathien gewonnen hatte. Ich konnte ihn mir plastisch im Mexiko der Revolutionswirren vorstellen.

Er zieht seinen Sombrero verwegen ins stoppelbärtige Gesicht, füllt die über der Brust gekreuzten Gurte mit Patronen (*'full metal jacket'*), schwingt sich auf eine Lokomotive der *'Rio-Grande-del-Norte-Linie'* und gibt aus einem heiser belfernden Maschinengewehr dem Anführer der aufständischen Indios, EMILIANO ZAPATA, Feuerschutz.

Viva Zapata! Viva la Revolucion!

Er hätte diese Art von Leben sicher genossen, daher erstaunten mich seine Einschätzung unserer Situation und die daraus gezogenen Schlußfolgerungen nicht.

Seiner wuchernden Vorstellungwelt entsprangen Anregungen, die sich zwischen Geiselnahmen im Kultusministerium, Feuerüberfällen auf die Familie des Direktors und dem Verlegen von Panzerminen vor der Schule bewegten.

Als Termin für solche Vorhaben erschien mir der *'Guy Fawkes Day'* geeignet, das hätte mir auch einen starken Einstieg in eine entsprechende Englischstunde verschafft.

Harald lehnte solche Eskapaden aus pazifistischer Grundüberzeugung rundheraus ab, ich hauptsächlich aus pragmatischen Erwägungen, da wir noch keinerlei Erfahrung mit dergleichen Unternehmungen gesammelt hatten, und die Gegenseite uns sicher gleich festgenommen hätte, weil wir umgehend als Hauptverdächtige ausgemacht worden wären.

Sehr bemerkens- und beachtenswert fand Volker meinen Hinweis darauf, daß ich an sämtlichen Gefechtsversionen der Schuß- und Explosivwaffen, über die die Infanterie verfügt, sehr sorgfältig ausgebildet worden war[1].

Gerlind, mangels profunderer Einsicht in unsere Wesensart, folgte unseren Erörterungen mit einem gequälten Gesichtsausdruck und wähnte ihren Harald bereits in einem finsteren Kerker bei Wasser und Brot darben und dahinwelken, nur noch ab und zu kläglich mit den Handschellen klirrend.

Gegen Mitternacht wurde das Gespräch zähflüssiger, die aufgesetzte Exaltiertheit wich langen Pausen, in denen sich jeder in seine heimatlichen Fluchtburgen zurückzog. Wir trennten uns für die Nacht.

Der Nordwest saugte mich aus dem wärmenden Bauch der *'Villa Frankenstein'* nach draußen in die Kälte, trieb mich wie ein hilfloses Blatt an der Schule vorbei, schob mich durch eine rhythmisch nickende Kopfweidenreihe, stieß mich unter das taumelnde Licht einer einsamen Laterne, um mich schließlich bis vor das Terrassenhaus zu drängen, das mich mit erloschenen Augen ansah.

*

Leistung ist ein physikalischer Begriff, der durch den Quotienten aus Arbeit und Zeit definiert ist. Je mehr Arbeit in je kürzerer Zeit vollbracht wird, desto höher die erzielte Leistung; so weit reichen selbst meine mathematischen Minimalfähigkeiten.

Für die vor mir sitzenden bis liegenden Teilnehmer des *'Leistungskurses'* Englisch schien dies höhere Arithmetik zu sein. Ihre Leistung stieß bereits an ihre Grenze, wenn sie sich bis in die dienstägliche Doppelstunde zu schleppen hatten und sich, die gewaltige, übermenschliche Anstrengung in Form eines Urschreies ihrer Umwelt mitteilend, auf das bereitstehende Mobiliar fallen liessen.

---

1 Um übereilten Spekulationen der Leserschaft zuvorzukommen, keine dieser Phantastereien haben wir jemals konkretisiert.

Es war gar nicht mit anzusehen, wie sie sich quälen mußten! Die kilometerlangen Korridore der gigantischen Inselschule durchmaßen sie schlurfenden Schrittes, sich auf ihrer
Marathonroute nur ganz wenige Pausen gönnend, wie methusalemische Greise, die zusätzlich das gesamte Elend dieser schönen Welt auf ihren dafür nicht konstruierten Schultern tragen mußten.

Zutiefst dauerten sie mich, die Armen. Und dann erst noch
meine völlig überzogenen Unterrichtsanforderungen an sie:
erwartete ich doch allen Ernstes von ihnen, daß man sich,
bitteschön, während meines Englischunterrichts geflissentlich der englischen Sprache bediente. Na, das war ja dann
wohl doch die Höhe!

Einmal beklagten sie sich bitterlich darüber und nannten
mich vorwurfsvoll unfair, da es für mich ja unvergleichlich
viel leichter sei, Englisches von mir zu geben, weil ich das
immerhin studiert habe, sie hingegen fühlten sich krass benachteiligt, da sie, die Beklagenswerten, ja bekanntlich nicht
Englisch studiert hatten.

Dazu fiel selbst mir keine Antwort mehr ein, obwohl ich
über einen ausgezeichnet sortierten Fundus an mehr oder weniger treffenden Repliken verfüge.

Auf einem der allseits sehr beliebten Elternabende war die
Benutzung der Fremdsprache im Fremdsprachenunterricht
(eher: meine störende Angewohnheit, mich auf Englisch auszudrücken, außer mir sprach man hauptsächlich Deutsch) eines der Hauptthemen, und die Anführer der anwesenden Väter und Mütter meiner mehr oder weniger gelungenen
Schüler fanden sich huldvoll herbei, mir gnädigst die Erlaubnis erteilen zu wollen, doch schwierige Dinge lieber auf
Deutsch zu erklären, was ich kategorisch ablehnte und als
reichlich abwegig bezeichnete[1].

Beachtliche Kreativität, die erstrebenswerterer Ziele wür-

---

1 Woraufhin mir der stets bei solchen Anlässen präsente Esbit mit der
   apodiktischen Erklärung ins Wort fiel, daß ab sofort natürlich auch unsere wunderschöne Muttersprache zugelassen sei.

dig gewesen wäre, begannen meine Kursusteilnehmer zu entfalten, wenn es um blumige Erklärungen (natürlich auf Deutsch) ging, warum etwas an ihren Hausaufgaben unlösbar, zu umfangreich, zu schwierig oder sonstwie voller Heimtücke gewesen sei, so daß es ihnen, zu ihrem allergrößten Bedauern, trotz intensivster Anstrengungen, unmöglich gewesen sei, sie anzufertigen.

Im Verlaufe dieser orientalisch-arabeskenreichen Märchenstunden dankte ich innerlich immer dem Baumeister der Schule, daß er ersichtlich massive Balken in die Decken eingezogen hatte.

Das Studium literarischer Werke zählte nicht zu ihren ausgesprochenen Lieblingsbeschäftigungen. Um einer übermäßigen, ihrer zarten Gesundheit eher abträglichen Beanspruchung der kleinen grauen Zellen vorzubeugen, hatten sie elaborierte Beurteilungskriterien für Druckerzeugnisse ausgetüftelt, die der Kaste der Literaturkritiker bis dahin völlig entgangen waren, obwohl ihre Logik, Einfachheit der Handhabung und hohe Trefferquote eigentlich bestachen; wie eben dem Schlichten im Leben alles schlicht ist.

Immer wenn ich ihnen eine neue Lektüre schmackhaft zu machen versuchte (schließlich wollte ich nicht der einzige sein, der sie auch wirklich las, die meisten kannte ich ohnehin schon auswendig), wandten sie ihre Methode an, die darin bestand, dickere Bücher *'per se'* als schlecht, hingegen ganz, ganz dünne Heftchen qualitativ am höchsten einzustufen.

Ergo sind fünf Millimeter *'Spiderman'* mit Abstand wertvoller als 50 Zentimeter SHAKESPEARE oder, wenn man eine simple Transformation vornimmt: lieber 50 Gramm Tarzan als 5 000 Gramm LORD BYRON.

Darf es vielleicht etwas mehr sein? Nein danke, mir ist schon schlecht.

Ich möchte die an dieser Stelle vorgeführte Inselvariante der Analyse innovativ in die kritische Literaturwissenschaft einführen, als Äquivalent zu dem, was die Kunstbetrachtung mit naiver Malkunst bezeichnet, die ja auch vorzüglich in abgeschiedenen, überschaubaren Lebensumständen, im *'locus seclusus'*, ihren fruchtbarsten und furchtbarsten Nährboden gleichermaßen finden kann[1].

Ungeteilte Freude hatte ich auch in anderer Hinsicht nicht an dieser als Leistungskurs getarnten *'English for Beginners'*-Veranstaltung. Ziemlich zu Anfang unserer gemeinsamen Abenteuer in der englischen Sprache verfiel ich einmal auf die abwegige Idee, mit ihnen eine Diskussion über Politik zu führen, was ich besser nicht angefangen hätte. Eigentlich hatte ich geplant, sie auf die unterschiedlichen Regierungssysteme Deutschlands und Großbritanniens hinzuführen.

Spät, zu spät, fiel mir siedend heiß ein, daß ich den gesamten Inselvorstand der Jungen Union, der fortschrittlichen Nachwuchsorganisation der ohnehin von sich aus schon sehr fortschrittlichen CDU, vor mir dösen hatte.

In Ermangelung eigener zündender Ideen, die sich im Zustand des Meerumschlungenseins wohl nicht so üppig einstellen wollten, waren sie auf die Bewahrung ewiger konservativer Werte verfallen und hatten, als Fähnlein der Aufrechten, ihre flatternde Leibstandarte des Traditionalismus nach dem seinerzeit von der Regierung aus Kiel her wehenden Wind gehängt[2].

Den von der Stahlhelmfraktion angeschlagenen rüden Ton goutierte ich ganz und gar nicht. Er legte sich erst wieder, als ich umgehend einen, von mir in pädagogisch einfühlsamer und basisdemokratischer Weise angeordneten Vokabeltest schreiben ließ.

Das brachte alle augenblicklich auf andere Gedanken, die Diskussion zum Erliegen und mir einem Nachmittag mit Korrekturen ein.

---

1 Die Insel war mir eher ein *'locus asper'*, um in der Terminologie zu bleiben.
2 Nachdem ihr Präzeptor in Genf ein Bad genommen hatte, was ihm die Eidgenossen sobald nicht vergessen werden, ließ sie die Windstille rat- und tatenlos zurück.

Wöchentlich fünf Unterrichtsstunden waren mir beschert, um mit ihnen zusammen die geheimnisumwitterte englische Sprache zu ergründen, und dieser Leistungskurs leistete sich so einiges, was mir den physikalischen Begriff immer suspekter machte.

Damit wir uns nicht gegenseitig mehr auf die Nerven gingen als unumgänglich, einigten wir uns auf ein Niveau, das zwar nicht meinen Vorstellungen von fortgeschrittenem Englischunterricht entsprach (schon gar nicht meinen Bad Homburger Erfahrungen), sie aber auch nicht ständig frustrierte, was nur zu Dauerärger geführt hätte.

So rekapitulierten wir kontinuierlich-brav Basisgrammatik ('3. Person Singular, Präsens: na, was passiert denn da im Englischen? Richtig, wir sollten flugs das mal wieder vergessene 's' anhängen'), unterhielten uns höchst angeregt über Stammformen dieser mysteriösen unregelmäßigen Verben, und alle wären sehr zufrieden gewesen, hätte sich nicht einer der unter uns Weilenden zu Höherem berufen gefühlt und sich veranlasst gesehen, dies so oft und so vernehmlich wie möglich zu demonstrieren.

Es war dies der Sohn des stellvertretenden Schulleiters, Studiendirektor Moorgöbels zu größten Hoffnungen Anlaß gebender Filius, der erkorene Liebling ältlicher Landfräuleins, an denen das Leben lustlos vorübergegangen war, dem ich aber auch rein gar nichts recht machen konnte.

Alles war immer viel zu leicht für ihn, was wunder, kupferte er doch zu Hause beim Alten immer alles aus den Lehrerhandbüchern ab. Diese Formulierungen machten sich sehr gut in Klausuren, nur im Mündlichen vergaloppierte er sich immerzu, da er zu ausschweifenden Formulierungen neigte, denen seine grammatischen Fähigkeiten nicht recht zu folgen vermochten, was ihn aber keineswegs davon abhielt, in ewigen Monologen seine Eloquenz unter Beweis stellen zu wollen.

Aber weh mir, ich wagte es, Hochwohlgeboren zu korrigieren. Sofort brach er ab und verzog ob dieser augenscheinlichen Majestätsbeleidigung sein Gesicht wie ein Baby, dem man unverhofft das halb gegessene Breichen weggenommen hatte und das silberne Löffelchen noch dazu.

Da er seinem Vater dankenswerterweise kontinuierlich über den Fortgang unseres Unterrichts rapportierte, hatte ich immer sehr schöne Rückkopplungen im Lehrerzimmer in Form von altväterlichen Belehrungen und tollen Hinweisen, wie man Englischunterricht eigentlich zu halten habe, was in Bemerkungen gipfelte, daß Herr Studiendirektor auch durchaus bereit seien, am Unterricht höchst deroselbst teilzunehmen, um mir mit dem einen oder anderen praktischen Eingreifen eine kollegiale Handreichung zu bieten. Dies denn allerdings doch nicht oder, um es nach den Worten des hessischen Dichterfürsten zu sagen: *'man merkt den Zweck und ist verstimmt'*.

Es freute mich andererseits ungemein, daß sozusagen die gesamte Inselbevölkerung regen Anteil daran nahm, welche Fortschritte ich in der hohen Kunst des Unterrichtens machte.

Erst waren sie mit mir noch nicht zufrieden, denn ich benutzte zunächst viele nebulöse Fremdwörter, Überbleibsel aus dem fernen Frankfurt. Mit der Zeit verbesserte ich aber doch wider Erwarten meinen Wortschatz, und bald reagierten die Schüler der Oberstufe zu 80% völlig richtig, wenn ich ihnen den Befehl: *'Open your books!'* gab.

Auch hatten sie binnen kurzem bemerkt, daß irgendwann später in der Stunde *'Shut your books!'* kommen mußte, und daß dies bedeutete, denselben Vorgang in umgekehrter Reihenfolge auszuführen.

Sie fanden alsbald Gefallen an diesem Spiel, und auch der Leistungskurs machte da gern mit, denn jetzt konnte er mir zeigen, daß er sehr wohl in der Lage war, diffizilen Äußerungen in einer für ihn kryptischen Fremdsprache die richtigen und gewünschten Handlungen folgen zu lassen, und wenn man weiterhin bedenkt, was für ein Aufwand vom menschlichen Organismus betrieben werden muß, um alle verbalen, optischen und akustischen Reize, die ich als Lehrer in verwirrender Fülle und mit großer Geschwindigkeit auf sie niedergehen ließ, richtig zu werten, zu verarbeiten und in Nerven- und Muskelreaktionen umzusetzen, so mußte ich doch zugeben, daß sie Gewaltiges und Erstaunliches zu leisten durchaus imstande waren.

Später beschränkten sich meine Anweisungen auf 'Shut up!', was sie genauso gut verstanden.

In den Fertigkeiten meines eigentlichen Lieblingsfaches Erdkunde, das von den meisten Schülern nicht besonders ernst genommen wird, hatte ich einen Grundkurs zu unterweisen, der sich in erster Linie dadurch hervortat, daß die eine Hälfte zu spät kam, während die andere Hälfte, im hinteren Teil des Raumes, mit einer bleiernen Müdigkeit zu kämpfen hatte, die auch meine mitreißenden Darbietungen im vorderen Teil des Erkundefachraumes nicht verscheuchen konnten, obwohl ich mich mächtig ins Zeug legte und alle technischen Möglichkeiten des Inselgymnasiums voll ausschöpfte.

Die medienverwöhnte Generation meiner Schüler war allerdings mit denjenigen Errungenschaften, deren Anschaffung die begrenzten Mittel des Kultusetats zuliessen, nicht vom Hocker zu reißen, lediglich das geräuschvolle Platzen einer Projektionsbirne konnte vorübergehend ihre Aufmerksamkeit erwecken und sie aus ihrem Dämmerzustand reißen.

Da ich nur als Referendar Ersatzbirnen bei mir zu tragen pflegte, wurde der post-explosive Unterricht mit Büchern fortgesetzt, und die fanden die Schüler 'echt total voll ätzend'.

Wie ein Quastenflosser oder ein anderes lebendes Fossil, das aus unbekannten Gründen seine Zeit völlig überlebt hat, kam ich mir vor, wenn ich mit Büchern unter dem Arm vor sie hin trat. Besonders peinlich war es ihnen, selbst mit solchen antiquierten Medien gesichtet zu werden und um das zu vermeiden, vergaßen sie ihre Erdkundebücher vorsichtshalber immer zu Hause, was mich dazu zwang, meine Improvisationsfähigkeiten im Unterrichten unter Beweis zu stellen.

Anfangs war ich noch so blauäugig, den Schülern zu glauben, daß sie zu einem vorbestimmten Termin auch tatsächlich ein Referat halten würden.

Nachdem sie mich dreimal in Folge hinter das Licht geführt hatten und meine Stundenplanung völlig über den Haufen geworfen hatten, war ich weniger naiv und verließ mich nicht mehr auf das, was sie mir sagten. Stattdessen erhöhte ich den Druck auf sie mit verschärften Klausurzensuren und änderte auch meinen Umgangston erheblich, indem ich ihn meiner preußischen Herkunft anpaßte.

So gelang es den Inselschülern innerhalb kürzester Zeit, mich zum Verrat an allem zu bringen, was ich mir einmal am Beginn meiner Lehrerexistenz vorgenommen hatte, und das verletzte mich mit Abstand am tiefsten und machte mir diesen Beruf zu der verhaßtesten Tätigkeit meines gesamten Lebens.

Ich hatte das Studium und die Lehrtätigkeit mit einer Reihe von mehr oder weniger reflektierten Vorsätzen, Einstellungen und Erwartungen aufgenommen.

Die für mich stillschweigend zugrundeliegende Prämisse, die ich für eine Selbstverständlichkeit sondergleichen hielt und deshalb auch nicht zum Gegenstand von Diskussionen machte, war die, daß es in diesem Beruf um Menschen gehe und zwar um junge Menschen, denen auf verschiedenste Weisen eine altersgemäße Erziehung zuteil werden sollte.

Fernerhin unterlag es für mich keiner Frage, daß Druck und Drohungen als legitime Mittel auf dem Weg zu den Zielen der schulischen Erziehung keinesfalls in Betracht kommen.

Neben fachlicher Qualifizierung, die ich primär zu befördern hatte, stand für mich als Lehrer in einem zumindest gleichen Rang die Aufgabe, die Sozialisation der Schüler in die Wege zu leiten in Richtung zu demokratischen, selbstbestimmten, kritischen und toleranten Mitgliedern einer Gesellschaft, die grundsätzlich anderes erstreben sollte, als die Gesetze des Dschungels zu imitieren.

'Große Worte aus dem Elfenbeinturm?' Mag sein, daß ich in Wolkenkuckucksheim lebte.

Dann frage ich, ob jemand, der Menschen anleitet, dies ohne Ideale tun soll, ohne Emotionen, ohne Engagement, ohne eine Zielvorstellung, wie das Resultat aussehen soll?

Genügt es denn, nur den technokratischen Anforderungen seines Berufes buchstabengetreu nachzukommen?

Gilt man *'a priori'* als verblendet und unbelehrbar, wenn man Ziele verfolgt, von denen man *natürlich* weiß, daß man sie nicht vollständig erreichen wird, immer gerade nur Zwischenetappen, wenn man Glück hat?

Ist es völlig abwegig, Visionen in Hinblick auf die Entwicklungsfähigkeit des Menschen zu haben, trotz der ständigen Rückschläge, die man hierbei erleidet?

Wird Hartnäckigkeit im Weiterverfolgen dieser Vorsätze immer zu Recht als Uneinsichtigkeit beschreibbar sein, oder verstecken sich Unfähigkeit und fehlende Energie, etwas ändern zu wollen, hinter diesen Einreden, die einem so furchtbar schnell und leicht kommen?

Wahrscheinlich erwartet diese Gesellschaft tatsächlich, daß Lehrer ihre Schüler und Professoren ihre Studenten in möglichst kurzer Zeit kostenminimiert und ohne Aufhebens so formen, daß sie sich reibungslos in das Räderwerk der Produktivität einsetzen und festschrauben lassen.

Bestand wird diese Sozietät nicht haben, wenn sie ihre Zufriedenheit und ihren Fortschritt ausschließlich an Aktienindices und dem Glanz des Mercedes-Sterns abliest.

Welche Perspektiven und Chancen gibt sich eigentlich eine Gemeinschaft selbst, in der *'Utopie'* schon fast als ein Synonym für *'Idiotie'* gehandelt wird, sich führende Politiker ausschließlich als Krisenmanager bezeichnen, und das voller Stolz?

Wohin soll denn die Reise gehen, wenn *'die leitenden Angestellten des Unternehmens Bundesrepublik'*[1] ihre Hauptaufgaben darin sehen, Ämterpatronage und Parteibuchpolitik zu betreiben und dem Volk en passant die neuesten Arbeitslosenzahlen als *'saisonbedingt'* überhöht verkaufen?

'Saisonbereinigt' ist eigentlich alles halb so schlimm, nur können sich die Arbeitslosen für solche Eskamotagen weder

---

1 Sinngemäß so geäußert von Helmut Schmidt.

etwas kaufen noch ihre schleichende seelische Verelendung zum Stillstand bringen. Man gewinnt den Eindruck, als wären manchen Politikern *'menschenbereinigte'* Statistiken noch die liebsten.

Wenn man den Terminus *'Leistung'* zum Credo einer Gesellschaft macht, indem man ihn auf eine volkswirtschaftliche Definition einengt und nur in diesem Rahmen anerkennt, sich aber andererseits darüber beklagt, daß, wie auch immer geartete, nicht weiter präzisierte Werte nirgends mehr anzutreffen seien, wird sich irgendwann, fürchte ich, diese Gesellschaft selbst überlebt haben: *mangels geistig-psychischer Nahrung verhungert.*

6. Kapitel

Um die Situationen, in die ich im Norden geriet und die Komplikationen, die ich oft genug bereits durch meine bloße physische Anwesenheit auslöste, mir selbst besser verständlich und für Außenstehende nachvollziehbarer zu machen, werde ich mir erlauben (und der Leserschaft zumuten) einige Erwägungen theoretischer Art mit meinen persönlichen norddeutschen Schulerfahrungen zu verquicken.

Ich bin durchaus der Ansicht, daß gewisse Methoden, die der Beseitigung unliebsamer Personen aus dem Schulbetrieb dienen, einer Systematik folgen, die nicht vom Himmel fällt, sondern ihre eigene Logik besitzt.

Natürlich offenbart sie sich nicht sogleich, denn Mißerfolge werden individualisiert und personalisiert, wodurch gleich mehrere Mechanismen aktiviert werden, die ihr Erkennen erschweren. Erstens wird man beim Betroffenen jeden persönlichen Schwachpunkt solange herausstreichen, bis ihm die Angst alle rationalen Möglichkeiten nimmt, den Dingen auf den Grund zu gehen. Die Angst ist ein alles lähmender, auf die Dauer tödlicher Begleiter des Menschen.

Zum zweiten wird die strafende Instanz alle Solidarisierungsversuche des Kollegiums im Keim zu ersticken suchen, und dabei bedient sie sich psychischer Dynamiken, die jeder Mensch mit sich herumträgt, ganz überwiegend, ohne von deren Existenz zu wissen.

Dieser Exkurs dient nicht dem Zweck, die mir widerfahrenen Ereignisse so lange zu drehen und zu wenden, bis ich als der unschuldig gesteinigte Märtyrer, als Unschuldslamm unter abgefeimten norddeutschen Schuften übrigbleiben werde, um anschließend geläutert Einzug ins Paradies zu halten, nein, dies ist ja nicht High Noon auf der Hallig Hooge und zu einem Gary Cooper fehlt mir vieles.

Der Sinn der sich anschließenden Betrachtungen ist vielmehr der, einige Grundstrukturen und Mechanismen von

Macht und Unterwerfung exemplarisch herauszuarbeiten (falls mir das überhaupt gelingt) und sie in Bezug zu meinen Erfahrungen zu setzen.

Dieser Exkurs dient auch nicht dem Zweck, pauschal und undifferenziert *alle* Schulen und *alle* LehrerInnen in Deutschland zu diffamieren und mit Jauche zu überschütten.

Ich möchte an dieser Stelle mit allem Nachdruck betonen, daß meine aufrichtige Hochachtung all den unzähligen Kolleginnen und Kollegen gebührt, die, aller Schwierigkeiten zum Trotz, täglich aufs neue die Energie aufbringen, ihre Vorstellungen von Erziehung in die Tat umzusetzen, und ich weiß allerdings, welcher Anstrengungen dies bedarf!

An mehreren Schulen in Hessen habe ich Kollegien und Schulleitungen erlebt, die, in enger, vertrauensvoller Zusammenarbeit mit der Elternschaft, meinen Vorstellungen davon, wie Schule gemacht werden sollte und gemacht werden kann, sehr nahe kamen.

Da dieses Buch aber keine Laudatio auf diejenigen Teile der Sozialisationsinstanz Schule ist, die den positiven Teil darstellen, wende ich mich den Schattenseiten zu.

Weil ich seit meiner Geburt Deutscher bin[1] und lange Jahre in Deutschland gelebt habe, nehme ich mir durchaus das Recht heraus, der Frage nachzugehen, inwieweit die jüngere Vergangenheit Verhaltensweisen geformt oder verstärkt hat, die sich bis in die bundesrepublikanische Zeit ausgewirkt haben. Aus vielerlei Gründen historischer und struktureller Art scheint mir Schule ein Ort zu sein, an dem vergangen Geglaubtes ungebrochen und leider auch wenig hinterfragt fröhliche Urständ gefeiert hat.

Beschäftigung mit Schule hat die Eigenart, umgehend alle möglichen Leute, Berufene und weniger Berufene sowie ganz und gar nicht Berufene auf den Plan zu rufen und aktiv und lautstark an der Diskussion teilnehmen zu lassen, denn

---

1 Ich beanspruche für mich nicht die Gnade der späten Geburt.

schließlich waren alle einmal Schüler und den Lehrern mehr oder weniger ausgcliefert.

Die sich entwickelnde Lautstärke ist immer umgekehrt proportional zur Qualifikation der Teilnehmer, dies ist ein Naturgesetz!

Jeder hat bei seiner schulischen Sekundärsozialisation mehr oder weniger ausgeprägt autoritäres Verhalten über sich ergehen lassen müssen. Danach hatte der überwiegende Teil der Menschheit aber das Glück, die Schule verlassen zu können.

Lehrer haben das Pech, wieder hingehen zu müssen[1]. *'Vox populi'* protestiert umgehend, wie mir nicht entgeht:

'Was heißt denn hier 'müssen'? Die zwingt doch keiner!'

Oh doch! Allerdings werden sie von jemandem gezwungen. Und zwar von einem, gegen den sie nicht den Hauch einer Chance erfolgreichen Widerstands haben, nämlich von sich selbst[2].

Abgesehen von den zutiefst Beklagenswerten, die mit der Verbeamtung auf Lebenszeit ihr Traumziel erreicht sehen, ergreift ein Teil der Lehrer diesen Beruf, weil sie sich davon erhoffen, die Verletzungen und Frustrationen, die ihnen diese Institution einst zugefügt hat, als sie noch Schüler waren, dadurch irgendwie aus der Welt schaffen zu können, daß sie ihre Schüler aufgeklärt-menschenfreundlich erziehen werden.

Um so gravierender wird sie die im Laufe ihres Lehrerdaseins unausweichlich dämmernde Erkenntnis treffen, daß ihnen das nur äußerst rudimentär und in den meisten Fällen gar nicht gelingen wird.

---

1 Der folgende Abschnitt wird zeigen, daß dies durchaus *nicht* sarkastisch gemeint ist.

2 Derselbe psychische Mechanismus ist es auch, der Menschen aus unersprießlichen Familienverhältnissen zu Sozialarbeitern macht oder Menschen, die psychische Probleme haben, den Beruf des Psychologen ergreifen läßt. Ausnahmen bestätigen auch hier die Regel, Berufsfeuerwehren rekrutieren sich nur zu verschwindend geringen Teilen aus Pyromanen (hoffe ich).

Wenn sie unter Machtmißbrauch gelitten haben, werden sie diese traumatische Erfahrung als Lehrer überkompensieren und sich weigern, Macht auszuüben, womit sie gleich mehreren Anforderungen, die man mehr oder weniger explizit an sie stellt, nicht gerecht werden.

Die Schulaufsicht, unmittelbar repräsentiert durch die Schulleitung, erwartet, daß Unterricht in disziplinierten Formen stattfindet (Ruhe ist die erste Bürgerpflicht, jedenfalls in Deutschland).

Die Eltern verlangen, daß ihre Kinder *etwas lernen,* was bei Klassenstärken von dreißig und mehr nur einigermaßen gewährleistet ist, wenn Disziplin herrscht. Eltern betrachten Erziehung ganz generell als ihr ureigenstes Privileg, sie verbitten sich, daß Schule ihren Kindern mehr vermittelt als Wissen[1]. Die Schulzeit ihrer Sprößlinge sehen sie als Sprungbrett für eine beruflich auskömmliche, möglichst erfolgreiche Karriere an, da haben Versuche der Lehrerschaft, so etwas wie ausgeprägt positives Sozialverhalten, Kommunikationstraining, Strategien der Konfliktlösung ohne Sieger und Besiegte o.ä. keinen Platz.

Nach Ansicht der meisten Eltern, zumal von Gymnasialschülern, ist es die Pflicht dieser Institution, ihren Kindern einen Wettbewerbsvorsprung zu verschaffen, und sie werden schnell unerträglich, wenn sie etwas anderes vorgeführt bekommen.

Emanzipatorische Unterrichtsmethodik, ganz gleich welcher Art, sehen sie als kontraproduktiv und ihren Zielen abträglich an, umgehend ahnden sie solches Verhalten mit Kriegserklärungen an den Lehrer.

Hier tun sich besonders diejenigen eifrigst hervor, die ihre eigene Sozialisation als defizitär empfunden haben und, um dieses Manko zu kompensieren, das Aspirationsniveau für ihre Kinder unverantwortlich hoch schrauben, leider oft ge-

---

1 Eine der ganz wenigen Ausnahmen besteht in der Sexualaufklärung, die sie gern der Schule überlassen, da ihnen dieses delikate Gebiet natürlich Schwierigkeiten bereitet.

nug ohne hinreichende Berücksichtigung der Begabungen und Belastbarkeit ihrer Nachkommenschaft.

Dies führt zu der vornehmlich in Gymnasien beobachtbaren Erscheinung, daß der Konkurrenz- und Überlebenskampf bereits in der 5. Klasse ausbricht. Manche der unfreiwillig Beteiligten stehen ihn nur durch, indem sie von ihren *'treusorgenden'* Müttern zum Frühstück einen Tranquilizer verabreicht bekommen.

Ich bezeichne so etwas als kriminell und durch nichts, aber auch gar nichts zu rechtfertigen!

Hinzu kommt, daß jedes Kollegium ein sehr heterogener Körper ist. Der humane Kollege ist nicht allein auf weiter pädagogischer Flur, in der Klasse unterrichten auch andere, die eben autoritär sind.

Die Kinder fehlinterpretieren solches Herrschaftsauftreten oft intuitiv als Stärke, an die sie sich anlehnen können, besonders, wenn sie Bevormundung von zu Hause gewöhnt sind. Den strikt durchgreifenden Teilen des pädagogischen Personals ist der Beifall der tonangebenden Sektion der Elternschaft sicher, diejenigen Eltern, die anderer Meinung sind, werden auf jedem Elternabend konsequent untergebuttert und mundtot gemacht, wenn sie sich überhaupt getrauen, auf dieser Art von Veranstaltungen zu erscheinen.

Nun steht unsere demokratisch-aufgeklärte Lehrkraft[1] unvermutet eigentlich wieder da, wo sie als Schüler auch schon mal war, nur mit umgekehrten Vorzeichen:

'de jure' hat sie jetzt alle Machtmittel zur Verfügung, mit denen man sie so gequält hat. Sie wird mit zum Teil massiven Drohungen, die auch nicht davor zurückschrecken, Vernichtung der beruflichen Existenz und materiellen Lebensgrundlage einzubeziehen, aufgefordert, diese auch endlich einzusetzen, was sie *'de facto'* nicht will und auch überhaupt nicht kann, denn die psychische Barriere, die sie durch ihre Traumatisierung einmal erhalten hat, wird sie nicht überwinden können.

---

1 Als eine solche betrachtete ich mich auch, wie unschwer zu erraten war.

Wie soll sie denn die Zwangsmittel, die sie abgrundtief verabscheut, gegen die richten, die sie gerade davor verschonen wollte? Wer, wenn nicht sie, weiß, wie unmenschlich grausam das ist? Es wäre quasi Masochismus, es zu tun.

Extrem erschwerend kommen im Lehrerberuf noch eine Reihe von Konstellationen hinzu, die alles unübersichtlich-kompliziert und undurchschaubar-belastend machen. Die objektive Rolle, die Lehrer spielen müssen, ist schon skurril und paradox genug:

Kinder, die nicht freiwillig dort sitzen, wo man sie hingesetzt hat, werden dazu gezwungen, ihre Persönlichkeit im 45-Minuten-Rhythmus sektoriell aufzuteilen und abrufbar zu halten. Eine Schulstunde lang sind sie Mathematiker, in der nächsten Maler, dann Sportler, Fremdsprachenerwerbende, Chemiker, Biologen etc.

Dies widerspricht eklatant der Grundstruktur des menschlichen Organismus, der auf einer Vielzahl vollintegrierter, nahezu perfekter kybernetischer Systeme basiert, auch das Gehirn arbeitet nach grundsätzlich anderen Gesichtspunkten, es bevorzugt, in flagrantem Gegensatz zu mathematischer Logik, assoziative Techniken, ganz vage Anregungen genügen ihm, um ein Universum von lange vergessen geglaubten Vergangenheitswelten so plastisch wiederauferstehen zu lassen, daß *'einen die Erinnerung überwältigt'*, wie der Volksmund in seiner von Jahrhunderttausenden genährten Weisheit immer schon geahnt hat.

Mit dieser konnotativ-auslösenden Funktionsweise kann unser Denkapparat seine Speicherkapazität grenzenlos erweitern sowie Bereiche einbeziehen und erschließen, in die ihm niemals ein Computer wird folgen können, schon gar nicht die lächerlichen Kisten, die man in maßloser Übertreibung der Naturwissenschaftler, die wieder mal Prometheus spielen, als *'neuronale'* Computer unter das Volk bringen will.

«Wann treffen wir drei wieder zusamm'?»
«Um Mitternacht, am Bergeskamm.»
«Ich komme.»

«*Ich mit.*»
«*Ich nenn Euch die Zahl.*»
«*Und ich die Namen.*»
«*Und ich die Qual.*»
«*Hei! Wie Splitter brach das Gebälk entzwei!*»
«*Tand, Tand!*
Ist das Gebilde von Menschenhand.[1]»

Unsere Schülerlein sitzen wieder brav auf ihren Plätzen. Der vor ihnen stehende Staatsbeamte hat überwiegend kein tiefergehendes Interesse an ihnen als fühlende Mitlebewesen, denn es ist wohl nicht von der Hand zu weisen, daß Schüler von Lehrern auch angesehen werden können und angesehen werden als ihr berufliches Betätigungsfeld, aus dem der Unterhalt bestritten wird, und warum sollte man zu ihnen eine tiefere Zuneigung entwickeln als der Buchhalter zu seiner Bilanz?

Fernerhin hat dieser Mensch in der Lehrerrolle ihnen '*qua Amt*' Fragen zu stellen, auf die er schon seit Jahren die Antworten kennt. Er ist gehalten, bei Antworten, die er nach seinem Wissensstand, schlechterenfalls nach seinem Gutdünken, für richtig erklärt, Freude, Überraschung oder ähnliches zu heucheln.

Der Stoff, den er ihnen auf diese Weise einzutrichtern hat, ist nicht von ihm nach eigener Neigung ausgesucht worden, oft ist er selbst von seinem Fach gar nicht überzeugt, geschweige denn gefesselt.

Von seinen Interessen und seinem Lebensalter her würde er sich vermutlich niemals freiwillig mit so vielen unerzogenen Kindern wildfremder Eltern umgehen, von denen er oft genug annehmen muß, daß sie sein Treiben argwöhnisch beobachten.

Will er ihrem Mißtrauen entgehen, muß er ihre Meinungen von Unterricht und ihre Erwartungen an sein Auftreten antizipieren, was mittelfristig die Schere im Kopf und vorauseilenden Gehorsam produziert.

---

1 Theodor Fontane, *Die Brück am Tay*. Zürich (Diogenes), 1981.

Der berufsbedingte Dauerumgang mit unreifen Infantilen gibt sicher keine Anstöße für seine eigenen Charakter- und Persönlichkeitsentwicklung, kann vielmehr bei einigen die Marotten und Absonderlichkeiten provozieren, für die Schulmeister berühmt und berüchtigt sind.

Manchen Nachdenklichen ist schon wiederholt aufgefallen, daß bei Lehrern bestimmte neurotische Probleme und Konstellationen eine besondere Rolle spielen, vom Beruf offenbar typische Stimulierungen etwa vorhandener neurotischer Dispositionen ausgehen.

«Mit wachsender psychoanalytischer Einsicht in die seelische Verzahnung des Einzelnen mit seinen Partnern, seiner sozialen Umgebung, wurde man innerhalb der Psychoanalyse darauf aufmerksam, daß man überhaupt das psychoanalytisch wichtige Material in zwei verschiedenen Richtungen auswerten kann:

Man kann sich fragen, wie die von 'außen' einwirkenden Faktoren seitens des Einzelnen auf Grund seiner 'inneren' Bedingungen verarbeitet werden, man kann aber auch fragen, in welcher Richtung die 'äußeren' Faktoren Wirkungen auf den Einzelnen auszuüben suchen, welche 'inneren' Entwicklungen sie von sich aus begünstigen oder erschweren.[1]»

Einigen der Altgedienten unter meinen eigenen Lehrern schwante dumpf die untergründige Einsicht, daß schulisches Leben in einer auf merkwürdige Weise abgesonderten Irrealität stattfindet. In solchen Phasen des schemenhaften Erkennens dieser Diskrepanz erhielten wir von ihnen Hinweise auf die Außenwelt, die uns noch bevorstand, nach folgendem Tenor:

«Wenn Ihr hinaus ins Leben tretet, ... Wenn wir Euch dann ins Leben entlassen, ...»

Der erste Satz verfolgte den Zweck, uns vor Augen zu führen, daß sie sich von uns mißverstanden und schlecht behan-

---

1 Peter Fürstenau, *Zur Psychoanalyse der Schule.* Weinheim (Beltz), 1969.

delt fühlten, denn wir vergalten ihnen ihre Bemühungen und Aufopferung um uns mit blanker Undankbarkeit, obwohl sie sich, nicht immer zu Recht, als Wächter fühlten, die uns einen schützenden Hort garantierten.

Im zweiten Satz demonstrierten sie uns ihre Schlüsselgewalt, von ihnen hing es ab, ob wir mit präsentablen Entlassungspapieren die Bildungsanstalt verlassen konnten.

Daß sie *'das Leben'* immer so seltsam betonten und distanziert beschrieben, gibt natürlich Hinweise darauf, daß sie sich selbst als nur innerhalb der Kunst- und Scheinwelt, die ihre ganze Existenz beinhaltete und absorbierte, für überlebensfähig hielten und die Anforderungen des Konkurrenzkampfes als ihre Kräfte übersteigend betrachteten.

Uns mußten sie ziehen lassen, damit wir uns *'draußen'* bewährten oder untergingen, sie blieben außerhalb der wirklichen Welt, unser weiteres Ergehen mit einer Mischung aus Beklommenheit und einem ganz bißchen Neid beobachtend. Ob das, was sie uns mitgegeben hatten, wohl den Stürmen der Welt standhalten würde[1]?

Wie ist es denn inzwischen unseren progressiven Kollegen ergangen, denen mit dem Autoritätsproblem, welche die Mühlsteine der Schule noch nicht abgeschliffen haben?

Sie haben die ersten Schulerfahrungen gesammelt und, neben vielen anachronistischen Begegnungen mit einer Welt, die sie längst untergegangen gewähnt hatten, in der Schule aber noch munter und hartnäckig am Leben fanden, etwas festgestellt, daß sie zutiefst beunruhigt und verunsichert hat.

Wenn sie vor der Klasse stehen, ist alles völlig anders, als es aus dem sicheren Port der Universität, geschmiegt an die *'alma mater'*, imaginiert wurde. Hat sich was mit der fachwissenschaftlich voll ausgebildeten, gestandenen Lehrerpersönlichkeit, auf die die Kinder nur gewartet haben, damit sie

---

1 Meinen Lehrern am altehrwürdigen Ratsgymnasium zu Goslar: «*Meine Herren, es hat! Danke!*»

113

vom Joch der Schule, unter dem sie all die Jahre gehen mußten, befreit werden.

Jemand, der dem Lehrerdasein und seiner spezifischen
Problematik eher fernsteht, sich aber von Berufs wegen permanent mit menschlichen Konfliktfeldern befaßt, beschreibt
die Gefühlslage vieler Lehrer indem er einen ehemaligen
Lehrer resigniert sagen läßt:

«Als ich den Lehrberuf begann, sah ich mich als Führer einer vergnügten Schülerhorde, voller Eifer zu lernen, zu untersuchen, zu entdecken. Daraus ist nichts geworden. Ich
freue mich nicht auf den Unterricht, ich fürchte jede neue
Klasse, jeden neuen Tag. Genauso geht es den Schülern. Ich
fühle mich als Sklaventreiber, der die Peitsche über den Köpfen einer Herde fauler, nichtsnutziger Kerle knallen läßt, deren einziges Interesse darin besteht, sich vor der Arbeit zu
drücken. Sie lügen und betrügen, fallen sich gegenseitig in
den Rücken und scheinen nur daran interessiert zu sein, mit
dem geringsten Arbeitsaufwand versetzt zu werden.[1]»

Konfrontiert mit dieser typischen Situation des Schulall-
tags, passiert den Sensibleren unter ihnen etwas, daß sie an
ihre Belastbarkeitsgrenze führen wird, denn plötzlich stellen
sie fest, daß der alte, vielgeschmähte FREUD doch Recht hatte, dieses Mal für sie hautnah:

Nichts in der Psyche geht jemals unter, sondern kommt
überwiegend leider dann zum Vorschein, wenn man es so
wenig gebrauchen kann wie ein Magengeschwür. Siehe da,
sie stehen in *dreifacher Ausführung* vor ihren Klassen[2]:

Erstens: real und unübersehbar als Lehrer im Jetzt-Zu-
stand. Kinder und Eltern nehmen völlig irrtümlicherweise
an, daß er auf die im Moment ausgeübte Tätigkeit optimal

---

1 Thomas Gordon, *Lehrer-Schüler-Konferenz.* München (Heyne), 1989.
2 In der Begegnung mit dem Kind kommt es beim Erwachsenen zu einer
   unbewußten Wiederbelebung seines eigenen 'Ödipuskomplexes', d.h.
   all der Trieb-, Gefühls- und Einstellungsvorgänge, die seine Auseinandersetzung mit den Eltern in seiner eigenen Kindheit bestimmt haben
   und unbewußt (latent) wirksam geblieben sind.

vorbereitet worden sei. Wenn ihr wüßtet! Dies nun sind sie erstaunlicherweise ganz und gar nicht!

Wenn man zu meiner Studienzeit die Ausbildung, die zum Ablegen der beiden Staatsexamen berechtigte und befähigte, durchlaufen hatte, war man von dem, was tägliche Unterrichtspraxis erfordert und voraussetzt, völlig unbeleckt und meilenweit entfernt. Ich wunderte mich mit fortschreitender Studiendauer zunehmend, wie wenig das Lehrerstudium an der Universität mit den tatsächlichen Anforderungen dieses Berufes zu tun hatte. Als Nachweis schulpraktischer Erfahrungen wurde bei der Meldung zur Examenszulassung lediglich eine vierwöchige Schulhospitation gefordert, in der noch nicht einmal zwingend eigene unterrichtende Tätigkeit zu leisten war.

Dieser Mangel an praktisch umsetzbaren Techniken der Unterrichtsplanung, -durchführung und -auswertung führte während des Referendariats geradewegs in Richtung Desaster.

Meine Stundenvorbereitungen, ganz besonders für Lehrproben, wurden zu Alpträumen, da ich weiterhin den Arbeitsstil meiner Studienzeit anwandte, große Mengen Literatur konsumierte und zu Referaten ausarbeitete, ohne jemals das wirklich grundlegende Problem der didaktischen Umsetzung lösen zu können, ich bekam es einfach nicht konkret in den Griff, die elementaren Probleme zu lösen:

'was muß ich auf welcher Altersstufe wie machen, um ein definiertes Lernziel zu erreichen?'

Das führte zu äußerst unökonomischen Arbeitsweisen, nächtelang arbeitete ich durch und fuhr trotzdem total verunsichert in die Schule, da sowohl die Schüler als auch ich bemerkten, daß wir immerzu aneinander vorbeiredeten.

Es gelang mir auch nicht, ein Gefühl dafür zu entwickeln, ob eine gehaltene Stunde denn nun eigentlich gut oder schlecht gelaufen war.

Dies ist die pseudo-rationalisierte und, wovon ich felsenfest überzeugt bin, total zu Unrecht als wichtigste dargestellte Seite der Lehrertätigkeit. Hier versucht sich die Lehrerausbildung mit ihrer Rationalisierung am falschen Objekt, denn das wirklich Entscheidende, ob man in diesem Beruf reüssieren wird oder nicht, ob man Befriedigung in ihm erlangen kann oder katastrophale Frustrationen und Verletzungen erleiden wird, entscheidet sich nicht auf der rationalen Ebene, die man emotionslos abhandeln und *'lernen'* kann. Mir ist nie der Satz aus dem Kopf gegangen, *daß man den Lehrerberuf nicht lernen kann, sondern daß man zu ihm geboren sein muß.* Trotz aller Unschärfe deutet er auf die Grundproblematik hin.

Meines Erachtens muß die Ausbildung, neben der selbstverständlichen Vermittlung des soliden Handwerkszeuges wie Stundenplanung etc., *völlig (!)* andere Schwerpunkte haben, nämlich tiefenpsychologische. Die AspirantInnen des Lehramtes sollten eine Art von verkürzter bzw. berufsspezifisch aufgebauter und entsprechend modifizierter Laienanalyse durchlaufen, angelehnt an diejenige, die zukünftigen Psychoanalytikern abverlangt wird.

Die unter allen Umständen zu durchdringende und grundlegend *individuell* zu bearbeitende Konstellation, aus der sich die Hauptschwierigkeiten des Lehrerberufs ableiten lassen, hat SIEGFRIED BERNFELD, einer der bedeutendsten psychoanalytischen Pädagogen, so ausgedrückt:

«Das Tun des Lehrers, sein Erfüllen und Verbieten ist das seiner eigener Eltern. Er ist in der pädagogischen Paargruppe zweimal enthalten (ich glaube: sogar dreimal. Anm. d. Verf.): als Kind und als Erzieher ... So steht der Erzieher vor zwei Kindern: dem zu erziehenden vor ihm und dem verdrängten in ihm. Er kann gar nicht anders, als jenes zu behandeln, wie er dieses erlebte ... Und er wiederholt den Untergang des Ödipuskomplexes am fremden Kind, an sich selbst. Er wiederholt ihn auch dann, wenn er scheinbar das Gegenteil all dessen tut, was ihm seine Eltern antaten.[1]»

---

1 Siegfried Bernfeld, *Sisyphos oder die Grenzen der Erziehung.* Wien, 1931.

Sehr konkret und ganz und gar nicht analytisch abgehoben, spüren unsere Jungpädagogen das dann so:

Zweitens: sie sitzen als Schüler unter ihren Schülern und werden gleichzeitig von sich selbst unterrichtet, mühsam die schizophrene Balance haltend zwischen ernstzunehmender Lehrkraft mit pädagogischen Ambitionen (vorn) und sabotierendem, Papierkugeln schießendem *'alter ego'* der Vergangenheit (hinten), das Lehrer für verkrachte Vollidioten hält, die es in allen anderen Berufen ohnehin zu nichts gebracht hätten (zum Beamten hat's gerade noch gereicht!).

Drittens: In einer anderen Ecke des Klassenzimmers lauern voller Häme ihre alten Pauker, die einen späten Triumph auskosten, denn sie sehen, wie die hilflos vor der Klasse stehende Person versucht, Anleihen zu machen bei den antiquierten Unterrichtsstilen ihrer eigenen Schülerzeit, wobei sie nie vergessen hat, wie albern und bedauernswert sie diese Kreaturen einst fand. Außerdem steht zu befürchten, daß die ehemaligen Lehrer ihren Notenterror weiter ausüben werden (real vertreten werden sie dabei vom Direktor der Schule).

Die Leserschaft hat hoffentlich einen Eindruck von der heillosen Wirrnis erhalten, in die frisch dem Schuldienst ausgelieferte Menschen meiner Struktur gestürzt werden.

Es ist wohl einzusehen, daß es unter diesen Umständen nicht eben leicht ist, dann auch noch einen gefestigten Eindruck zu hinterlassen.

Wenn sie zu allem Überfluß auch noch unkonventionelle Unterrichtsstile und -inhalte vermitteln wollen, ist es nur noch eine Frage der Zeit, bis man sie fühlen läßt, was man von ihrem untolerierbaren Verhalten hält.

Sie werden ausgegrenzt und unschädlich gemacht, denn offensichtlich haben sie sehr angreifbare Schwachpunkte des ganzen Systems bloßgelegt, obwohl sie eigentlich nur das in die Praxis umzusetzen versucht haben, was auf dem fügsamen Papier von Rahmenrichtlinien, Lehrplänen und Erlassen in endlosen, schönen Formulierungen steht.

Schule hat sehr viel mit Autorität und den unterschiedlichen Aspekten und Interpretationen zu tun, unter denen man sie wahrnehmen und ausüben kann[1].

Erschreckend wenig Interesse hat Schule als Institution an Kindern und deren Erziehung zu lebenstüchtigen und sozial kompetenten Demokraten, ja, ich scheue mich nicht, die Hypothese aufzustellen, daß Kinder der Teil im Schulbetrieb sind, die fortlaufend nur stören und die Administration ununterbrochen daran zu hindern versuchen, Schule so ablaufen zu lassen, wie die Verwaltung meint, daß sie vonstatten gehen sollte[2].

Denkt man sich die Schüler fort, dann endlich ginge alles seinen wohlgeordneten Gang in der pädagogischen Friedhofsstille, den sich die Bürokraten erträumen. Wie sonst wäre es zu erklären, daß Schulaufsicht und Lehrerschaft einen immensen Teil ihrer Energien ausschließlich darauf verwenden müssen, die Kinder unablässig daran zu hindern, sich altersgemäß zu entfalten und das zu betreiben, was ihnen vorschwebt und Spaß machen würde?

Wie meine Generation mit der aufgeworfenen Autoritätsproblematik (nicht) zurechtkommt und was ich als damals in den Norden Geworfener damit zu tun habe, dazu sollen die folgenden Gedanken beitragen.

Man muß nicht unabdingbar ein Parteigänger SIGMUND FREUDS sein, um in der individuell erlebten Kindheit und Jugend die für jeden Menschen entscheidende Grundsteinle-

---

1 An den Schleswig-Holsteiner Schulen, die ich erlebt habe, wurde Autorität als etwas verstanden, das ich mit Willkür und Tyrannei umschreiben würde. Für mich ist wahre Autorität die harmonische Mischung aus Fachkompetenz, Souveränität, Konsequenz und positiven Charakterzügen mit Vorbildfunktion. Diese wirkliche Autorität anzuerkennen, hat mir niemals die geringsten Schwierigkeiten bereitet, leider wurde sie mir im Norden nicht von Menschen in leitender Stellung demonstriert!

2 Würde ein Industrieunternehmen, beliebig welcher Branche, so gezielt und nachhaltig an den Interessen seiner Zielgruppe vorbeiagieren, wie es Schule praktiziert, würde sich gleichzeitig mit der Eintragung ins Handelsregister die Bestellung eines tüchtigen Konkursverwalters empfehlen.

gung und Weichenstellung für seine ganze Persönlichkeitsentwicklung zu erkennen. Die hier empfangenen Prägungen werden die fundamentalen Einstellungen und Verhaltensweisen bis zum Tode determinieren.

Die männlichen Angehörigen meiner, unmittelbar nach den Zweiten Weltkrieg geborenen Generation hatten nicht nur die normalen Schwierigkeiten der ödipalen Situation durchzustehen, sondern mit zunehmender intellektueller Wahrnehmungsfähigkeit auch die Vorstellung zu verkraften, daß die Generation unserer Väter industrielle Menschenvernichtung in den Lagern des Ostens betrieben hatte, mit deutscher Gründlichkeit, *'Befehl war schließlich Befehl!'*.

In Erkenntnis der Brisanz dieser Konstellation und dumpf fühlend, daß wir ihnen die uns vorgegaukelte Unwissenheit nie abkaufen würden, verabreichten uns unsere Lehrer die Zeit von 1933 bis 1945 in homöopathischer Dosierung.

Bei unserer Geburt waren wir unseren Vätern schon entfremdet und verloren, und im Grunde spürten sie das früh. Ihre eigene Jugend war ihnen gestohlen worden von dem großen Verführer, der ihnen die tiefsten, nie wieder heilenden narzißstischen Verletzungen zugefügt hatte, der Krieg und die totale Kapitulation hatten sie um all ihre Ideale gebracht.

Ihre eigene, so grausam mißlungene Sozialisation setzte sie außerstande, mit uns eine einigermaßen erfolgreiche, gemeinsame Durcharbeitung der Nazizeit auch nur zu versuchen; selbst wenn sie gewollt hätten, die darin liegenden Gefahren waren für sie zu bedrohlich. So mußten wir sie als bedauernswert, hilflos und abwesend in unserer Erziehung erleben, nur in Überkompensationen versuchten sie, ihrer Vaterrolle, so wie sie von ihnen verstanden wurde, gerecht zu werden.

Sie fehlten uns schmerzlich in den Traumwelten der Kindheit, in der sie uns als freundliche Riesen gegen die Gefahren unserer Urwaldmonster beschützt hätten, Lotsendienste in den Strudeln und Untiefen der Pubertät leisteten sie uns nicht, geleiteten uns nicht in den sicheren Hafen, und den

Gefährdungen der Adoleszenz hatten sie kein ethisches und demokratisches Modell entgegenzusetzen, das uns die Einordnung in die Gesellschaft erleichtert hätte.

Die uns für eine Orientierung nötigen Vorbilder waren ausnahmslos diskreditiert durch ihre verbrecherische – oder zumindest dem Terror gegenüber widerstandslose – Vergangenheit. Wie konnten wir ihnen jemals über den Weg trauen, ihnen, von denen wir nie wußten, ob sie nicht, die Reitgerte gegen die Schäfte ihrer SS-Stiefel schlagend, den Weg der Juden ins Gas von Auschwitz und Treblinka beobachtet hatten?

Ihnen, die angeordnet hatten, daß man diejenigen auseinanderriß, die sich, in Todesumklammerung aneinandergeschmiegt, vergeblich vor dem Zyklon-B schützen wollten? Die letzte und tiefste Zärtlichkeit der Menschen, die durch ihre gegenseitige Nähe das unentrinnbare Grauen lindern wollten, bevor sie jämmerlich wie Ungeziefer ausgelöscht wurden, diese Intimität hoben sie wieder auf, um ihren Opfern die Goldzähne aus den Kiefern brechen zu können.

Ihnen Vertrauen schenken, ausgerechnet ihnen, die mit deutscher Pedanterie die Listen des Todes geführt hatten, mit genormter, dokumentenechter Tinte? Die in weiser Voraussicht und Ordnungsliebe die Gaskammern sogar mit Duschköpfen ausgerüstet hatten: Panik mußte vermieden werden, der Weg in den deutschen Tod hatte in größter Disziplin zu erfolgen; ihnen sollten wir die Zuneigung entgegenbringen, die sie zutiefst ersehnten, ohne sie jemals zeigen zu dürfen?

Da saßen sie vor uns, führten mit ihrer genormten, dokumentenechten Tinte Absenzenlisten und erteilten uns schriftliche Tadel in ihren amtlichen Klassenbüchern:

'... wird wegen fortgesetzten Störens des deutschen Unterrichts zum Tode durch den Strang verurteilt ...'

Ob sie es wohl bemerkt hätten, wenn eines Morgens anstelle des Klassenbuches eine Lagerliste auf dem Pult gelegen hätte?

*

Über die prozentualen Anteile, die genetische Ausstattung einerseits und erzieherische Einflüsse andererseits auf den Lebenserfolg eines Menschen haben, wird man zu einer Einigung nicht kommen. Die Generation meiner Eltern mißt der Wirkung der Erziehungskomponente einen geringen Grad bei und rechtfertigt damit ihre weitgehende Untätigkeit und Abwesenheit.

Hiermit glaubt sie auch, Diskussionen über die Zeit von 1933–1945 aus dem Weg gehen zu können, die, ihrer Ansicht nach, von uns ausschließlich zum Zwecke der Anklageerhebung provoziert werden, womit sie unsere tiefe Sehnsucht nach Gesprächen gründlich und dauerhaft mißverstanden hat.

Wir wollten, daß sie uns Erklärungen gegeben hätten, Entschuldigungen hätten wir weder erwartet, noch hätten wir sie akzeptiert.

Der Schatten des im letzten Jahrhundert in Braunau am Inn geborenen pathologischen, schwerstkriminellen Rattenfängers hat die Beziehungen zweier Generationen verdunkelt wie eine langanhaltende Sonnenfinsternis, so nachhaltig, daß die Kriegsgeneration ihren Nachkommen weder wärmendes Licht noch schützenden Schatten spenden konnte.

Diese Konstellation hat entscheidend unsere Einstellung zu Autoritäten geprägt, als deren erste Exponenten wir unsere Väter erlebt haben. Unserer Entwicklung gaben sie damit ungewollt eine Richtung, von der wir schwerlich abweichen *können,* da wir unsere alten Herren in jeder Autorität fordernden Person wiederauferstehen sehen *müssen.*

Es scheint mir einige Überlegungen wert zu sein, darüber nachzudenken, welche Art von Charakterstrukturen diejenigen mitbringen müssen, die in dem Deutschland, das ich kenne, in Positionen gelangen, in denen sie Einfluß auf Menschen nehmen können, indem sie Autorität ausüben, wie auch immer zu definieren.

Karrieren ausschließlich durch Intelligenz und Tüchtigkeit sind die Ausnahmen, die die Regel bestätigen, und der Marschallstab, den jeder im Tornister trägt, ist entweder wohlwollend dem Reich der Fabeln zuzuordnen, die man mit Vorliebe Kindern erzählt, oder als eine Art Valiumration zur Ruhigstellung von Begehrlichkeiten anzusehen.

«... man muß sich die Frage vorlegen, warum eine einzelne Person einer möglichst genau erfaßten Charakterstruktur in einem gegebenen Augenblick, in einer gegebenen Gesellschaft zu führender Position (z.B. als Schulleiter, Anm. d. Verf.) aufsteigt oder sie verliert ...

So muß auch die Autorität, welche die Formen des Zusammenlebens in den verschiedenen Strukturbereichen einer Gesellschaft mitformt, zunächst von ihrem Grundmuster her betrachtet werden.

Als wichtigste haben die ersten Erfahrungen zu gelten, die der schwache, hilfsbedürftige Mensch in seiner Kindheit mit jenen Autoritäten macht, die ihn beschützen müssen und dabei Macht über ihn ausüben. Im Verhältnis zwischen Autorität und Beherrschten begegnen sich aber nicht nur Machtverhältnisse, *sondern auch Stadien der Bewußtseinsentwicklung* (Hervorhebung d. Verf.).

Um beim Beispiel der Kindheit zu bleiben: hier sollte die größere Einsicht das Verhalten der Eltern dem Kind gegenüber bestimmen. In zahlreichen Situationen muß das Kind lernen, sein Verhalten den Forderungen der Erwachsenen anzupassen. Sie helfen ihm, seine Schwäche auszugleichen. Zunächst ist das Erlebnis des Kindes den Eltern gegenüber das einer unbedingten, unbefragbaren Autorität. Was die Lebenspraktiken betrifft, spielen die Erwachsenen die Rolle eines (eben in der Realität besser gewachsenen) Hilfs-Ich[1].»

Der Annahme eines in der Realität *positiv* gewachsenen Menschen kann nun wohl jeder, der aus seinen persönlichen Lebenserfahrungen schöpfend Einsichten gewonnen hat, mit einigem Recht sehr skeptisch gegenüberstehen.

Von Eltern anzunehmen, daß sie ihrer Nachkommenschaft

---

1 Alexander und Margarete Mitscherlich, *Die Unfähigkeit zu trauern.* München (Piper), 1967.

Gutes angedeihen lassen wollen, kann als Gemeinplatz gelten, ob sie andererseits in adäquatem Maße pädagogische Fähigkeiten entwickeln können, die sie in die Lage versetzten, diese Absichten wirkungsvoll, zielgerichtet und nachhaltig in die Tat umzusetzen, scheint weit weniger Allgemeingültigkeit zu besitzen und darf bezweifelt werden.

Von dem Grad der Reife, die die Individuen im Laufe ihrer Entwicklung erreichen, hängt letzten Endes ab, ob die Abhängigkeitsformen innerhalb der gesamten Gesellschaft infantil-autoritär und unreflektiert gestaltet sind, oder ob sie auf Einsicht und souveräner Akzeptanz abweichender Meinungen und Verhaltensweisen beruhen.

Leider steht zu befürchten, daß die unter Hitler aufgewachsene Generation der ersten Variante zuzuordnen ist, was für die Erziehung meiner Generation nicht die besten Folgen hatte.

«Für den Sozialpsychologen besteht nun Anlaß zu untersuchen, ob und wie weit eine Gesellschaft wünscht, in bestimmter Hinsicht solche Autoritätsformen auch für andere soziale Bezüge *lebenslang beizubehalten* (Hervorhebung durch d. Verf.). Das kann sie nur, wenn sie die Bewußtseinsentwicklung durch ihre Machtmittel unterdrückt, so daß die Infantilform der Abhängigkeit erhalten bleibt[1].»

Dies führt mich geradewegs zu dem unsäglichen Herrn Oberstudiendirektor Esbit zurück, den ich vorläufig als eine Art am Rande der Normalität, im Angesicht der psychischen 'borderline' agierenden Derwisch eingeführt habe, als einen zu beklagenden, armen Trottel.

Aus der liberalen Weltläufigkeit Frankfurts kommend, entsprach dies auch absolut meinem ersten Eindruck. Ich sah seinem sinnlosen, kontraproduktiven Treiben zunächst leicht amüsiert von den Zuschauerrängen aus zu, in sicherer Deckung des Parketts.

Leider stellte man mich dann sehr schnell auf die Bühne,

---

1 Mitscherlich, loc. cit.

allerdings nicht in der Rolle des Protagonisten, die hatte sich Esbit reserviert, sondern als einer der ihm untergeordneten, von ihm jederzeit zu schurigelnden und nach seinem Belieben zu erniedrigenden Statisten.

An ihnen pflegte *er*, die im Grunde bemitleidenswerte, drittklassige Knallcharge, seine psychischen Deformitäten auszuleben, in den von ihm selbst inszenierten ländlichen Schmierenkomödien.

Er gab die ihm auf den Leib geschriebene Figur eines zwischen dumpfem Provinzialismus und imperialem Größenwahn oszillierenden Duodezfürsten. Titel der unerträglichen Aufführungen, die keiner freiwillig sehen wollte:

'Nero im Ohnsorg-Theater'; oder:

'Benito Mussolini op de Finkenwarder Speeldeel.'

DAHRENDORF, der sicher nicht im Verdacht steht, ein staatsgefährdender Umstürzler und gewissenloser Anarchist zu sein, widmet in seiner Analyse über Deutschland[1] einen Abschnitt dem deutschen Schulsystem (*'In der pädagogischen Provinz'*) und führt unter anderem aus:

«Ich gestehe, daß es mir schwerfällt, diesen Bericht über ein Stück deutscher Wirklichkeit (gemeint ist die deutsche Schule, wie sie sich ungewollt aber symptomatisch selbst offenbart in einer Reihe von Lehrerbeurteilungen über Schüler, die DAHRENDORF als Ausgangspunkt seiner Betrachtungen wählt. Anm. d. Verf.) nicht zunächst als ein Dokument der Unmenschlichkeit zu analysieren, der Unmenschlichkeit der Institutionen und der Personen.

... Das Elternhaus kann erzieherisch versagen, die Schule kann es in der Regel nicht, weil sie gar nicht erst erzieherisch Erfolg zu haben versucht. (Hervorhebung durch d. Verf.)»

Die Gründe hierfür sieht DAHRENDORF[2] u.a. in:

«... neben der strengen Handhabung der Schulordnung,

---

1   Ralf Dahrendorf, *Gesellschaft und Demokratie in Deutschland.* München (dtv), 1971.
2   Siehe auch: R. Burger, *Liegt die höhere Schule richtig?* Freiburg, 1963.

der Ermangelung einer durchgreifenden pädagogischen Hilfestellung; ... aber das Gesamtbild bleibt doch einer fast gespenstischer Distanz der Schule von den Kindern in ihr.

Die Schule, die höhere Schule zumal, ist eine abstrakte Welt, die all das, das sich bilden und prägen ließe, als vorgegeben hinnimmt: die *'Eignung'* oder *'Begabung'* des Kindes, die *'erzieherischen Mißgriffe der Eltern'*, das kindliche Temperament, die *'Konzentrationsfähigkeit'* und *'Arbeitsweise'*, die *'Neurosen'*, die guten und bösen *'Eigenschaften'*.

In der Tat ist die deutsche Schule auch gar nicht in der Lage, einen eigenen Beitrag zur Erziehung der Kinder zu leisten, und dies nicht aus Mangel an Lehrern oder Klassenräumen, sondern auf Grund ihrer Struktur als subsidiäre Einrichtung, als verlängerter Arm der letztlich verantwortlichen Familie.

Die soziale Stellung der Schule, die Zeit, die ihr eingeräumt wird, ihr Rang im Vergleich zur Familie, ihre allgemeine Wertschätzung, ihr Charakter als Lernschule verbietet es ihr in Deutschland geradezu, mit einem eigenen, parallelen, prinzipiell öffentlichen Erziehungsansatz der Prägung durch die Familie eine andersartige, formative Kraft an die Seite zu setzen.

Die Schule als aus der Familie ausgegliederte Lernfunktion muß nicht nur grausam sein, weil ihr alle ernsthafte Sorge um die Menschen gewissermaßen verboten ist, sondern auch in der Aufgabe versagen, öffentliche Tugenden zu vermitteln, weil diese nicht minder unter ihre Verbote fällt.

Es kommt noch hinzu, daß die deutsche Schule diese Aufgabe gar nicht wahrnehmen will (Hervorhebung durch d. Verf.); wobei wir dahingestellt sein lassen können, ob sie mit ihrer Theorie die Rechtfertigungsideologie ihrer mißlichen Stellung liefert, oder ob diese selbst wenigstens zum Teil Ausfluß ihrer Ideologie ist.»

Ich weiß nicht, ob Menschen wie Esbit gelegentlich über sich nachdenken. Ganz bestimmt nicht unter dem Aspekt, wie ihr despotisches Vorgesetztenverhalten auf ihre Untergebenen wirkt. Sie beurteilen ihre Wirkung in Zusammenhängen, die ihnen das bürokratische System vorgibt, nämlich als technokratische Befehlsempfänger und Apparatschiks, die von oben Order erteilen und erwarten, daß diese völlig unbeurteilt und vor allem unkritisch und unkommentiert aufs peinlichste genau ausgeführt werden, und zwar auf der Stelle ohne jegliche Veränderung.

Jede Art von Widerspruch oder was sie als solchen empfinden, ist ihnen zutiefst zuwider und bringt sie in maßlose Wut, deren Folgen ihre Untergebenen erleiden müssen. Kadavergehorsam ist die einzige Verhaltensweise, die sie tolerieren können. Ganz und gar unerträglich ist es ihnen, sich in irgendeiner Art und Weise hinterfragt zu fühlen.

Diese Art von Machtsystem reproduziert sich zwanghaft und unausweichlich immer wieder, da es Menschen mit identischen Persönlichkeitsstrukturen und -fehlentwicklungen an seinen Schaltstellen plazieren muß, will es sich nicht selbst den Fangschuß geben.

Es ist somit eine müßige Hoffnung, in einem konservativen Bundesland, dessen Amtsinhaber seit Olims Zeiten nach Parteibuch befördert worden sind, von einem personellen Wechsel der Schulleitung irgendwelche grundlegenden Verbesserungen zu erwarten.

Es wird sie nicht geben! So wenig, wie die Sonne plötzlich im Westen aufgehen wird!

Eine intensivere Untersuchung der Eigenschaften, die solche Vorgesetzten ab Schulleiterfunktion mitbringen müssen, wird vielleicht das eine oder andere *'déjà-vécu-Erlebnis'* bei dem Teil der Leserschaft auslösen, der mit den von mir dargelegten Konstellationen seine persönlichen Erfahrungen gemacht hat.

Als ein Untergebener, der einem Vorgesetzten mehr oder weniger schutzlos ausgeliefert ist, regrediert man ungewollt in infantile Vorstellungswelten, indem man seinem Chef die Omnipotenz des Vaters in der frühkindlichen Phase beimißt.

Gelingt es jedoch, auf rationale Distanzierung zu gehen, die den kritischen Blick freimacht, wird man einsehen müssen, daß der Übergeordnete, möge er sich als Allmächtiger aufspielen, solange er will, natürlich nicht in herrschaftsfreien Räumen nach Belieben schalten und walten kann.

Er hat eine persönliche Geschichte, von irgendwoher kam er, und da lebte er unter ihm Gleichgeordneten, denen er jetzt Anordnungen gibt. Diese Situation ist ihm neu und beunruhigt ihn, da es ihm schwerfällt, die neue Position in den Augen seiner Ex-Kollegen als ernstzunehmender Weisungsbefugter auszufüllen. Er wird nun so reagieren, wie alle Menschen in gleichgearteten Fällen handeln, er wird mit Überkompensation versuchen, von seiner Verunsicherung abzulenken.

«Nirgends wird der Zusammenhang von den gut kehrenden neuen Besen des Sprichworts für einen größeren Kreis von Menschen so instruktiv demonstriert wie durch eine typische Reaktionsweise frisch Beförderter.

Jemand ist neu mit Leitungsaufgaben betraut worden. Plötzlich herausgehoben und entwurzelt aus der Gruppe seines bisherigen Niveaus, fühlt er sich wie in einem luftleeren Raum und verfällt, von Befürchtungen überwältigt, auf ein überkompensatorisch-autoritatives Verhalten, mit dem er sich und der Umgebung noch am ehesten beweisen zu können glaubt, daß er groß und reif genug für sein Amt sei.

Entsetzt erlebt die Umgebung, wie der bisher bescheidene, liebenswürdige und leicht zugängliche Kollege sich zu einem herrischen und übereifrigen Chef mausert, der sogleich alles in die Hand nehmen und überall unverzüglich durchgreifen will, wo ein Problem entsteht.

Der Betreffende arbeitet wie ein Besessener. Wo er vorher zögerte und Hilfe suchte, legt er sich nunmehr sofort fest und zeigt sich in unerwartetem Maße entscheidungsfreudig. Aber bei näherem Hinsehen zeigt sich, daß er sich eben oft falsch festlegt und sich nur deshalb neuerdings so prompt entscheidet, weil er ein hohes Maß an Selbständigkeit vortäuschen will.

In der Labilisierung durch die soziale Veränderung verfällt er damit auf einen Verhaltensstil, den er vermutlich früher bei Eltern oder Chefs verabscheut hatte. Es spielt sich aber nun leicht eine soziale Interaktion ein, die es dem Betreffenden schwermacht, aus den falschen Geleisen herauszufinden. Natürlich verärgert er seine Umgebung mit seinem hektischen, überkompensatorischen Gehabe und wird durch seine voreiligen und eigenmächtigen Entscheidungen objektiv manche Probleme in der Institution eher vergrößern als abbauen.

Er kann also nicht damit rechnen, daß die Mitarbeiter sich seiner mit einem geduldigen, therapeutischen Wohlwollen annehmen, um ihm zu einer Normalisierung seines Benehmens zu verhelfen.

So spielt sich nun ein *'circulus vitiosus'* ein: *'unten'* empfindet man das auftrumpfende Imponiergehabe des Beförderten mit seinen schädlichen Wirkungen als bedrückenden Terror. Man zieht sich von dem Chef zurück, und es entwickelt sich eine Solidarität des Unmuts und der Protestbereitschaft. Damit verschärft der frisch Beförderte unwillkürlich die Schwierigkeiten, die er bewältigen wollte.

Er erlebt sich gegenüber einer Front von Murrenden. Durch die Verblendung seiner neurotischen Reaktion mag er wähnen, daß man *'unten'* nur darauf lauere, gegen ihn zu rebellieren und ihn in seiner Position zu schwächen. Einmal auf dem Wege zu zeigen, wer *'Herr im Hause'* ist, mag er seine Zuflucht in immer noch mehr Wichtigtuerei und pausenlosem Herumbefehlen suchen. Um so mehr versteift sich der Widerstand der anderen, und bald klafft zwischen *'unten'* und *'oben'* ein breiter Abgrund von Mißtrauen und irrationaler Rivalität.

Beide Seiten eskalieren zum eigenen Schaden eine Isolation voneinander, die das Arbeitsklima für alle vergiften muß[1].»

Der Werdegang des Esbit ist, wie ich aus den Erzählungen eines Kollegen rekonstruierte, der schon die Jahre des Refe-

---

1 Horst-Eberhard Richter, *Flüchten oder Standhalten.* Reinbek (Rowohlt), 1990.

rendariats mit ihm verbracht hatte, ein Paradebeispiel für diesen Mechanismus.

Abgesehen von einem überdurchschnittlichen Ehrgeiz, den seine Kollegen als hinnehmbares Strebertum ansahen, da es für sie als damals Gleichgestellte nichts direkt Nachteiliges nach sich zog, war er *vor* seiner Ernennung zum Schulleiter nicht unangenehm im Kollegenkreis aufgefallen. Einige von ihnen waren ihm sogar auf die Insel an die damals neu gegründete, von ihm zu leitende Schule gefolgt, in der Erwartung, daß man in einer solchen Pionierphase, mit Menschen, die man bereits gut zu kennen glaubte, die einmalige Chance habe, etwas im erstarrten Schulsystem zu bewegen und endlich Erziehung so zu gestalten, wie es den eigenen Vorstellungen entsprach.

«Dann hat er uns Beurteilungen 'reingehauen, daß die Heide gewackelt hat!»

Resignation und tiefste menschliche Enttäuschung nach kürzester Zeit. Esbit war mit tölpelhafter Sicherheit in die Falle gelaufen, die frisch Beförderten gestellt ist, wenn sie nicht bereit sind, die Grundlagen und Implikationen ihrer Stellung innerhalb einer hierarchischen Ordnung zu reflektieren und darüber *mit den Betroffenen zu reden.*

Nachdem 'unten' und 'oben' in den Teufelskreis eingetreten waren, ohne es bemerkt zu haben, waren alle weiteren Eskalationen unentrinnbar vorprogrammiert. Als ich an die Schule kam, waren sie bereits seit weit über zehn Jahren rettungslos darin verfangen.

Ist es blanker Zufall, daß einer wie Esbit den Lehrerberuf gewählt hat?

Ist eine Zwangsläufigkeit zu erkennen, die ihn in die Position des Schulleiters brachte?

Anhaltspunkte gibt das bruchstückhafte Psychogramm, das ich aus seinen Auftritten und Äußerungen über sich selbst rekonstruieren kann. Ergänze ich das Persönlichkeitsfragment um einige Mechanismen, der, in unterschiedlichem Maße, gewisse Typen von Menschen unterliegen, so beginnt das Puzzle, Form und Inhalt zu gewinnen.

Ich erblicke in meiner Kristallkugel nichts, das in mir Triumph oder Freude auslösen könnte, aber etwas, das mich ruhiger macht, wenn ich auf das Fiasko meiner Lehrerbruchlandung zurückblicke, denn natürlich hat die damals gegen mich inszenierte Kampagne ihre Spuren und tiefen Verletzungen hinterlassen. Und selbstverständlich ist eines der Motive, die mich dieses Buch schreiben ließen, das der Bilanzierung oder, wenn man so will, der Abrechnung.

Ein weiterer Grund für die Produktion dieses Textes liegt darin, daß ich niemals erschöpfende Auskunft vom *'wie?'* erhalten habe. Mich hat vielmehr und viel länger das *'warum?'* fasziniert. Schon als Kind hatte ich den unstillbaren Drang zu ergründen, wie wohl die Welt hinter den Spiegeln aussieht.

Esbit äußerte sich gelegentlich zu den Gründen seiner Berufswahl in der Art, daß er *'mit Leib und Seele Schulmeister'* sei.

Betrachten wir dies einmal als freie Assoziation und unterziehen es einer Analyse. Wer das Substantiv *'Meister'* wählt, will sich abheben, will Untergebene haben, die anzuweisen und maßzuregeln er unwidersprochen befugt ist.

Das derzeitige deutsche Sprachempfinden bewertet *'Schulmeister'* als ironisierend bis pejorativ und verbindet damit die Eigenschaften eines rohrstockschwingenden Miniaturtyrannen, eines enervierten Steißtrommlers, der sich mit knapper Not etwas Respekt bei den Kindern verschaffen kann, außerhalb seines kleinen Reiches aber nicht recht für voll genommen wird.

Seine Anstrengungen, Kinder zu erziehen, werden als mehr oder weniger gelungene Dressurakte angesehen, nicht mit der Ernsthaftigkeit und Mühe normaler Erwachsenentätigkeit gleichzusetzen. Aus dieser Geringschätzung seiner Bemühungen erklären sich auch die in der Vergangenheit bestehende chronische Unterbezahlung und das niedrige Sozialprestige, das ihm eingeräumt wurde und noch wird.

Aber ausdrücklich *'Schulmeister'*? Untergebene kann man auch in anderen Berufen haben. Woher die Affinität zu einem Sozialberuf?

RICHTER sagt dazu Aufschlußreiches:

«Das psychoanalytische Studium solcher Karrieristen zeigt, daß sie ursprünglich meist besondere Ängste haben, sich in einer Gruppe von Gleichgestellten zu behaupten. Sie leiden unter maßlos gesteigerten Befürchtungen, gedemütigt und kleingemacht zu werden. Nur wenn sie eine Gruppe von oben kontrollieren können, fühlen sie sich einigermaßen sicher, daß sie von den anderen nicht kaputtgemacht werden. Deshalb können Sie eigentlich von vornherein keine echten Freundschaften schließen (Esbit galt unter seinen Referendarskollegen immer schon als Einzelgänger, *'bei dem die Lampe bis spät in die Nacht hinein brannte'*, wie mir berichtet wurde. Anm. d. Verf.), und für sie bedeutet die Wahl eines sozialen Berufs tatsächlich eher die Sicherung einer überlegenen Position, die man als Lehrer, Arzt oder dergleichen gegenüber Schülern und Patienten hat.

Sie suchen also von vornherein im Grunde eine Beziehungsstruktur zu den Klienten, welche die vielen anderen, denen die Klienten primär als menschliche Partner wichtig sind, eher als entfremdend empfinden. Die Angst in Gruppensituationen, in denen sie mit anderen gleichgestellt sind, läßt in ihnen niemals den Wunsch aufkommen, ihre Klienten dicht an sich heranzulassen oder ihnen gar zu einer kritischen Emanzipation zu verhelfen[1].»

Ergänzend und gewissermaßen einschränkend, machte Esbit mir gegenüber gelegentlich die Bemerkung: *'... nur an das Korrigieren werde ich mich nie gewöhnen können.'*

Dies ist doch aber eine ganz im Mittelpunkt stehende Funktion des Lehrerberufs! Heißt denn *'Korrigieren'* nicht, etwas als falsch Erkanntes zu *'verbessern'*, Kinder anzuleiten, Fehler zu erkennen, sie ihnen zu erklären und sie darin zu unterstützen, sie zu vermeiden und letztendlich das Leben besser meistern zu können[2]?

---

1 Richter, loc. cit.
2 Esbit konnte aber niemandem helfen, etwas zu meistern, jemanden zum *'Meister'* zu machen, denn dann hätte er sich Konkurrenz herangezogen, die ihn geängstigt hätte, er mußte der einzige *'Meister'* bleiben.

So verstanden bedeutet die Unlust, ja Ablehnung der Hilfestellung durch Esbit den Heranwachsenden gegenüber die Totalverweigerung der zentral von diesem Beruf zu fordernden und von der Gesellschaft erwarteten Leistung.

Von dem selbst ernannten *'Schulmeister'* Esbit bleibt nur noch der herrschsüchtige *'Meister'* übrig, weil er die Erziehungsfunktion nicht wahrnimmt. Da Esbit sich eigentlich den Kindern gegenüber zu keiner Zeit als helfender Partner selbst wahrgenommen und verstanden hat, war es nur logisch, daß er seinen Unterrichtsverpflichtungen dadurch weitgehend entgangen ist, daß er die Karriereleiter erklomm, was natürlich gleichermaßen sein Bedürfnis nach Machtausübung befriedigte.

Aber diese Erklärung greift immer noch zu kurz, denn das wäre zu offensichtlich. RICHTER spinnt den Gedanken weiter zur Darlegung einer Paradoxie, die psychoanalytisch keine ist:

«Überdurchschnittliche Aussichten zum Erreichen von Führungspositionen haben diejenigen, die im Grunde mehr Ängste als andere Menschen haben, sich unbefangen in Gruppen zu integrieren, in denen sie nicht eine besonders verwöhnende Beschützung genießen. Ihre angstbedingte Unfähigkeit zu einem solidarischen Verhalten läßt sie den Weg nach oben suchen und finden, wo es ihnen letzlich nur um die Machtmittel geht, sich die Mitmenschen vom Leibe zu halte, von denen sie sich auf gleicher Ebene zu sehr bedroht sehen.[1]»

RICHTER legt dar, warum gerade soziale Institutionen wie z.B. Schule ideale Voraussetzungen besitzen, derartig deformierte Charaktere in den Sattel zu heben, von dem aus sie die Knute auf ihre Untergebenen niedergehen lassen können, einzig zu dem Zwecke, ihre bedrohliche Angst in Schach zu halten. Eine Situation, die an Perversität ihresgleichen sucht!

Die Schule oder, auf meinen Begriff gebracht, das bundes-

---

1 Richter, loc. cit.

republikanische Gymnasium mit seiner nicht verarbeiteten nationalsozialistischen Vergangenheit und allem Zwanghaften, das neurotische Persönlichkeiten züchtet und unterstützt, fernerhin den widernatürlichen Arbeitsbedingungen, ist der ideale Ort, an dem Menschen wie Esbit Führungspositionen einnehmen und bis zur Pensionierung ausüben können.

Um das Maß voll zu machen, behalten sie ihr Amt auf Lebenszeit (jedenfalls zu meiner Zeit in Schleswig-Holstein) und unterstehen keinerlei demokratischer Kontrolle mit ernstzunehmenden Kompetenzen.

Die Maßstäbe, an der die Effizienz von Schule (eben nicht objektiv) zu messen ist, gibt sie sich selbst, die Prüfungsinstanzen, die ihren Lehrernachwuchs selektieren, sind sie selbst, die Aufsichtsbehörde besteht aus Menschen, die diese Hierarchie durchlaufen und das System inkorporiert haben.

Das betont schneidig-forsche, dampfwalzenartig-autoritäre, geradezu entscheidungssüchtige[1] Verhalten dieses Inselschulleiters widerspricht unter psychoanalytischen Prämissen ganz und gar nicht dem Erklärungsansatz, der sie als stark angstbesetzt entlarvt, sondern unterstützt ihn vielmehr.

Bei zahlreichen Menschen, namentlich denen mit erhöhten krankhaften Persönlichkeitsanteilen, ist es relativ einfach, die Grundstrukturen aufzudecken: man verleite sie nur, sich sozusagen selbst ein Trojanisches Pferd vor die Tür zu stellen, indem man sie scheinheilig dazu provoziert, sich doch mal richtig frei von der Leber weg über alles auszulassen, was sie an den anderen Menschen am meisten stört.

Mit hoher Wahrscheinlichkeit schnappt das Fangeisen der

---

1 Der tief verborgenen Wurzel des von einer gewissen Art von Männern verfolgten 'Sich-entscheiden-Müssens' kommt man auf die frauenfeindliche (oder besser: von der Phobie vor Frauen diktierten) Spur, wenn man eine einfache Substantivierung vornimmt. Dann heißt 'sich entscheiden müssen' plötzlich: 'sich von der Scheide (Vagina) wegbewegen müssen'. Sic! Ausführliches hierzu: Nicolaus Sombart, *Die deutschen Männer und ihre Feinde*. München (Hanser), 1991.

Projektion zu, und sie geben eine sehr ausführliche Beschreibung von sich selbst.

Über die räumliche und zeitliche Distanz hinweg sehe ich den Direktor jetzt sehr klar und deutlich vor mir.

Mir scheint nun, daß er sich unablässig dazu zwingen mußte, alles das zu tun, was seinem Charakter widerstrebte. Legion war die Zahl der dem Kollegium gehaltenen Standpauken, in denen gehäuft das Wort *'solide'* auftauchte.

Wir sollten *'solide'* unserer Aufsichtspflicht nachkommen, *'solide'* korrigieren. Und er selbst, dem es nicht möglich war, sich daran zu gewöhnen, gewissenhaft zu korrigieren?

Die Schwächen, die er an der eigenen Person verzerrt und wenig deutlich wahrnahm, das Fehlen menschlicher Zuwendung, die mangelnde Selbstbeherrschung und Unfähigkeit, sich unter Kontrolle zu halten, all dies durfte er vor sich selbst nicht zugeben, da er sonst sein labiles Gleichgewicht gefährdet hätte, also projizierte er diese Defekte auf das Kollegium, und warf uns (besonders mir, aber auch anderen) unablässig vor, pflichtvergessene, hinterhältige, verlogene, ganz und gar *'unsolide'* Lehrer – sozusagen Schüler in der allergemeinsten Ausführung – zu sein.

Um nachvollziehen zu können, daß diese permanenten, unflätigen Beschimpfungen dann nach und nach dazu führten, daß wir mit der Zeit wirklich so wurden, ja, werden mußten, um dies nachvollziehen zu können, bietet die Lebenserfahrung reichlich Beispiele.

Nur zu Esbits Schulmeisterhirn konnte das partout keinen Zugang gewinnen, denn diese Einsicht war ihm verstellt durch einen heimtückischen Mechanismus, den er als Betroffener nicht von sich aus hätte durchbrechen können und geholfen hätte ihm niemand, beileibe nicht ein einziger von uns!

Ich vermute, daß der überwiegende Teil des Kollegiums lächelnd an ihm vorübergegangen wäre, hätte man ihn sterbend auf der Straße angetroffen, ich bin mir dessen sogar sicher! Mancher hätte ihm noch einen gezielten Tritt verabreicht.

Eigentlich war Esbit zu bemitleiden, da er dieses Schrekkensregiment aufgerichtet hatte infolge einer tiefgreifenden Kommunikationsstörung, die durch den ihr immanenten, unausweichlichen Selbstverstärkungseffekt die zwischenmenschlichen Katastrophen, die er auslöste, unvermeidlich reproduzieren mußte.

Wo der Ausgangspunkt für diese unheilvolle Disposition zu suchen war, weiß ich für die Person Esbits nicht zu beantworten, was im Grunde auch ohne Belang ist; bildhaft beschreiben will ich stattdessen den Mechanismus, dem seine Handlungweisen unterworfen waren.

Verschaffen wir ihm also noch einmal einen seinen gefürchteten, imposanten Erinnyenauftritte, genießen wir eine *'comedia dell'arte'* nach norddeutscher Manier!

Dramatis personae:

OStD Esbit, StR Strengholtz.

Der Chor der Lebenslänglichen.

Diverse StR zur Anstellung (z. A.),

einer zum Abschuß (z. A'.).

StR z. A. Volker D., StR z. A'. Jan Peters.

Ort: Das Lehrerzimmer des Fuselgymnasiums. Ein zweckmäßig-funktional eingerichteter Raum von ca. 60 m². Die Schmalseite des Raumes wird eingenommen von einer Unzahl kleiner Fächer, jeweils mit einem Namen versehen.

Im Vorderteil der Fächer liegen Stapel von Klassenarbeitsheften, gut sichtbar. Dahinter, unsichtbar, weniger dienstliche Dinge wie Kämme, Kleiderbürsten, Nagelreiniger, Flaschenöffner, angebissene Äpfel, Karikaturen, die den Schulleiter zeigen, Wasserpistolen, Katapulte und andere Dinge, die angeblich Schülern abgenommen werden mußten.

Die der Eingangstür gegenüberliegende Längsseite besteht aus einer einzigen Fensterfront, durch die ein Innenhof sichtbar wird. Die Vegetation besteht aus raumverdunkelnden, landschaftsuntypischen Koniferen.

Auf den Tischen das übliche Durcheinander von Unterrichtsmaterialien in verschiedenen Bearbeitungszuständen,

Frühstücksbrote in demselben Status, Milch- und Kakaotüten mit und ohne Strohhalm.

Einige StR z.A. sitzen und bereiten Unterricht vor, korrigieren oder sinnen über die vertanen pädagogischen Chancen nach, welche die soeben gehaltene Schulstunde eigentlich geboten hätte, wären sie nicht gehalten gewesen, den Stoff durchzuziehen, um pünktlich den nächsten Leistungstest schreiben lassen zu können.

Die Lebenslänglichen stehen in Gruppen herum und lamentieren larmoyant darüber, daß die Schüler:

a) immer fauler,

b) immer dümmer und

c) immer frecher werden;

[c) wird am negativsten bewertet].

StR z.A. Volker D. und StR z.A'. Jan P. befinden sich in der angegliederten Miniküche. StR z.A. Volker D. entkorkt gerade eine Flasche Iphöfer Müller-Thurgau, 1979, was StR. z.A'. Jan P. durch perfekt getimtes Räuspern übertönt.

Zeit: Zweite große Pause von 11.05 Uhr bis 11.20 Uhr, irgendwann zwischen März und Mai 1982. In der neben der Schule gelegenen Inselturnhalle findet momentan eine Art von Turnier statt, das größtes Interesse bei den Schülern findet, die aber nicht zusehen können, da Esbit sich geweigert hat, dies zu erlauben:

«Die Wichtigkeit des Unterrichts geht allemal vor!»

Den ganzen Vormittag lang haben die Schüler der Lehrerschaft schon in den Ohren gelegen, *'ob man nicht doch ...';* und, *'der Alte brauche ja nichts zu merken ...';* und überhaupt, *'man sei doch sonst nicht so ...'*

Die Tür fliegt auf, voller Elan kommt StR Strengholtz hereingelaufen, die schiere Lebensfreude läßt ihn herausplatzen:

«Ich hab's gemacht. Und ich hab's doch gemacht!»

Entsetzen breitet sich im Chor der Lebenslänglichen aus, sie formieren sich zu einem Gesangskörper und beginnen, im Stil der Parzen, mit einem monotonen, furchterregenden Sprechgesang, der das Blut in den Adern gefrieren läßt:

'Doch mit des Schicksals Mächten ist kein ewiger Bund zu flechten.
Wir heften uns an ihre Fersen, das furchtbare Geschlecht der Nacht!'

Ungeheurer Donner, schröcklichstes Getöse kündigt den schicksalhaft-dräuenden Auftritt des Allrächers an.

Schreckensbleich und zitternd drängt sich der Chor der Lebenslänglichen aneinander und StR z.A. Volker D. fällt im Nebenzimmer vor Schreck beinahe die angesetzte Flasche Iphöfer Müller-Thurgau, 1979, vom Mund, was etwas heißen will, denn normalerweise fällt ihm eher die Braut aus dem Bett.

Gebrüll von nie gehörter Lautstärke läßt das Gebäude in seinen Grundfesten erzittern, die Posaunen des Jüngsten Gerichts, verstärkt um die Trompeten von Jericho, schmettern dem Frevler das wortgewordene Menetekel nach:

«*Sie, Sie ...!!! Zurück, bleiben Sie stehen!!!*»

StR Strengholtz versteinert in Sekundenbruchteilen zur Salzsäule, hätte er sich doch nur bezähmen können! Nie einen Blick auf das Innere der Turnhalle geworfen!

Oh, nichtswürdiger Wurm!

Zermalmen wird Dich der Herr Zebaoth in seinem unerbittlichen Zorn!

Bis ins dritte und vierte Glied werden Du, Deine Kinder und Kindeskinder ihm büßen müssen für diese Missetat kosmischen Ausmaßes!

Unentrinnbar Dein Schicksal!

Gerichtet seiest Du! Das sollst Du am Bungsberg bereuen!

Oh, täte sich doch der gierige Schlund des Orkus vor Dir auf, daß Du Wotans Allzürnen entrönnest!

Er wird Dich schmieden an Schleswig-Holsteins gigantischste, himmelstürmende Felsenkette (168 m über NN), woselbst Du darben sollest wie des Menschen Sohn auf Golgatha!

In Flammen gehüllt, das Medusenhaupt umlodert von sich windendem, Gift, Galle und schwefligen Fäulnisodem speiendem Ottern-, Nattern- und Viperngezücht, so fährt ER, der

Allvernichter, herein, mitten unter uns verzagte Würstchen. Kein Sterblicher ward je seines Daseins wieder froh, der diese rasende Furie erblicket!

«Sie haben den größten aller Fehler begangen, den allerschlimmsten, den ich mir überhaupt nur vorstellen kann! Kommen Sie mit mir!»

Diese Worte von alttestamentarischer Wucht schmettert ER, der Weltenrichter, dem entgegen, der sich dem Allwollen Zarathustras entgegenzustellen erkühnte.

Tief brennen sich die glosenden Runen dieser unabänderlichen und immerwährenden Verfluchung wie ein loderndes Kainsmal in die Stirn des so abgrundtief fehlbaren, auf unendliche Zeiten verdammten Pädagogen.

Und abgeführt wird Strengholtz, der sich bestimmt nie wieder eine Turnhalle von innen ansehen wird.

«Arschloch hoch drei»,

zischt Volker und vernichtet gluckernd die Flasche Iphöfer Müller-Thurgau, 1979, mit einem gargantuesken Schluck.

Nun könnte man ja der Ansicht zuneigen, daß Esbit ein Sadist gewesen sei, wie es leider eine Menge gibt. Ich glaube das allerdings nicht, dazu lief alles immer wieder zu ähnlich und ohne wesentliche Variationen ab. Die Konstellationen waren mehr oder weniger austauschbar.

Als Sadist hätte er auch auf irgendeine verdrehte Art und Weise einen Lustgewinn aus seinen Handlungen ziehen müsse. Das hat er aber, nach meiner sicheren Überzeugung, ganz und gar nicht.

Ich glaubte ihm aufs Wort, daß ihn unser (besonders mein) Verhalten zutiefst gekränkt und maßlos geärgert hat, da er sich wie Sisyphos vorkommen mußte, all seine Energie verpuffte völlig wirkunglos, wir machten ganz einfach das nicht, was er wollte, und manchmal, noch viel nervtötender für ihn, das genaue Gegenteil.

Unerkennbar für ihn paßten wir uns aber nur perfekt an seine Erwartungen an, Erwartungen, die seiner Wahrnehmungsfähigkeit auf ewig verborgen blieben, und doch waren es seine ureigensten.

Dieses unheilvolle, Menschen ins Unglück stürzende *'Mensch-ärgere-dich-nicht'* nennt sich die *'selbsterfüllende Prophezeiung'*.

Das Verhalten, das die betreffende Person an den Tag legt, löst bei anderen Menschen Reaktionen aus, die durch dessen Initialverhalten unausweichlich provoziert worden sind.

Wer davon überzeugt ist, daß niemand ihn respektiert, wird ein mißtrauisches, abweisendes oder aggressives Benehmen zur Schau tragen, auf das die Umwelt mit Unmut oder Ablehnung antworten wird, womit der Sender permanent seine Ausgangsannahme bestätigt bekommt. Dies wird ihn weiter verbittern, er verstärkt sein asoziales Gebaren und bekommt die Negativreaktion verstärkt zurückgemeldet und immer so fort.

Diese zwischenmenschliche Handlungsweise zeigt eine Form von Redundanz der Art, daß sie eine komplementäre Wirkung auf andere ausübt und sie zu einer bestimmten Form von Reaktionen zwingt. Das unentrinnbar Perpetuierende besteht darin, daß der Betroffene sein Verhalten nur als Reaktion auf das der anderen sieht, nicht aber als das in der Tat auslösende Moment[1].

Esbit war davon überzeugt, daß wir seine Anweisungen vorsätzlich unterliefen, um nicht zu sagen, aktiv sabotierten. Also schraubte er, der Logik seiner Krankheit folgend, die immer pedantischer gestellten Anforderungen an uns so sehr in die Höhe, daß sie auch beim besten Willen *nicht mehr erfüllbar waren,* woraus er den *'logischen'* Schluß zog, daß wir nicht wollten, woraufhin er die dienstlichen Verpflichtungen weiter drakonisch verschärfte.

Die ihm amtlich verliehene Machtfülle seiner Position als Schulleiter, für ihn aufs trefflichste komplettiert durch die Inselrandlage *(Der Himmel ist hoch, und Sankt Petersburg ist weit.),* gaben ihm die Mittel, dieses unmenschliche Verhalten bis zur Perfektion zu entwickeln.

---

1 Paul Watzlawick et al., *Menschliche Kommunikation.* Bern (Huber), 1985.

Die alltäglichen Drangsalierungen fanden in Form des bereits weiter oben genannten Verteilens von kleinen Zetteln statt, die, nächtens von Esbit verfaßt und in die Fächer gelegt, jeden Morgen für Aufregung, verächtliches Lachen oder massive Angstausbrüche sorgten, je nach Verfassung, Leidensfähigkeit und Widerstandskraft der einzelnen sowie der Stellung innerhalb der schulinternen Hackordnung der von dem Ukas betroffenen Person.

Einige warfen diese Papierfetzen grundsätzlich ungelesen in den Papierkorb, andere litten so massiv darunter, daß die Furcht ihnen auch noch den letzten Rest an Energien wegfraß, so daß sie als Nervenbündel vor die Klassen traten und nur beten konnten, daß die Schüler sie nicht auch noch angriffen.

Gängige Formulierungen dieser papiernen Scherbengerichte begannen mit:

«Unwiderruflich letzter Appell, endlich Ihren Dienstverpflichtungen nachzukommen ...,»

«Entgegen meiner mehrfachen schriftlichen Anweisung haben Sie es nicht für nötig befunden, Ihre Pflicht zu erfüllen ...,»

«Ihre ständigen Verfehlungen werde ich nicht mehr länger ungeahndet hinnehmen ...,»

«Ich weise Sie ausdrücklich auf disziplinarische Maßnahmen hin, die mir ihr untolerierbares Verhalten aufzwingt ...».

Wie ich gegen Ende meiner Inselpassionszeit erfuhr, mußte sich einer meiner Amtsvorgänger nach einem Jahr dieser Art von Umgangsformen in ambulante psychotherapeutische Behandlung begeben, die in der stationären Psychiatrie fortgesetzt wurde. Dort verlor sich seine Spur.

Meiner nahm sich am Schluß eine sehr einfühlsame Internistin an, die mich für die letzten drei Wochen durch Krankschreiben aus der vordersten Schußlinie nahm[1].

---

1 Ihr Mann war Kollege von mir, so daß sich ihr gegenüber Schilderungen der Zustände, denen ich ausgesetzt war, erübrigten.

In der Beschreibung der Charakter- und Triebstrukturen verfehle ich sicher nicht wesentlich den Kern, wenn ich Esbit als einen vom '*Subhumanen eingeholten Neurotiker*' auffasse, dessen Triebdynamik sich klinisch in folgender Weise manifestiert:

«... klischeebezogene Impulse (setzen sich) verzögerungsfrei ... hinter dem Rücken des Individuums durch, wobei dieses Durchsetzen sich bald in motorischen Aktionen, bald in Träumen (bzw. Tagträumen) entäußert. In jedem Falle aber läuft '*die Szene*' aus innerer, unreflektierbarer Zwangsläufigkeit ab.[1]»

«Die Triebbesetzungen, die im Zuge der Verdrängung nicht erlöschen, kehren als sprachlich unvermittelte Dynamik in neurotischem Verhalten wieder. Die Dynamik dieses neurotischen Verhaltens zeigt nach LORENZER klinisch beziehungsvolle Merkmale: '*fehlende Erkennbarkeit – Determiniertheit – unverzögerte Entladung – Irreversibilität – Unabhängigkeit und Tendenz zum Einschleifen – Umweltverhaftung, d.h. Verhaftung an eine 'Szene' und 'szenische Reproduktion', d.h. Wiederholungszwang – entwicklungsgeschichtliche Verankerung*[2].'

In diesen Merkmalen sieht LORENZER Entsprechungen zum Typus tierischer Handlungen ... (IWAN PAWLOW grüßt von der Newa. Anm. d. Verf.).

Da er die Auffassung vertritt, durch die Desymbolisierung würden klischeebestimmte Interaktionsformen '*funktionell-szenisch*' agiert – was einer Desozialisierung des Individuums gleichkommt – gibt für ihn faktisch der Typus tierischer Handlungen die Kriterien vor, nach denen ein Individuum als Neurotiker zu bezeichnen ist.[3]» (*Warnende Anm. d. Verf.:*

---

1 A. Lorenzer, *Sprachzerstörung und Rekonstruktion; Vorarbeiten zu einer Metatheorie der Psychoanalyse.* Frankfurt a.M. 1970b.
2 A. Lorenzer, *Kritik des psychoanalytischen Symbolbegriffs.* Frankfurt a.M. 1970a.
3 Klaus Menne et al., *Sprache, Handlung und Unbewußtes.* Kronberg im Taunus (Athenäum) 1976.

'tierisch' steht hier nicht in beleidigender Absicht, sondern strikt behaviouristisch, *notabene!!).*

Den schriftlichen Haßtiraden ließ Esbit in den großen Pausen mündliche und sonstige Einschüchterungskampagnen folgen, prinzipiell mit erhobener Stimme vor allen im Lehrerzimmer. Noch heute wundere ich mich darüber, daß er niemals tätlich angegriffen wurde, zu tief stecken wohl in uns Deutschen die über lange Generationen gedrillte Unterwürfigkeit und das fleischgewordene Befehls- und Gehorsamsverhalten.

Mit Abstand am wirkungsvollsten waren natürlich die verschiedenen Arten von Unterrichtsbesuchen, die Esbit vornahm. Um den kurzfristigen Überraschungs- und Einschüchterungseffekt auf seiner Seite zu haben, dienten die unangekündigten eher als Signal für das Gesamtkollegium, ja stets auf der Hut zu sein und sich nicht fälschlich in Sicherheit zu wiegen oder sich etwa gar Freiheiten im Unterricht herauszunehmen[1].

Die zweite Variante, mit eintägiger Vorwarnzeit, bevorzugte er entschieden, wohl wissend, daß er damit einem Menschen einen gesamten Tag plus darauffolgender Nacht zur Hölle machte.

Mit der Zeit begann Esbit zu vermuten, daß ich nicht von der gewünschten Anformbarkeit war, wie sie für ihn akzeptable Lehrer mitbringen mußten; er begann mit der ersten Eskalationsstufe, indem er sich die Themen vorlegen ließ, die ich in Oberstufenklausuren bearbeiten lassen wollte.

Sie fanden durch die Bank keine Gnade vor ihm, obwohl sie ausschließlich aus den Lehrplänen abgeleitet waren. Wenn ihm gar nichts mehr einfiel, begann er, semantisch-spitzfindig an meinen Formulierungen zu kritteln und erhob seine Sätze apodiktisch in den Rang der Unfehlbarkeit.

In der zweiten Phase, unmittelbar vor der Endstufe, der

---

1 Die *'pädagogische Freiheit'* ist, nach meinen Erfahrungen tief im Norden, eine Legende. Mir wurde sogar die Farbe der Kreide vorgeschrieben, mit der ich an der Tafel zu zeichnen hatte.

'*Christenverfolgung*', korrigierte er meine Korrekturen, und zwar mit grünem Kugelschreiber, so daß die Schüler klar und deutlich sahen, was er von meinen Fähigkeiten hielt und wer an seiner Schule das Verfügungsrecht hatte.

Dies entlarvte natürlich gleichzeitig seine ständige Forderung an mich, den Schülern gegenüber entschieden und durchsetzungsfähig aufzutreten, als fadenscheinige Lüge.

Unterrichts*besuche* (schon das Wort ist eine Frechheit, niemals hatte ich ihn eingeladen) dienen nur zu einem geringen Teil der objektivierbaren Leistungsmessung, soweit eine solche im Lehrbereich überhaupt stattfinden kann.

Sie sind vielmehr blanke Machtdemonstrationen, die ihre Parallelen bei in Rudeln lebenden Tieren haben.

Der älteste, mit allen Attributen der Macht ausgezeichnete Rudelführer (der entsprechende Löwe hat die prächtigste Mähne, Oberstudiendirektoren grüne Kugelschreiber,) weist den gleichgeschlechtlichen Jungtieren ihre Miniterritorien zu, in die er jederzeit eindringen kann.

Da selbst einer wie Esbit es doch nicht riskieren konnte, mit einem Brunftschrei in die Klasse zu treten, demonstrierte er seine besondere Position dadurch, daß er mit erhobenem Arm in die Klasse getrampelt kam. Dies sollte nicht der *Deutsche Gruß* sein, wie ich anfangs vermutete, sondern er verlangte, daß ich ihm entgegenkam und meine Unterrichtsvorbereitungen in seine Hand drückte.

Den Effekt konnte ich unterlaufen, indem ich einfach keine speziellen schriftlichen Vorbereitungen für diese Heimsuchungsstunden machte. Er stand dann mit gerecktem Arm vor der grinsenden Klasse, ich vor ihm, zu seiner Hand aufsehend, und er wußte nicht, wie er die vordere Gliedmaße, die ihren situativen Zweck nicht erfüllt hatte, in Würde senken sollte.

Vermutlich ging ihm durch den Kopf, ob er die eingeleitete Armbewegung am sinnvollsten damit hätte enden lassen können, indem er mir eine Ohrfeige verpasst hätte.

Dann pflegte er geräuschvoll durch die Klasse zu laufen und den angsterfüllten Kindern in die Hefte zu spähen, mit dem Vorsatz, Unkorrektheiten bei der Hausaufgabenstellung durch mich oder deren Erledigung durch die Kinder aufzudecken.

Er fand natürlich immer etwas. Nichts leichter, als im pädagogischen Beruf Streitereien vom Zaun zu brechen, denn welcher ernstzunehmende Lehrer würde sich denn anmaßen, in dieser Hinsicht über objektivierbare, allgemeingültige Regeln zu verfügen, welche Länge und welchen Schwierigkeitsgrad eine Hausaufgabe haben sollte, um ihren Zweck zu erfüllen?

Wenn der Unterricht dann so lief, daß er nichts Massives fand, an dem sich seine Kritik hätte entzünden können, begann er zu stören, indem er mit seinen Platznachbarn Privatgespräche begann oder albern vor sich hin kicherte.

Brachte mich dies auch noch nicht aus dem Konzept, kam er nach vorn, nahm am Pult Platz und begann, für alle perfekt sichtbar, raschelnd das Klassenbuch durchzublättern und mit Korrekturen zu versehen, die er verbal begleitete mit Äußerungen wie, *'das stimmt nicht ...hier fehlt die Hälfte ...ganz falsch ...unsolide ...'*

Einen Vorteil hatten diese *Besuche* hingegen, einen, den der Exekutor der Staatsgewalt ganz sicher nicht beabsichtigt hatte:

Niemals waren mir die Kinder näher als in den Zeiten solcher Bedrohungen.

Das war das Gefühl, das die römischen Sklaven an Spartacus gebunden hatte!

Ich spürte körperlich, wie mir ihre Sympathie und ihr Mitleid zuflossen und mich stärkten, ganz vertraut waren wir einander plötzlich, und dieses Empfinden tat mir unglaublich gut und zeigte mir, daß es im Menschen Kräfte gibt, die alles Leid und finsterste Zeiten überstehen werden, mögen die Höllenhunde sich vor Wut mit ihren eigenen Ketten strangulieren, die Liebe werden sie nicht besiegen können, niemals, solange Menschen noch auf ihr Inneres hören können.

Innerhalb einer Woche hatte ich einmal fünf dieser kollegialen Schulleiterbesuche zu ertragen. Der dritte zerrte mir noch an den Nerven, der Rest wurde von mir nicht mehr wahrgenommen, dafür sorgten Endorphine, die mein Gehirn ausschüttete, um mich halbwegs unbeschädigt über die Runden zu bringen.

Auch den Kindern ging der Zirkus, den er veranstaltete, langsam auf die Nerven, und sie fragten mich, ob Esbit denn überhaupt nichts Besseres zu tun hätte, als laufend den Unterricht zu stören(!).

Der letzte in dieser denkwürdigen Serie wurde von ihm besonders drohend (glaubte er) angekündigt.

Esbit hatte mir noch im Weggehen von der Sekretärin mitteilen lassen, daß meine weitere Karriere davon bestimmt werde, ob ich die gestellten Anforderungen erfüllen *wolle*.

Fieberhaft durchsuchte ich daraufhin alle mir zugänglichen Unterlagen, ohne irgendwelche Anhaltspunkte zu gewinnen, welche Beurteilungskriterien er wohl meinte; Volker und Harald war darüber auch nichts geläufig. Die Nacht verbrachte ich mit vergeblichen Versuchen, mich auf etwas vorzubereiten, das ich nicht kannte.

Da allen Schülern irgendwie bewußt war, daß von dem Unterricht viel für mich abhing, erschienen sie ausnahmsweise pünktlich, und hatten alle die Hausaufgaben gemacht. Ich hatte ihnen eingeschärft, daß beim Eintreten des Direktors eine besonders korrekte und disziplinierte Begrüßung zu erfolgen habe, auf die ich sonst keinerlei Wert legte, da ich Dressuren bei Menschen ablehne.

Der Vorgesetzte erschien zehn Minuten zu spät, die Begrüßung ging schief, ich verhedderte mich in den Fallstricken meiner mehr als dürftigen Vorbereitungen, und weitere zehn Minuten später übernahm er zornesrot den Unterricht mit der Bemerkung:

«*Das ist der größte Mist, den je einer gewagt hat, mir anzubieten!*»

Nach Ende des Unterrichts zitierte er mich ins Nebenzimmer und verriß die Stunde, die er eigentlich selbst gehalten

145

hatte. Einwänden hörte er überhaupt nicht zu und bügelte sie diktatorisch ab, so daß ich es vorzog zu schweigen.

Abschließend informierte er mich teilnahmslos, daß sich viele Eltern dafür ausgesprochen hätten, mich aus der Schule zu entfernen, da sie Grund genug hätten, um das Abiturniveau ihrer Kinder zu fürchten.

*

Ist es eigentlich zuviel verlangt, die Anerkennung als gleichberechtigtes Lebewesen auch weiterhin zu erwarten, wenn man sich aus einer liberalen Stadt mehrere hundert Kilometer in den Norden des eigenen Landes begibt, eines Landes, dessen Menschen und Gewohnheiten man von Kindesbeinen an kennt?

Oder ist eine in sich geschlossene, über Generationen kaum an Außenkontakte gewöhnte Gruppe mit diesem Minimalanspruch bereits überfordert?

Mit der Kultureignung des Menschen war noch nie viel Staat zu machen, wie FREUD mehrfach stoisch konstatieren mußte. Seine klinisch-analytische Distanziertheit, gewachsen in der Abgeschiedenheit seines Studierzimmers in der Wiener Berggasse, wurde mir leider nicht zuteil als Schild im stürmischen Norden.

An die Stelle erbkodierter Sozialrituale der Tiere sind beim Menschen die nicht immer verläßlichen sozialen Regeln, Verhaltensweisen, Gesetze und Tabus getreten, die durch Erziehung als Über-Ich integriert worden sind und sich dort gegenüber einen rationalen Kontrolle und Modifikation als weitgehend resistent erweisen.

Erziehungsmethoden tabuisieren systematisch und vorsätzlich Themenbereiche, die essentiell das Fortbestehen der sozialen Gruppe garantieren. Diese dürfen keiner kritischen Überprüfung durch das Individuum unterzogen werden. Genau hier liegt die Toleranzgrenze, jenseits derer mit drakonischen Maßnahmen zu rechnen ist, und hier liegen auch die Ursachen des 'Nestbeschmutzer-Syndroms', auf das Deutschland mit einer gewissen fundierten Erfahrung zurückblicken kann[1].

Genuine Ich-Leistungen wie hartnäckiges Hinterfragen oder bewußt konträre Verhaltensweisen werden durch Strafandrohungen und -exekutionen im Keim erstickt. Je unfreier die Individuen, desto aggressiver und unkontrollierter erfolgen die Erziehungssanktionen gegenüber ihren Kindern, die häufig lebenslang die komplizierte Verwobenheit von Aggressionsverbot und individuell erlebter Aggressivität mit sich tragen, unfähig, sozialverträgliche Verhaltensweisen zu entwickeln. Hier schließt sich nun einer der vielen Teufelskreise, denn die psychische Energie, da unzerstörbar, sucht sich Kanäle außerhalb der Gruppe, weil sie die nach innen bestehenden, die Gruppenkohärenz aufrechterhaltenden Widerstände nicht überwinden kann.

In dieser Weise konstituierte Gruppen zeichnen sich durch geringe Toleranz und erhebliche, in der Verleugnung befindliche Energiepotentiale aus. Regionale Abgeschiedenheit einer insularen Lage konserviert tradierte, unreflektierte Verhaltensmuster, da wenig Erfahrungsübertragung mit anders strukturierten Gruppen erfolgt, die unterschiedliche Verhaltensweisen gelernt haben[2].

Impulse evolutionärer Art, wie sie durch Erhöhung der genetischen Vielfalt erfolgen könnten, sind durch die eingeschränkten Möglichkeiten der Partnerwahl stark reduziert.

In diesem Licht erscheinen die Loblieder auf in sich ruhende Gemeinschaften, die gute alte Zeit und das Bewahren Althergebrachtens weitaus weniger günstig als entsprechende Passagen in Materialien der Fremdenverkehrszentralen.

---

1 Während der Adenauer-Restauration hielt man für solcherart unbotmäßiges Verhalten die hochintelligente, menschenfreundliche Aufforderung bereit: *'Geht doch in die Ostzone'*.

2 Es ist m.E. ein gravierender Trugschluß, von der unter künstlichen Umständen erfolgenden Begegnung zwischen Einheimischen und Touristen irgendeine Art fruchtbaren Gedankenaustausches zu erwarten. Es finden ausschließlich ökonomisch determinierte Prozesse statt.

Auf der Insel begegneten mir von Beginn an ausgesprochene oder unausgesprochene, latent fühlbare Vorurteile, die psychisch in der Angstabwehr dem Fremden gegenüber funktional wurzelten. Typischerweise fanden sie ihre überkompensatorische Manifestation in einer Apotheose all dessen, was als der Insel einzig eigen und unverwechselbar zugeschrieben wurde. Da dies naturgemäß nichts Weltbewegendes sein konnte, entbehrten diese maßlosen Übertreibungen nicht einer unfreiwilligen Komik für Neuankömmlinge wie mich.

Unzugegebenermaßen empfanden die Insulaner ihre provinzielle Randexistenz als defizitär, aber statt sozusagen eine ländliche Gegenposition aufzubauen, den städtischen Agglomerationen Gegenpole entgegenzusetzen, indem sie ihre ehemals unzerstörten Ökotope geschützt hätten und, noch viel weitergehend, einen umfassenden Gegenentwurf zur destruktiven, großstädtischen Lebensweise entwickelt hätten, ergingen sie sich in Lobhudeleien auf gar nicht mehr vorhandene rurale Idyllen oder in durchschaubaren Diffamierungen der Institutionen und Lebensarten, die sie den Städter heimlich neideten.

Sie äußerten sich in Pauschalurteilen über Großstädter im allgemeinen und Frankfurter Universitätsabsolventen im besonderen, die umgehend mit Etiketten wie *'rot, kommunistisch u.ä.'* versehen wurden.

Mein Status als Lehrer, somit als ein von ihren Steuergeldern bezahlter *'Staatsdiener'*, entband die Bevölkerung, nach ihrem eigenen Dafürhalten, von der im Sommer mühsam zur Schau getragenen Freundlichkeit, die sie sich im Laufe vieler Touristensaisons andressiert hatten, um schneller an das Geld der Urlauber zu kommen.

Mit Vorliebe trugen sie T-Shirts mit der Aufschrift:

'I am not a tourist, I live here',

womit sie sehr viel mehr über sich und ihre Wertschätzung für diejenigen Menschen aussagten, von deren Zuwendungen sie sehr kommod lebten, als ihnen eigentlich lieb sein konnte, hätten sie es bemerkt.

Eine etwas dubiose Konstellation, Menschen einerseits zu hofieren, andererseits für jeden sichtbar als eine Horde von Unterbelichteten hinzustellen.

Hunde beißen die Hand, die sie füttert, eigentlich nicht, was für eine hohe soziale Intelligenz spricht.

Bei den Hunden.

Als eine zunächst überraschende und mich zusätzlich zum Umzugs- und Kulturschock belastende Tatsache erwies sich das Gleichgewicht, in dem diese Population ruhte. Sie schienen mühelos über Dinge Bescheid zu wissen, von denen sie sehr wenig verstanden, unterhielten sich ohne sichtliche Beunruhigung über komplizierte Zusammenhänge, ohne kognitive Erkenntnisse und Voraussetzungen zu vermissen.

Da sie sich teilweise von Landwirtschaft ernährten, bildete ich mir ein, daß sie ein Interesse an ihrer Produktionsgrundlage, den Böden, haben müßten. Weit gefehlt, sie vertrauten da blind dem geschäftstüchtigen Raiffeisenvertreter, auf dessen Geheiß hin sie immer fleißig düngten: 'viel hilft viel', ohne sich durch abwegige Grübeleien über Horizontfolgen, Gefüge, Nährstoffnachlieferung, Grundwasserverhalten oder dergleichen ökologischen Unsinn den Nachtschlaf rauben zu lassen.

Sie lebten augenscheinlich sehr angenehm in ihrem, von übermäßiger Denkarbeit nicht angekränkelten Zustand, durch mich überhaupt nicht zu erschüttern, was mich um so mehr erschütterte, da ich bis dahin die Welt und die Menschen immer für ziemlich komplizierte Systeme gehalten hatte, die ich auch unter allergrößten Anstrengungen nur in Fragmenten verstanden hatte, meistens überhaupt nicht.

Wie konnten sie denn nur ohne jeden Zweifel an allem sein? Sie kannten doch außer ihrem Mikrokosmos nichts von der Welt! Warum gelang es mir niemals, sie aus ihrer geistigen Trägheit zu bringen?

Diskussionen, die ich mit ihnen zu führen versuchte, entgleisten mir regelmäßig bereits nach spätestens fünf Minuten und mündeten in wüsteste Verbalinjurien: hier zeigten die Schüler allerdings starke Emotionen. Die Ausdrücke, mit denen der männliche Teil der Gruppe die Mädchen zu belegen pflegte, ließ an Deftigkeit nichts zu wünschen übrig und legte beredtes Zeugnis davon ab, daß sich hier verborgene Energien ihren Weg bahnten, der mit ihrer Entstehung nur mittelbar zu tun haben konnte, denn die Opfer dieser Ausfälle, die Mädchen, waren an Friedfertigkeit und Sanftheit nur schwerlich zu überbieten, dennoch wurden die von ihnen als Unterwerfungsrituale gemeinten Schlichtungsversuche von den Jungen brüsk abgewiesen und mit noch verstärkten Invektiven beantwortet.

Bezeichnenderweise gab es nur eine, merklich von Mädchen dominierte Klasse, in der ich mich geborgen fühlte. Hier herrschte eine geradezu bukolische Idylle, die ich nicht zu stören wagte durch so überflüssige Belästigungen wie Hausaufgabenkontrolle, Zensurenterror oder Androhung schärfster Bestrafungen bei Nichtbeachtung irgendwelcher idiotischen Direktiven, die dem menschenfernen, verschrobenen Hirn eines usurpierten Vorgesetzten entsprungen waren.

Eines Tages hatten sie, wohl neugierig auf meine Reaktion, auf der Wandtafel Sprüche angebracht, die sehr anschaulich Handlungen beschrieben, denen man sich üblicherweise zu zweit hingibt.

Da ich weder das Entfernen verlangte, noch eine dümmliche Lehreransprache, gespickt mit Ermahnungen und ähnlichen Lächerlichkeiten von mir gab, betrachteten wir uns von dem Tag an unausgesprochen als Komplizen, denen es in anarchistischer Weise gelungen war, sich gegenseitig zu signalisieren, daß sie erotische Empfindungen für weitaus wichtiger hielten als die sinnentleerte Schuldisziplin[1].

Zurück zu der sich ständig wiederholenden Art der Auseinandersetzungen mit ihrer persönlichen, stark emotional aufgeladenen Attacken.

---

1 Sie waren die einzigen, die mir zum Abschied etwas schenkten. Ich wünsche Ihnen, daß es ihnen gelungen ist, sich in vielfältigster Weise von der Insel zu distanzieren.

Offensichtlich korrelierten die vorgebrachten Meinungen hochsignifikant mit Gefühlen, dieses höchst unerfreuliche, aggressive Gemisch entlarvte sie als Vorurteile. Sie dienten der Abwehr von Erkenntnissen und Einsichten, die für die Gruppe, repräsentiert vom Individuum als 'pars pro toto', gefährlich, ja existenzbedrohend werden könnten.

Der Übermittler dieser explosiven Botschaft zieht sich umgehend die geballte Aggressivität der Gruppe zu, für ihn gilt die Beißhemmung gegen die eigene Art nicht mehr, auf ihn wird das mühsam kontrollierte und normalerweise am Ausbruch gehinderte Gewaltpotential konzentriert.

Er hat die Büchse der Pandora geöffnet, das auf ihn zukommende Verderben hat er sich, nach unausgesprochenem Konsens der Gruppe, ausschließlich selbst zuzuschreiben[1].

Vorurteilsbildung ist das Gegenteil der rationalen Bearbeitung und Urteilsbildung, die zu sozialverträglichem Verhalten führt. Vorurteile dienen der vorübergehenden Erleichterung von dem, was der unübertroffene Altmeister FREUD prägnant formuliert hat mit:

'Unsere Kultur übt einen fast unerträglichen Druck auf uns aus, sie verlangt nach einem Korrektiv[2].'

«Entlastung durch Realitätsverleugnung, durch Zurechtbiegen der Wirklichkeit nach den eigenen Wünschen, das ist die Funktion von Vorurteilen für die Psyche. Diese eingeschliffenen Reaktionen, die sich mit hoher Selbstverständlichkeit rasch anbieten und durchsetzen, sind schwer durch Verstandesleistungen zu bremsen, ehe sie geschehen. FREUD wählte den anschaulichen Vergleich der Umwandlung eines Dorfes in eine Stadt: die alte Struktur wird ab-, eine neue aufgebaut.

So vollzögen sich die Strukturänderungen des Seelischen *gerade nicht;* vielmehr bleibe immer eine Koexistenz primi-

---

1 Dies erinnert stark an antike Usancen, die Überbringer von Hiobsbotschaften umgehend vom Leben zum Tode zu befördern.
2 Sigmund Freud, *Gesammelte Werke XIV, 285.*
  Zit. nach Mitscherlich, loc. cit.

tiver Reaktionsweisen mit späteren Entwicklungsstufen bestehen:

'*... die primitiven Zustände können immer wieder hergestellt werden; das primitive Seelische ist im vollsten Sinne unvergänglich.*'[1]

Tiere haben vererbte Hemmungen davor, schrankenlos aggressiv gegen die eigene Art zu werden; es gibt bei ihnen eine ganze Palette von Verhaltensweisen wie Demutsgebärden, Unterwürfigkeitshaltungen, Fluchtreaktionen, die es verhindern, daß die Art sich gegenseitig ausrottet[2].

Das ist beim Menschen nicht der Fall. Er hat keine angeborene, absolut sichere Trieb- und Tötungshemmung, sondern nur eine moralisch erworbene, sie ist der zu zahlende Preis als Voraussetzung für Zivilisation. (Diese Blockade kann durch gewisse Mechanismen jederzeit außer Kraft gesetzt werden. Meister darin waren Hitler, Goebbels und weitere Volksgenossen. Anm. d. Verf.)

Mehr oder weniger dem bewußten kritischen Ich unzugängliche Vorurteilskonstruktionen, Systeme von Projektionen, die in Vorurteilen münden, lassen dann in Augenblicken hoher kollektiver Erregung die Wirklichkeit zwingend so erscheinen, daß die Tötungshemmung friedlicher Zeiten außer Kraft gesetzt wird. Plötzlich wird es eine '*Notwendigkeit*' zu töten (um nicht getötet zu werden, wie Angst und Logik soufflieren).

Es ist ein Faktum, daß keine menschliche Gesellschaft (wegen des Mangels an erbgesichertem Verhalten) ohne Unterdrückung bestimmter Triebregungen ihrer Einzelindividuen auskommen kann. Sie muß versuchen, etwas den erbgenetisch gesicherten Verhaltensweisen der Tiere Ähnliches zu schaffen. Alle Gesellschaften versuchen deshalb

---

1 Sigmund Freud, *Zeitgemäßes über Krieg und Tod.*
Gesammelte Werke X, 337. Zit. nach Mitscherlich, loc. cit.
2 Vgl. etwa: Konrad Lorenz, *Das sogenannte Böse. Zur Naturgeschichte der Aggression.* Wien (Borotha Schoeler), 1963.
Zit. nach Mitscherlich, loc. cit.

durch Erziehung, bestimmte Verhaltensweisen zu *'rituali-sieren'*.

Die Erziehung besteht zu einem großen Teil darin, solche Rituale einzuprägen, zu konditionieren, wie sich das Individuum in der Gesellschaft unter Triebansprüchen und in Konfliktsituationen unter seinesgleichen bewegen soll. Diese Ritualien sind also gruppenspezifisch, müssen gelernt, und zwar mit Schmerzen gelernt werden, da sie ein bestimmtes Maß an Triebunterdrückung verlangen.

Das Sichabheben der einzelnen Gruppen voneinander gehört offensichtlich zu den Ritualisierungen, die diese Gruppen in der von ihnen gebildeten Gesellschaft zusammenhalten. Als sei es völlig natürlich, wird dann dem Nicht-Gruppenmitglied gegenüber das Feindverhalten mobilisiert und nicht das Freundverhalten.

(Ein mehr oder weniger naheliegendes, friedliches Beispiel für diese Abwehrreaktion ist in der Vielzahl der Witze zu erblicken, die benachbarte Gruppen auf Kosten der jeweilig anderen erzählen: z.B. mokieren sich Norddeutsche mit Vorliebe über die geistig und sozial retardierten Bayern, Niedersachsen nehmen von den Hessen an, daß sie erst gegen Mittag erwachen, ganz Deutschland amüsiert sich königlich über die hoffnungslos zurückgebliebenen Ostfriesen, Engländer treiben Späße über schottische Sparsamkeit, Schweizer kolportieren alles andere als Freundlichkeiten über ihre alpinen Nachbarn, die Österreicher, und die Bantus lachen sich bestimmt einen Ast, wenn sie an die Zulus denken. Anm. d. Verf.)

Für die Stabilisierung der gesellschaftlichen Verhältnisse haben diese Vorgänge die größte Bedeutung. Je repressiver, je triebunterdrückender, je stärker ritualisierend eine Gesellschaft ist, je kastenhafter ihre Organisation, desto mehr wird ihre Struktur durch unbefragbare, strikte Autorität bestimmt, einen desto größeren Triebüberschuß hat sie. Ein beachtlicher Teil der Triebenergie wird daran gehindert, mit lustvollen Erfahrungen verknüpft, in sozialen Kommunikationen aufzugehen und dort produktiv tätig zu werden.

Die Individuen leben also unter einem hohen Binnendruck. Dann bedarf es quasi eines genialen Einfalles, damit eine Manipulation gelingt, durch welche der hohe Binnendruck nach außen abgelenkt wird; der Einfall besteht darin, daß die Gesellschaft sich Haßobjekte erfindet, die außerhalb der jeweiligen Klein- oder Großgruppe existieren und denen gegenüber man asoziale oder, vielleicht genauer, *präsoziale* Triebverhaltensformen, also schieren Egoismus aggressiver, sexueller oder sonstiger Art ausleben darf, ohne mit den Gewissensinstanzen in Konflikt zu kommen. Diesen Vorgang nennt man (in der Psychoanalyse; Anm. d. Verf.) Projektion. Er kommt dadurch zustande, daß *'das Böse'* auf den Sündenbock geladen und erst durch ihn erfahrbar wird.

Man denke hier etwa an den mittelalterlichen Stil der Verfolgung von Häretikern, an die große Zahl der Hexenverbrennungen, an die Vorstellungen der Kolonialherren von den *'Eingeborenen'*, die sie sich unterwarfen, an die Vorstellungen eines Fabrikherren von *'den'* Arbeitern zur Zeit der Bismarckschen Sozialistengesetze oder an das stereotype Bild, das man sich in der bürgerlichen Familie vom *'Dienstmädchen'* machte. (Die Liste ließe sich nahezu unbegrenzt für die Gegenwart fortsetzen, es besteht für die Zeitgenossen keinerlei Veranlassung, sich in die Brust zu werfen. Anm. d. Verf.)

Innerhalb der eigenen Gruppe haben die Mitglieder einen relativ hohen Grad von Tötungshemmung. Hier ist es ein in höchstem Maße mit dem Gewissen in Konflikt bringender Vorgang, wenn wir einen unserer eigenen Mitbürger, einen Angehörigen unserer eigenen Gesellschaft, bestehlen, vergewaltigen oder gar töten. Wird aber das Haßobjekt im Klischee zur moralischen Wertlosigkeit herabgesetzt, erhält es die Attribute des Gemeinen, Unmenschlichen, des Menschenunähnlichen, dann wird es für jene, die unter solchem Einfluß ihrer Gesellschaft aufwachsen, sehr erleichtert, den vorgezeichneten Projektionsweg mitzugehen[1].»

---

1 Mitscherlich, loc. cit.

Mir ist bis heute nicht klar geworden, welcher meiner Wesenszüge oder meines konkreten Verhaltens viele Norddeutsche in so übersteigerte Konfrontation gegen mich gebracht hat.

Nur einige Hinweise, nicht sehr klare Andeutungen liegen mir vor, die sich schemenhaft aus Analysen abzeichnen, die Bekannte und Freunde über mich angefertigt haben.

Es sind mit Sicherheit immer wieder Individuen mit einer nahezu identischen Charakterstruktur, die dem in diesem Kapitel dargestellten Mechanismus entsprechend auf mich reagieren.

In mir scheine ich ihnen Verhaltensweisen konsequent vorzuleben, die sie stark provozieren, und sie scheinen sie nur ertragen zu können, indem sie sie auslöschen, was ihnen allerdings nicht gelingen wird.

Wie diese Form der Ausgrenzung in die extremste, unmenschlichste Tat umgesetzt wird, dafür ein Beispiel aus der jüngeren deutschen Vergangenheit:

«... Der aus schmierigem Kaftan und Peiresgelöck in galonierte und geschniegelte Höflingsuniform geschlüpfte, servile, im nächsten Augenblick maßlos unverschämte Jude ist bald mächtigster Mann im Staate, der keine Gelegenheit verpaßt, den Hof wie eine Spinne zu umstricken und Volk und Staat auszusaugen ... vergriff sich schamlos an den Töchtern des Landes ... bis eines Tages, als er die Tochter des Konsulenten Sturm in den Tod getrieben, die gepreßte und gequälte Volksseele sich gewaltsam Luft machte und den jüdischen Ausbeuter, Geldraffer und Frauenschänder am Galgen hochleben ließ![1]»

Selbst damit war der Höhepunkt aber noch immer nicht erreicht:

«... Da haben wir aus Eigenzeugnissen alles über den Juden zusammen: Wurzellos, keiner Umwelt verbunden, keiner

---

1 *Besprechung des Films 'Jud Süß' in der Goslarschen Zeitung vom 12. 10. 1940.* Zit. nach: Hans Donald Cramer, *Das Schicksal der Goslarer Juden 1933–45.* Goslar (Heimat- und Geschichtsverein), 1986.

Heimat zugehörig, abgesondert, fremdartig, Auswurf fremder Wüste, asiatische Horde! Der duldsame, dumme Deutsche fühlte den Abstand, scheute den Umgang, spürte das Judentum als Krankheit und schauderte vor ihm wie vor Ratten, Pest oder Seuche ...

... In der Judenfrage gibt es keine Kompromisse, wie es für Menschen greuelhafte Beleidigung und Qual wäre, mit Ratten zu speisen oder schlafen zu müssen. Ungeziefer hält man sich vom Leibe und tilgt es aus, eh man selbst seine Beute wird, denn es frißt nicht nur vom Gut und saugt vom Blut, es trägt auch Pest und Seuche in die Lande!

Wie eine Erlösung ist es, wenn dann zum Schluß des Films vom Juden endlich wieder Gesichter deutscher Menschen auftauchen und der Marschtritt deutscher Bataillone erklingt. Aus einem Meer der Fremde kehrt man in die Heimat zurück, aber die Fahrt war lehrreich und weitete die Erkenntnis dessen, was uns als Volk frommt und wohin unser Kampf zielt! ...[1]»

Die in diesen auszugsweise zitierten Zeitungsartikeln manifest gewordene Instrumentalisierung des Projektionsmechanismus enthält das gesamte Bodensatzarsenal der äußersten menschlichen Niedertracht, um die Mordvorbereitung psychologisch virtuos in die Wege zu leiten. Ich erspare mir hier eine eingehendere Analyse.

Der Erfolg war absolut eindrucks- und grauenvoll: sechs Millionen Menschen, die, da Ungeziefer, auf die perfideste Weise getötet werden konnten, ohne daß die Henker sich von ihrem Gewissen gedrängt gesehen hätten, ein Schuldgefühl zu entwickeln, das über bloße Lippenbekenntnisse hinausgegangen wäre[2]!

---

1 *Besprechung des Films 'Der ewige Jude' in der Goslarschen Zeitung vom 6. 12. 1940.* Zit. nach: Hans Donald Cramer, loc. cit.

2 Am 27. Januar 1945 befreit die Rote Armee die 7 000 Überlebenden von Auschwitz. Anhand von Lagerdokumenten beziffert eine internationale Untersuchungskommission die Zahl der dort Ermordeten auf ca. 4 500 000.　　　　　　　*(Fortsetzung nächste Seite)*

Aufrichtige Menschen, die Wert darauf legen, vor ihrem eigenen Blick in den Spiegel bestehen zu können, werden nicht ernsthaft der Wahnidee anhängen, daß dieser grundlegende psychische Vorgang mit der deutschen Zwangsdemokratisierung durch die Alliierten nach 1945 aus der Welt geschafft worden wäre.

Was hat denn nun dieser historisch-psychologische Exkurs mit Gymnasien zu tun, zumal mit demokratisch legitimierten in der Bundesrepublik Deutschland?

Habe ich vor, in einer paranoiden Anwandlung alles über einen Kamm zu scheren und in mein Prokrustesbett zu legen, um meine dramatischen Bilder stimmig zu halten?

Ich bin weit davon entfernt, die absurde Behauptung aufzustellen, deutsche Gymnasien seien der Nährboden für neonazistische Umtriebe oder würden etwa gar gezielt darauf vorbereiten, dies nun ganz und gar nicht. Sie sind für solche Tendenzen genauso anfällig oder gegen sie immun wie die Gesamtgesellschaft, deren Teil sie bekanntlich sind.

Nach meinem Dafürhalten ist ein konstituierendes Element des Faschismus, so wie er sich im Deutschland von 1933–1945 ungeschminkt ausgetobt hat, die auf dem Wege der Projektion im Alltag initiierte und auf massenhysterische Weise erfolgte Generalmobilmachung aller im Menschen schlummernden antizivilisatorischen Strebungen; für die Anfänge solcher Mechanismen *'en miniature'* ist mir in meiner norddeutschen Zeit sehr wohl Anschauungsunterricht erteilt worden.

Meiner Ansicht nach ist es verkürzt und unzulässig, Fa-

Am 16. Oktober 1993 findet im niedersächsischen Celle ein Treffen der deutschen Ritterkreuzträger statt. Eine Bundeswehrkapelle spielt zu ihren Ehren.

Die Träger dieses exklusiv von Adolf Hitler verliehenen Ordens haben in der Bundesrepublik Deutschland Anrecht auf ein Begräbnis mit militärischen Ehren.

Die Überlebenden von Auschwitz haben in der Bundesrepublik Deutschland kein Anrecht auf ein Begräbnis mit militärischen Ehren.

schismus ausschließlich in den monströsen Schlächtereien der Konzentrationslager zu sehen, dies fing ja alles viel kleiner und harmloser an, z.B. mit rassistischen Bemerkungen über marginale Gruppen, die sich als Sündenböcke prädestinieren[1].

Eine bevorzugte Methode des Umgangs mit der jüngsten deutschen Vergangenheit besteht darin, sie als eine Art Naturkatastrophe, einen Betriebsunfall der Geschichte hinzustellen, als etwas exorbitant *'ganz anderes'*, alle üblichen Interpretationsmuster bei weitem Übersteigendes, dessen soziale Ursachen sich im Dunkel der Geschichte verlieren, etwa so wie das Aussterben der Saurier.

Die zweite, fast noch beliebtere Art und Weise ist die des Aufrechnens, die erst ein ganz klein wenig Schuld bei sich selbst eingesteht, um dann mit einem stark betonten *'ja, aber'* auf Nebenkriegsschauplätze zu wechseln, auf denen *'asiatischen Taten'* Joseph Stalins breitester Raum gewidmet wird. Bezeichnenderweise tut sich hier die Rechte hervor, deren vaterländisches Gefühl extrem selektierend funktioniert.

Dem kann ich mich überhaupt nicht anschließen, entweder man ist komplett Deutscher oder gar kein Deutscher.

Frauen gelingt es bekanntlich auch nicht, nur ein bißchen schwanger zu werden.

Zurückkommend auf Rassismus und Ausgrenzung im kleinbürgerlichen Alltag, ist es wohl sicher nicht als beruhigendes Zeichen zu werten, daß deplacierte *'Witze'* auf Kosten türkischer Menschen in Deutschland grassieren. Und was unternimmt Schule dagegen?

Sind die Akzeptanz andersartiger Kultur und geeignete Möglichkeiten ihrer Integration Bestandteil der Curricula?

Wird das irgendwo systematisch und praktisch versucht und wissenschaftlich begleitet und ausgewertet?

---

1 Als massivstes Schimpfwort ihres Repertoires sahen die Inselschüler *'Neger'* an.

Wie hat Schule darauf reagiert, als in Deutschland Asylantenheime in Flammen aufgingen und Menschen darin umkamen?

In welcher Form nimmt Schule Stellung zum Wiedererstarken der Rechten?

Wie versucht Schule, den Kindern die in kleinem Maßstab der Klasse auftretenden Aggressionen bewußt zu machen, die Ursachen dafür zu lokalisieren und mit den Kindern zu bearbeiten?

Welches gruppendynamische Fundament wird Lehrern während ihrer Ausbildung vermittelt?

Wissen sie eigentlich über ihr eigenes psychisches Funktionieren soviel, daß sie es bei anderen analytisch wahrnehmen und den Unterrichtszielen nutzbar machen können?

Wo werden Lehrer in Deutschland wie dafür ausgebildet, mit der deutschen Problematik des Nationalsozialismus umzugehen?

Hat die Schulaufsicht irgendein Interesse an solchen Problematiken?

Dies sind nicht nur rhetorisch-ketzerische Fragen eines Nestbeschmutzers, ich kenne die Antworten nicht, hingegen weiß ich aus eigener Erfahrung in Schleswig-Holstein, daß dies alles dort niemals Thema von Unterricht war, im Gegenteil, als Volker, der Geschichte unterrichtete, einen Film über das alltägliche Grauen in Auschwitz zeigen wollte, fand Esbit Mittel und Wege, dies zu verhindern.

Der offenen Feldschlacht ging er dabei geschickt aus dem Wege, wohl wissend, daß er sich dabei womöglich die Finger verbrannt hätte. Seine dienstliche Verfügungsgewalt über uns gab ihm ausreichend Möglichkeiten, dergleichen unterschwellige Angriffe auf seine Person schon im Vorfeld unwirksam zu machen.

Projektion und deren aggressivste Konkretisierung in Vernichtungsaktionen beginnt im täglichen Leben, wo die Verhaltensmuster eingeübt werden, die dann allerdings in ihren Extremen zu den Verbrennungsöfen geführt haben.

Ein großer Teil der prägenden Erfahrungen wird durch

Schule vermittelt. Hier bekommen die Kinder frühzeitig und ohne daß sie es kognitiv wahrnehmen, die Abhängigkeits- und Machtstrukturen vorgeführt, denen sie ihr restliches Leben lang unterworfen sein werden und von Leuten wie Esbit kann ihnen durchaus unterschwellig nahegelegt werden, daß es Vorteile bringt, sich der Obrigkeit kritiklos zu unterwerfen, denn sie verteilt für dieses Verhalten Belohnungen.

Es ist nicht von der Hand zu weisen, daß es psychisch und sozial angenehm ist, bei der allseitigen Hatz auf einen identifizierten Außenseiter an vorderster Front mitzumischen.

Der Herr Direktor war immer dankbar für jede Art von Denunziationen, die ihm einige sehr formbare Schüler lieferten, indem sie ihn über mein außerschulisches Verhalten auf dem laufenden hielten, das war ihrer Schulkarriere durchaus förderlich.

Überwiegend bespitzelte er mich höchstpersönlich. Mehrfach wurde ich von Esbit darauf angesprochen, daß vor dem Terrassenhaus häufig geparkte Autos mit auswärtigen Kennzeichen erspäht worden seien:

«Ich habe den dringenden Verdacht, daß ihre Unterrichtsvorbereitungen und Korrekturen bei den vielen Besuchen, die sie haben, zu kurz kommen.»

«Gestern abend um 22.00 Uhr brannte in ihrem Arbeitszimmer kein Licht mehr, obwohl sie noch zwei Klausuren zurückzugeben haben.»

Beides sind Originalzitate des Direktors.

Einen von den Lehrern, die sie vorher gewöhnt waren, erlebten die Schüler in mir nicht, wohl aber den eindrucksvollen Anschauungsunterricht, wie man einen *'underdog'* jagt und zur Strecke bringt, insofern haben sie durch mich eine Menge gelernt, sofern sie darüber nachgedacht oder, besser ausgedrückt, mit mir gefühlt haben.

Hoffnungen mache ich mir ausdrücklich keine, sie werden es nicht länger reflektiert haben!

Pädagogen, die von Bürgerlichen pauschal-abwertend als Linke etikettiert werden, bezeichnen so etwas (und noch mehr verborgene Unterrichtsinhalte, die den Zweck verfolgen,

das Individuum im Sinne der tonangebenden Gesellschafts-
kräfte *'funktionsfähig'* zu machen) als *'hidden curriculum'*.

Das daraufhin jedes Mal einsetzende Wutgeheul des Phi-
lologenverbandes zeigt deutlich, daß man die Botschaft wohl
verstanden hat, denn was man mit Vehemenz zurückweist,
kann so abwegig nicht sein.

Insofern ist die alte, mahnend gedachte Gymnasiallehrer-
weisheit: *'non scholae sed vitae discimus'* viel wahrhaftiger
und abgründiger, als unsere Pauker eigentlich verraten wollten und konnten.

«Wo die Demokratie nicht als eine Vielfalt von Möglichkeiten, als ein Rahmen für ein geregeltes Austragen von
Konflikten verstanden wird, sondern als Dienst nach Vor-
schrift, da hat natürlich der Dienstherr die Disziplinargewalt:
'Vater Staat' (ein Begriff, den es in keiner anderen Sprache
gibt) bestimmt die Regeln, die Kinder üben sich in lustvoller
Unterwerfung unter seine Autorität ... Walter Scheel sagte
einmal, als er noch Präsident war, die große Mehrzahl der
Bürger sehe diesen Staat *'als das Beste an, was sie je gehabt
haben'*.

Es kommt auf den Maßstab an.

*'Wenn wir uns vorstellen, daß das dritte Reich immer noch
andauert'*, sagt Ossip K. Flechtheim,

*'dann müssen wir zugeben, daß sich vieles zum Guten ent-
wickelt hat.'*[1]»

Ich war nicht der einzige, den Esbit massiv drangsalierte,
es gab da noch andere, die er zu seinen Opfern auserkoren
hatte. Wie versuchten diese individuell, dem zu entgehen,
und wie reagierte das Kollegium ganz allgemein auf jene
Spezialbehandlung, die natürlich keinem verborgen blieb?

---

1 Lea Fleischmann, *Dies ist nicht mein Land.*
   Hamburg (Hoffmann & Campe), 1980.

7. Kapitel

Welche Möglichkeiten stehen einem Menschen zur Verfügung, um seine persönliche Würde zu wahren, gegen Willkür, Demütigung und Verfolgung anzugehen und sich Psychoterror entgegenzustellen? Grundsätzlich eigentlich nur drei:

Er widersetzt sich und bekämpft den Angreifer, der seine Persönlichkeit bedroht.

Er unterwirft sich und identifiziert sich letzten Endes mit dem Aggressor.

Er zieht sich völlig zurück. Im Extremfall in Drogen, da er anders die Realität nicht mehr ertragen kann.

Allen drei Reaktionen ist gemeinsam, daß sie die Energien, die eigentlich in die vereinte Tätigkeit einer Organisation einfließen sollten, von dieser abziehen. Pikanterweise wurde dies in dem hier von mir *'in extenso'* beschriebenen Fall ausgerechnet von dem ausgelöst und ständig weiter verstärkt, der die Effizienz der Institution gewährleisten sollte, der so tollwütig-tüchtige Herr Oberstudiendirektor Esbit.

Man kann es drehen und wenden, wie man will, dieser Schulleiter war eine im klassischen Sinn tragische Gestalt. Verständlicherweise mußten erst elf lange Jahre ins Land gehen, die mich Nachsicht gelehrt haben, bevor ich zu diesem milden Urteil gelangen konnte.

Normalerweise sind Untergebene durchaus in der Lage, die Eigenarten und Spleens ihrer Vorgesetzten zu tolerieren, ohne daß ihre Leistungsfähigkeit und ihre Persönlichkeit Schaden nehmen.

Aber was soll denn, um Gottes Willen, ein Lehrerkollegium nur unternehmen, wenn sein direkter Vorgesetzter, mit dem es tagtäglich Kontakt hat, ausschließlich aus Eigenartigkeiten besteht und eine akzeptable Art von Normalverhalten nicht mehr erkennbar ist? Es sich, überspitzt formuliert, im Belagerungszustand durch eine schwer gestörte, psychisch kranke Person befindet, die leider über die besseren Waffen verfügt? Sarkastischste Ironie des Schicksals oder eingebaute Hinterhältigkeit eines Systems? Wenn Variante eins zuträfe, diese Art von Schicksal wäre korrigierbar, wenn man wollte. Da dies nicht geschah, wäre zwei nicht ganz an den Haaren herbeigezogen.

Die Geschichte kennt einige Fälle ähnlich gelagerter Art z.B. J. Edgar Hoover, ehemaliger FBI-Chef, der seine Untergebenen geradezu in den Wahnsinn trieb, indem er verlangte, daß sie auch noch die absurdesten Anweisungen minuziös ausführten.

Gnade den Agenten, die es nicht für nötig hielten, eine von ihrem Chef angeordnete Schlankheitskur mitzumachen oder ausnahmslos jede der zahllosen Anordnungen und Bestimmungen einzuhalten, mit denen sie in solcher Menge terrorisiert wurden, daß niemand den Überblick behalten konnte.

Die psychisch gesündeste Art, auf krankhaftes Vorgesetztenverhalten zu reagieren, ist der Widerstand, aber, wie müßig zu erklären ist, schreibt sich dies unvergleichlich viel leichter, als es in die Tat umzusetzen ist.

Widerstand muß aber nicht zwangsläufig in Gestalt eines unverdeckten Scharmützels auf Hauen und Stechen geleistet werden, denn da sind im Schulsystem Gewinner und Verlierer schon im voraus bestimmbar.

Es gibt eine etwas lust- und viel wirkungsvollere Methode, an die man sich konsequent halten kann. Allerdings muß man sich frühzeitig darüber schlüssig werden, welche Art von Sieg man maximal erzielen kann. Der Beamtenjob geht dabei allemal über den Deister, an ihm darf das Herz nicht hängen, das muß klar sein. Der vorübergehende, auf Dauer wenig befriedigende Triumph, ist der Kategorie zuzurechnen, in welcher der *'kleine Mann'* sein Mütchen an der Obrigkeit kühlt.

Also, dann: *auf ins Gefecht!*

Wie immer im Krieg gilt es, einige Vorüberlegungen anzustellen, und da kommt einem die Ausbildung zum Reserveoffizier der Panzergrenadiere sehr zugute (wenigstens einmal im Leben).

Der Feind muß militärisch aufgeklärt werden, d.h., seine Bereitstellungs- und Verfügungsräume, Befestigungsanlagen, Art und Anzahl der eingesetzten Verbände, Bewaffnung, Disziplin, Kampfmoral, Logistik etc. müssen von Spähtrupps ausgekundschaftet worden sein.

Das Gelände muß erkundet werden. Da ist der physische Geograph in seinem Element, er kann sich nun wie ein Fisch im Wasser bewegen und jede Deckung ausnutzen. Noch vorteilhafter ist es, wenn er die Voraussetzungen antrifft, die der *Große Vorsitzende* als ideal für die Guerilla ansah, allerdings war mit dem revolutionären Bewußtsein der Inselbevölkerung nicht viel Staat zu machen.

Der Zeitpunkt des Angriffs muß so gewählt werden, daß das größte Überraschungsmoment auf der Seite des Angreifers liegt. Motto: so unerwartet und so hart zuschlagen da, wo es der Feind am wenigsten erwartet hat und ihm die größtmöglichen Verluste unter maximaler Schonung der eigenen Kräfte zugefügt werden können.

Die weitere Entwicklung der eigenen Kräfte hängt von der neuen Lage nach dem Angriff ab.

Für die Aufklärungsarbeit bot sich Volker an, der außerordentlich wertvolle Informationen über das Familienleben und die Gewohnheiten des Herrn Esbit zusammentrug.

Dies gelang ihm dadurch, indem er umgezog, nachdem die *'Villa Frankenstein'* zur *'Villa Schrott'* geworden war, wobei wir etwas nachgeholfen hatten, wie weiter unten zu berichten sein wird.

Seine neue Herberge, die er, der unbehauste Wanderer, wiederum nur temporär bewohnen würde, gestattete vom Wohnzimmer aus den ziemlich freien Blick auf das annähernd 200 Meter entfernte Besitztum des Anstaltsvorstehers. Mit einem starken Fernglas bewaffnet, konnte man fast die Augenfarbe der Bewohner erkennen, worauf allerdings niemand von uns gesteigerten Wert legte, die Beobachtung anderer Dinge war weitaus aufschlußreicher.

Das Familienleben des Esbit war schnell abgehandelt, da es bei ihm keines gab, was einen solchen Namen verdient hätte. Seine Frau hatte niemand aus dem Kollegium, jedenfalls des Teiles, mit dem wir Umgang hatten, je zu Gesicht bekommen.

Mit seinem Sohn sprach er offensichtlich überhaupt nicht (mehr?), und seine Tochter nahm er wohl vornehmlich in ihrer Funktion als vorgeschobene Beobachterin in meinem Unterricht wahr. Freundlich- oder gar Zärtlichkeiten austauschen sah man die beiden nie. Augenscheinlich pflegte er zu ihr keinerlei irgendwie ersprießlich gearteten Vater-Tochter-Beziehungen, vermutlich erschöpfte sich seine Zuwendung im Abfragen von Geschichtszahlen, bei deren Beherrschung er ihr in seiner grenzenlosen Güte eine 2– in den Lehrerkalender eintrug. Das Minus, damit sie nicht übermütig würde.

Zu Hause geruhten Herr Direktor zwischen 13.10 Uhr und 15.30 Uhr zu weilen, dann bis 18.00 Uhr wieder in seiner innig geliebten Anstalt.

Von 18.05 Uhr bis 19.00 Uhr gab er der Familie die Ehre, um sich anschließend für den Rest des Abends bis 23.00 Uhr wieder in seinem Dienstzimmer zu verbarrikadieren.

Die für uns daraus zwecks Entwicklung einer Taktik zu ziehenden Schlüsse:

Ehe- und Familienleben gleich Null, also existierten für ihn im häuslichen Rahmen weder Bestätigung noch überhaupt die Veranlassung, sein Haus außer zur Einnahme der Mahlzeiten und zum Schlafen aufzusuchen. Mutmaßlich war die Familie heilfroh, ihn so wenig wie möglich um sich haben zu müssen.

Dazu paßte nahtlos die bombastische Caesarenart seines schulischen Auftretens, aus der er seine ganze 'raison d'être' bezog, denn hier waren wir dienstlich verpflichtet, ihm unsere pseudo-ungeteilte, wenn auch geheuchelte Aufmerksamkeit zu schenken, und genau da mußten wir ansetzen, um ihm zuzusetzen und seinen Blutdruck in die Höhe zu treiben.

Herrischer Egomane, der er war, ertrug er einige Reaktionen der von ihm Abhängigen nur mit größter Mühe.

Offenen Widerspruch brach er umgehend mit der gesamten ihm zur Verfügung stehenden Machtfülle; da hatten wir keine Chance. Er wartete nur darauf, daß wir uns Befehlsverweigerungen zuschulden kommen ließen.

Die Konsequenz war, daß wir uns so oft wie möglich auf dem schmalen Grat zwischen glatter Verweigerung und Ausführung seiner Befehle bewegten, er mußte unablässig bemerken, daß wir seine Edikte für Ausgeburten absoluten Schwachsinnes hielten, ihm aber gleichzeitig keineswegs Angriffsflächen für Breitseiten disziplinarischer Art boten, die unseren verfrühten Untergang bedeutet hätten.

Dieses höchst labile Gleichgewicht hatten wir bald austariert, was nicht übermäßig schwierig war, da seine Reaktionen ziemlich akkurat abrufbar waren, womit sie keinen Deut erträglicher oder gar erfreulicher wurden, dies keineswegs, lediglich berechenbarer.

Einen in dieser Hinsicht sehr beeindruckenden Erfolg verbuchte ich einmal während der inquisitorischen Nachbereitung einer seiner furchterregenden Unterrichtsbesuche[1].

Zum x-tenmal hintereinander fragte er mich, was in Hinblick auf meinen Stundeninhalt den einschlägigen Lehrplänen zu entnehmen gewesen sei.

Zum x-tenmal hintereinander referierte ich ihm, was ich aus diesen fesselnden Werken in bezug auf meine Stundenziele verwertet habe, und er antwortplapperte immer wieder stereotyp wie ein uneinsichtiger Kakadu:

«Das ist mir nicht genau genug! Das ist mir nicht genau genug! Gib Lora Erdnuß! Gib Lora Erdnuß!»

Da verstieg ich mich, in einer heroischen Kraftanstrengung sondergleichen, zu der Bemerkung, daß er das ja jederzeit nachlesen könne, woraufhin er violett anlief und wie eine Atlas-Centaur-Rakete von Cape Canaveral gen Zimmerdecke startete:

'Zero. Ignition. We have lift-off, Esbit mission under way to Mars.'

---

1 Er nannte diese Femegerichte immer *'Beratungsgespräche'*; wie überaus passend.

166

Ein schöner Erfolg, in der Tat, den wir am Nachmittag gebührend feierten.

Mehr als diesen kläglichen Ansatz von Heldentum konnte ich unter den herrschenden Umständen nicht aufbringen.

Unterwerfung dem Mächtigen gegenüber ist das Signal, das bei fast allen Tieren die sofortige Beendigung der Aggressionen zur Folge hat. Leider sind Menschen diffiziler veranlagt.

Oder degenerierter und niederträchtiger, je nach Standpunkt und Philantropiegrad des Betrachters.

In ritualisierter Form signalisiert das zur Kapitulation bereite Tier dem Stärkeren, daß von ihm keinerlei Gefährdung der Besitz- und Territorialansprüche ausgehen wird.

Die Statuszuweisungen zwischen den Rivalen sind dann für einen gewissen Zeitraum definiert, und beide können sich anderem zuwenden und sind im Grunde ihres Wesens unverändert geblieben. Nicht so in solchen menschlichen Gemeinschaften, die strikt hierarchisch gegliedert sind.

Untergebene haben, in individuell variierender Intensität, das Bedürfnis, sich in Abhängigkeit von ihren Vorgesetzten zu begeben[1].

Treffen sie, zu ihrem Unglück, auf einen Deformierten wie Esbit, werden sie vor eine grundsätzliche Entscheidung gestellt, die darin besteht, daß sie entweder seinen Grimm provozieren, weil sie ihm zeigen, daß sie ihn so nicht akzeptieren können und auf eine Abhängigkeit verzichten, oder sie machen sich abhängig und handeln sich damit den Verlust der Realitätswahrnehmung ein.

Um ihre Seelenbalance einigermaßen im tolerierbaren Bereich zu halten, müssen sie sich mit dem Aggressor identifizieren, damit erreichen sie die Ablenkung der Feindseligkeiten von sich selbst auf andere und befriedigen gleichzeitig ihr Abhängigkeitsbedürfnis.

---

1 Da dies kein Lehrbuch der Psychologie ist, gehe ich nicht weiter in die Tiefe dieses vielschichtigen, faszinierenden Phänomens, was mir die Leserschaft nachsehen möge.

In der psychiatrischen Fachliteratur ist die geistige Ansteckung ein immer wiederkehrendes Thema. Dieser Beeinflussungsprozeß, der im allgemeinen mit irgendeiner Form des Bruchs mit der Realität einhergeht, ist bekannt als *'folie à deux'*, er ist aber durchaus nicht nur auf *Zweier*beziehungen beschränkt, sondern findet sich, durchaus häufiger als man gemeinhin annimmt, in den oft vertrackten Beziehungsgeflechten zwischen Untergebenen und Vorgesetzten.

Voraussetzung für ihr Entstehen ist die krankhaft veränderte Wesensstruktur des beherrschenden, weisungsberechtigten Parts, dessen Führungsverhalten zumindest als exzentrisch bezeichnet werden kann.

Die Beziehungen in solchen Symbiosen sind klar von Emotionen dominiert, die Dinge werden nicht so gesehen, wie sie sind, sondern es schleichen sich kontinuierlich irrationale Phänomene, meist paranoiden Vorstellungswelten entstammend, in die Relationen zwischen den Beteiligten ein. Die Konsistenz dieser verzerrten Wahnwelt ist nur gewährleistet, wenn die Akteure diese Systeme für sich übernehmen und entsprechend zustimmendes Verhalten demonstrieren, und zwar für den Initiator eindeutig erkennbar.

Hier liegt selbstverständlich der Grund für die ungehemmten Feindseligkeiten, die sich Außenstehende oder Neuankömmlinge aufladen, wenn sie nicht bereit sind, in die *'folie'* einzutreten, sondern eigenständige Rollen zu spielen beanspruchen, die den in dem abartigen System Gefangenen demonstrieren, daß geringstenfalls mit *einer* der Verhaltensweisen irgendetwas nicht in Ordnung sein kann.

Es dürfte einleuchten, daß die Annahme der Abhängigkeit, also die Identifikation mit dem Aggressor, vorzugsweise von Personen *'gewählt'* wird, deren Ego nicht sehr stark entwickelt ist oder, wertfreier ausgedrückt, die größere Befriedigung in Abhängigkeit als in mit mannigfaltigen Anfeindungen verbundenen gesellschaftlichen Außenseiterrollen finden.

Für die Unterwerfung ist ein Preis zu zahlen, denn in diesem Leben gibt es nichts umsonst, bekanntermaßen.

«Die Identifizierung mit dem Aggressor impliziert im allgemeinen, daß der Betreffende nunmehr selbst Anteil an den Verfolgungsphantasien des Urhebers hat.

Die induzierten Wahnvorstellungen bewegen sich im allgemeinen durchaus im Bereich des theoretisch Möglichen und basieren auf tatsächlichen Erfahrungen aus der Vergangenheit oder auf bestimmten allgemeinen Erwartungen.

Weil die Anschuldigungen ein klein wenig Realität enthalten, ist es auch schwierig, diesen Prozeß auszumachen. Die Teilhaberschaft an diesen Phantasiegebilden gestattet es den Untergebenen, die Quelle ihrer Bedürfnisbefriedigung zu erhalten, ihre Ängste und Schuldgefühle zu reduzieren und ihren Ärger auf andere abzulenken. Der Prozeß hat einen Spiegeleffekt:

Die Aktionen des Initiators reflektieren sich in den Aktionen der Untergebenen und umgekehrt; sie können als gemeinschaftliches Bemühen, die Allianz vor dem Auseinanderbrechen zu bewahren, gewertet werden.[1]»

Die negativen Erfahrungen, die der leidgeprüfte Esbit angeblich schon mit so vielen jungen Kollegen hatte machen müssen, wurden von ihm wiederholt zum Gegenstand der Tagesordnung von Lehrerkonferenzen gemacht. Er rückte die von ihm unterstellten Auswirkungen dieses Fehlverhaltens in den Mittelpunkt seiner diesbezüglichen Monologe in der Form, daß er ein eventuelles schlechtes Image der Schule in den lebhaftesten Farben ausmalte, resultierend einzig und allein aus dem Betragen eben dieser unangepaßten[2] Kollegen.

Von dieser Position aus war es für ihn dann ein Leichtes, drohend darauf hinzuweisen, daß das nahegelegene Gymnasium auf dem Festland natürlich nur auf solche Chancen lauere, um dem Inselgymnasium die raren Schüler abspenstig zu machen.

---

1 Manfred F.R. Kets de Vries, *Manager können Mitarbeiter in den Wahnsinn treiben*. Harvard manager, Führung und Organisation, Bd. 1. Hamburg (manager magazin), o.J.

2 So nannte er sie natürlich nicht. Für ihn waren sie *'uneinsichtig'*.

Welche Folgen das für die Beschäftigungssituation des Kollegiums haben könnte, brauchte er nicht weiter zu schildern, denn allen war sehr geläufig, daß das Inselpotential, aus dem sich ihre Schüler rekrutierten, nicht üppig war, was einerseits an der absoluten Zahl der Bevölkerung lag.

Lehrer, da Beamte, teilen mit der übrigen Bevölkerung nicht die Sorgen um ihre Arbeitsplätze. Sie sind lebenslänglich unkündbar. Auch sonst genießen sie eine Reihe von Vorzügen wie z.b. gleichen Lohn für Männer und Frauen, leistungsindifferente Bezahlung, relativ hohes Einkommen im Vergleich zu anderen lohnabhängigen Arbeitern und Angestellten, staatliche Vorsorgemaßnahmen für Alter und Krankheit sowie noch weitere.

Sie danken es dem Staat durch eine starke Loyalitätsbindung und Identifizierung mit den bestehenden gesellschaftlichen Verhältnissen.

So überaus gut versorgt, verhätschelt und beschützt den Fährnissen und Wirrungen des Lebens entgegensehend, bedeutete vermutlich bereits die Androhung einer möglichen Versetzung eine starke Verunsicherung für sie. Das virtuose Spiel auf dieser Tastatur verstand Esbit als Meister der Angsterzeugung auf das Eindrucksvollste.

Ein bißchen 'wir-Gefühl' könnte sicher auch nicht schaden. Das würde die Abgrenzung gegen mich vereinfachen und verstärken. Dies bewerkstelligte er, indem er einige der Studiendirektoren 'pro forma' an der so eminent wichtiggenommenen Aufsichtsfunktion, die eigentlich nur dem Anstaltsleiter zustand, teilhaben ließ.

Moorgöbel, Waffelboldt und der schwergewichtige Erdkunde-Fachvorsteher namens Geest wurden in das erweiterte Kontrollgremium abkommandiert, das eigens mir zu Ehren ins Leben gerufen worden war.

Die Aufgabe dieser Instanz bestand ausschließlich darin, alle zunächst von mir korrigierten Klassenarbeiten noch einmal zu zensieren, bevor sie dann wiederum von Esbit einer ultimativen Kontrolle unterzogen wurden, was sie in den unangefochtenen Rang der bestkontrollierten Klassenarbeiten aller Zeiten erhob. Ich hätte sie bei Guinness registrieren lassen sollen.

Der Gerechtigkeit halber muß ich anmerken, daß meine Herren Oberrevisoren mit ihren neuen Funktionen, zu denen sie gekommen waren wie die Jungfrau zum Kind, nicht recht glücklich werden wollten, es roch ihnen doch zu sehr nach Polizeistaat, was ihr Vorgesetzter da mit mir und ihnen trieb.

Von Widerspruch oder gar Widerstand ihrerseits hörte ich jedoch auch nichts. Und so korrigierten wir alle verbissen vor uns hin, zum Wohle der Schüler und zur höheren Ehre des Schleswig-Holsteinischen Kultusministeriums in Kiel, ganz in der treudeutschen Beamtentradition der Pflichterfüllung, die nicht fragt: warum? oder: wozu?, sondern eben einfach alles, was von oben kommt, unbefragt ausführt, seit diese ursprünglich Preußen zugeschriebene Einstellung zu einer Primärtugend verkommen ist, deren beliebig austauschbare Inhalte nicht mehr zur Debatte stehen; es kann auch ein Marschbefehl nach Stalingrad sein.

Sollte ich wider Erwarten meinen Fuß noch einmal in den Staub der Insel setzen, werde ich vor dem Terrassenhaus einen Gedenkstein aus Gotthard-Granit aufstellen lassen mit der Inschrift:

'Wanderer, kommst Du nach Sparta, so berichte, Du habest uns hier korrigieren sehen, wie die deutsche Pflicht es befahl.'

Dies ist die Kehrseite der von vorn so verlockend glitzernden Beamtenmedaille:

'Des Lebens ungemischte Freude ward keinem Irdischen zuteil', um mit Friedrich von Schiller zu sprechen. Das Beamtenrecht drückt sich weniger lyrisch, dafür ausnahmsweise umso klarer aus, indem es unmißverständlich die vorbehaltlose Dienstverpflichtung des Beamten seinem Dienstherrn gegenüber einfordert. Und zwar ohne wenn und aber, sowohl als auch oder ähnlichen Schnickschnack, von dem es sonst so voll ist!

Es wird natürlich auch keiner wahrhaftig gedacht haben,

daß der Staat die Beamten so umfassend alimentiert, ohne dafür etwas zu fordern!?

Oder vielleicht doch?

Leuchten da nicht bei *'Vater* Staat', ganz tief unten, heimlich durch den bedrückenden Müll der Männlichkeit, den vierzig Jahre Deutschland aufgeschüttet haben, vertrauensvolle Kinderaugen, die vergeblich ihren verschwundenen Vater um etwas bitten?

Nicht bei allen im Inselkollegium überdeckte die Tünche des von *'Vater Staat'* dienstbegleitend gelieferten, pflichtversüßenden Anstrichs, bestehend aus Verantwortung, Loyalität, Berufsethos etc. die Not, die dieses System bei den LehrerInnen verursachte, die weder gegen Esbit kämpfen konnten noch ihm als servile Schranzen in seine skurrile Welt zu folgen vermochten oder wollten.

Sie boten sich als Zielscheiben an, Tontauben, auf die er aus allen Rohren und mit verschiedenen Kalibern feuerte.

Da er als Privatperson weder die Haager Landkriegsordnung noch die Genfer Konventionen unterzeichnet hatte, verwendete er dafür auch Dumdum-Geschosse.

Eines davon, es trug den Namen *'Jan Peters',* flog mal in meine Richtung. Es transportierte den Vorwurf, ich hätte Geld, das ich bei Schülern eingesammelt hätte, unterschlagen, und zwar in der schwindelerregenden Höhe von DM 52,35.

Woraufhin ich die Einschaltung meines Rechtsanwaltes avisierte. Feuerpause, dem kühnen Heckenschützen verleidete eine vorübergehende Ladehemmung das weitere Herumballern.

*

Es ist ein weitverbreiteter Trugschluß, der durch Ubiquität keinen Deut zusätzlichen Wahrheitsgehaltes erlangt, zu vermuten, daß Sprache Realität widerspiegele.

Im Gegenteil, mit der Sprache geben wir dem zu Bezeichnenden unterschwellig die Interpretationsmuster mit auf den Weg, die wir bei der Decodierung gern angewandt sähen.

Sprachgebrauch hat etwas sehr Verräterisches über den, der sich besser versteckt hielte.

Für den, dem sie zu Gebote steht und der in ihr lebt, hat sie viel Offenbarendes.

Ein recht genaues Abbild dessen, was in der Psyche eines Menschen vorgeht, liefert sein individueller Gebrauch der Sprache.

Phobisch geprägte Menschen wie Esbit neigen zu stark exaltierten, unangemessenen Übertreibungen, in denen Schuldzuweisungsstrategien impliziert sind. Mit nahezu jedem seiner Sätze wusch er seine Hände in Unschuld und insinuierte strafwürdigste Vergehen der anderen bei nichtigsten Anlässen. Relativierungen liess er nur für sich selbst gelten, an andere angelegte Maßstäbe waren von gnadenloser Strenge.

Eindringlinge, die aufgrund ihrer Distanziertheit als gefährlich für das Trugsystem eingestuft wurden, hatten vom Zeitpunkt ihrer 'Enttarnung' an nichts mehr zu lachen.

Leider führten die vielfältigen Angriffe, die ich nun schon sattsam mit Beispielen belegt habe, dazu, daß sich in mir ein schleichendes Gefühl des 'mit-dem-Rücken-an-der-Wand-Stehens' ausbreitete. Meine ehemals gehegten pädagogischen Überzeugungen erodierten zusehends, und meine verbliebene Energie war ausnahmslos darauf gerichtet, mich von einem Wochenende in das nächste zu retten. Das Leben auf Sparflamme begann.

Diese Phase nenne ich 'die Rundumverteidigung als pädagogisches Prinzip', Verteidigung, pure Notwehr, Ringen um den Erhalt psychischer Gesundheit.

Wäre mir das nur sechs Monate vor der Insel prophezeit worden, mein Gott, was hätte ich gelacht, gekringelt hätte ich mich.

«Nein, so etwas aber auch, das kannst Du 1981 doch nicht ernst meinen?! Die sind doch längst vorbei, die dunklen Zeiten, in denen man ungestraft mit Menschen so umspringen konnte. Wir haben immerhin seit über dreißig Jahren eine Demokratie in Deutschland. Da bildest Du Dir was ein, mein Lieber.»

«Wirklich? Was macht Dich da eigentlich so sicher? Wo sind denn die ganzen Nazis abgeblieben? Doch wohl nicht alle in Bolivien und Uruguay, die beiden hätten schon deren Gewicht gar nicht ausgehalten, wären abgebrochen und in den Atlantik gefallen.

Aber sieh doch mal im Staatsdienst nach, bei den Juristen z.B., ist da nicht einer Ministerpräsident von Baden-Württemberg geworden, der noch nach Ende des Krieges einen Fahnenflüchtigen zum Tode verurteilt hatte?

Und wie war das doch gleich mit dem einem, den man es sogar bis zum Bundespräsidenten bringen ließ? Hieß es nicht, daß der etwas mit dem Bau von Konzentrationslagern zu tun gehabt haben könnte? Stasi-Parolen sagst Du? Das Totschlag'argument' habe ich schon öfter gehört!

Im schönsten Land der Republik, im schönsten Amt der Welt, da gab es einen, der hätte besser Ananas in Grönland gezüchtet, anstatt zu verkünden, daß wir, die Deutschen, nicht länger vorhaben, in Sack und Asche zu gehen. Schließlich haben wir ja 'Wiedergutmachung' an die Juden geleistet.

Ich warte auf die Erklärung, wie man es 'wiedergutmacht', daß man sechs Millionen Menschen hingemordet hat.

Ich warte!»

*

Die Schüler sind in meiner Moritat bisher zu kurz gekommen. Die Rollen, in denen ich sie bisher habe auftreten lassen, verschafften ihnen nicht übermäßige Loorbeermengen.

Die Leserschaft möge mir das nachsehen. Es ist ungerecht von mir, sie dafür zu verhöhnen, daß sie Eltern hatten, an denen ich wenig Positives entdecken konnte, schließlich war ihnen nicht die Möglichkeit eingeräumt worden, sich ihre Vorfahren und ihren Lebensraum auszusuchen, sie hatten mit dem vorlieb nehmen müssen, was die Natur ihnen oktroyiert hatte.

Die Entwicklung der Dinge brachte es aber mit sich, daß es mit meinen persönlichen Möglichkeiten der Analyse und feinen Differenzierungen rapide bergab ging.

Wer in der belagerten Festung ausharren muß, hat für seinen Blickwinkel die Perspektive, die ihm die Sehschlitze und Schießscharten lassen. Auch schärft der Pulverdampf den Blick nicht.

Er hat sich inzwischen verzogen, und aus der Ferne sehe ich nun manches viel deutlicher, das meiste wird dadurch nicht freundlicher, ich brauche es nicht zu revidieren.

Im großen und ganzen habe ich an der mit groben Pinselstrichen hingeworfenen Schülerdarstellung nichts zu ändern, trotz alledem, aber einige Retuschen und Arabesken will ich ihnen schon noch spendieren.

Da Kinder sich noch näher am Ursprung des Menschseins befinden und auch noch nicht sehr gut gelernt haben, was das Leben den einen früher, den anderen später lehrt, nämlich besser, sich zu verstellen, als das Herz auf den Lippen zu tragen, eben aus diesem Grunde taugen sie als Seismographen, deren Skalen 'normal' und 'nicht mehr normal' einigermaßen verläßlich Auskunft geben über die Qualität der sie umgebenden (v)erwachsenen Charaktere.

Also lesen wir doch mal ab, was ihre Richter-Skala zu Esbit-Eruptionen anzeigt.

Sakrament, der eine Zeiger ist gleich abgebrochen, und der andere zappelt wie ein Lämmerschwanz. Erhöhen wir lieber den Eingangswiderstand.

Jetzt geht es besser, die Zeiger stehen im unkritischen Bereich und harren der Dinge, die da kommen.

Es war ein Winternachmittag im Jahre 1981. Ich saß im Musiksaal des Inselgymnasiums auf einem Podest an einem Tisch, ganz allein.

Schräg rechts von mir saß Esbit, ungefähr acht Meter entfernt, in Quarantänedistanz. Er hielt gerade eine ihn packende Rede über die landschaftlichen Vorzüge der Lüneburger Heide.

Aber doch wohl nicht mir, der ich achtzehn Monate meines Lebens damit verbracht hatte, erst wie ein Maulwurf Löcher in die besagte Heide zu buddeln, zu dem schon vorher bekannten Zweck, diese anschließend wieder zu füllen?

Nein, seine Zielgruppe war doch vor mir, die Mütter und Väter, angemessener wäre es wohl, sie als Erziehungsberechtigte zu bezeichnen, also die zur Erziehung berechtigten Eltern der Klasse, zu deren Klassenlehrer ich bestellt worden war.

Eine Klassenfahrt sollte ich mit ihnen nach Hermannsburg machen, was aber leider nicht ging, da ich drei Wochen vorher mit dem Englischkurs nach London fahren würde.

Esbit war äußerst verärgert, als ich ihm vierzehn Tage vor der Elternversammlung mitgeteilt hatte, daß ich nicht bereit sei, in solch kurzen Abständen die Strapazen von zwei Ausflügen auf mich zu nehmen.

Gerade betonte er zum dritten Male, daß er mit dem größten Vergnügen gerade mit dieser Klasse, die ihm so überaus sympathisch sei, er war ihr nicht sympathisch, was aber nur sie und ich wußten, was sie mir sympathisch machte, er aber nicht wußte, also:

«Meine Klassenfahrten gehören noch heute zu den schönsten Erinnerungen vieler Abiturienten.», verkündete der Schulleiter, freudestrahlend triumphierende Blicke um sich werfend, woraufhin es mir fast die Schnürsenkel öffnete.

Es war einfach nicht auszuhalten mit diesem Trampeltier, bei aller Liebe Christi und der Menschen nicht, dieser Mann war so unerträglich vernagelt, daß selbst einige der Eltern hörbar durch die Nüstern einatmeten, nach Insulanerart.

Um die Menagerie zu komplettieren, möchte ich in dieser denkwürdigen Szene gern einen alten, weisen Uhu mimen, der im finsteren Tann auf einem Ast hockt, gelegentlich ein Auge riskiert und ansonsten denkt:

'Huhu, hättest Du geschwiegen, wärest Du ein Weiser geblieben.'

«Ich singe auch sehr gern,»

drohte Esbit völlig übergangslos und zum blanken Entsetzen des Auditoriums an und, ich hatte es befürchtet, fing er scheppernd an, *'Hoch auf dem gelben Wagen'* zu krächzen. Das grenzte an seelische Grausamkeit.

Unmittelbar nach dieser höchst eigenartigen Darbietung beeilten sich die verunsicherten Eltern, die Regelung aller unvermeidlichen Präliminarien flugs mir, dem Klassenlehrer, aufzubürden, nuschelten und tuschelten irgendwelche Ausreden, warum sie jetzt alle urplötzlich überaus dringende Termine wahrnehmen müssten und stürzten panikartig aus dem schönen Musiksaal ins Freie.

Als sie weg waren, merkte ich, daß meine Klasse die ganze Zeit über still dabeigesessen hatte. *Ihre* Meinung zu *ihrer* Klassenfahrt war von niemandem eingeholt worden.

Ein Blick auf die Richter-Skala zeigte mir, daß ihr beredtes Schweigen vom Seismographen tiefrot aufgezeichnet worden war.

Mit einer seiner Bemerkungen behielt Esbit immerhin recht. Die Klassenfahrten, die unter seiner hochkompetenten, pädagogischen Leitung abgewickelt wurden, blieben allen Beteiligten in lebhafter Erinnerung.

Nicht wegen ihrer Schönheit, sondern auf Grund der unerwarteten und staunenswerten Zwischenfälle, von denen diese Ausflüge regelmäßig begleitet und die Kinder heimgesucht wurden.

Eine dieser Reisen wurde zur Legende.

Einst war er mit einer Klasse nach Berlin gefahren und kam, zur maßlosen Entgeisterung der Eltern, die sich am Bahnhof für nichts und wieder nichts die Beine in den Bauch standen, nur mit der Hälfte der Schülerschaft wieder nach Hause zurück, da er dem Rest den falschen Berliner Bahnhof angegeben hatte, von dem abzufahren war.

Esbit mußte sie acht Stunden später am Inselbahnhof einlösen, da sie auch kein Geld mehr gehabt hatten, um die Fahrkarten bezahlen zu können.

Das hätte einem von uns passieren sollen!!!

Überhaupt nicht im entferntesten vorstellbar, was für ein Exempel an unsereinem statuiert worden wäre!!

Auf dem Schulhof hätte Esbit ihn eigenhängig guillotiniert und der hysterisch aufkreischenden Schülerschaft das bluttriefende Haupt dieses Erzbösewichts zugeworfen, damit sie damit noch etwas Fußball hätten spielen können!

Sein eigener Berlin-Flop focht ihn nicht übermäßig an, der war für ihn schnell verdaut, indem er einfach den Schülern die Schuld an der vermasselten Rückreise in die Schuhe schob.

Hätten halt besser zuhören müssen.

Diese Unfähigkeit, seinen eminent wichtigen Direktiven gelauscht zu haben, rechnete er den total mißlungenen Erziehungsversuchen der Kollegen zu, die vor ihm in dieser Klasse laienhaft tätig gewesen waren.

'Quod licet jovi, non licet bovi.'

Auf der Lüneburger Heide, in dem wunderbaren Land, ging dann auch nicht alles wie gewünscht, denn gewisse Unbotmäßigkeiten *'meiner'* Schüler galt es, im Anschluß an das beglückende Gemeinschaftserlebnis auf einer Lehrerkonferenz gebührend auszubreiten und intensiv zu geißeln.

Am Pranger stand erwartungsgemäß ich, das heißt, ich hatte mich gleich selbst dort hingestellt, auf meinen Stammplatz, um die übliche Prozedur, die allen an den Nerven zerrte, etwas abzukürzen.

Einige Dinge hatte *'die Klasse meiner Tochter'* gut gemacht, sprach Esbit. Sehr wenige allerdings, wie im voraus schon hatte befürchtet werden müssen, ließ doch mein dämonischer Einfluß die armen Kinder auch im entlegenen Hermannsburg nicht nur nicht zur Ruhe kommen, nein, viel schlimmer noch, ich hatte sie sogar dort noch telepathisch auf dumme Gedanken gebracht.

Man höre und staune: vier der Vierzehnjährigen hatten Alkohol zu sich genommen!

Ich muß es einfach wiederholen, weil sich so etwas Verbrecherisches noch nie zuvor abgespielt hatte: *vier der Vierzehnjährigen hatten Alkohol zu sich genommen!*

«Vermutlich unter dem Eindruck des wenig vorbildlichen Lebenswandels ihres Klassenlehrers»,

wandte sich der wie immer sehr charmant-zurückhaltende Anstaltsvorsteher an mich.

178

«*Anzunehmen*», brummte ich mürrisch zurück, da diese Art von Anpöbeleien schon lange ihren adrenalinerhöhenden Effekt auf mich verloren hatte.

Und er tobte, und ich schwieg, und manche schüttelten unmerklich die Köpfe, und andere nickten auffällig, und wenige ballten die Fäuste in den Taschen, und er tobte, und ich schwieg.

Und das war sicher mein größter Fehler.

Eine Erziehung, die nicht stattfindet, ist natürlich auch eine Art von Erziehung. Hingegen fehlt ihr die Grundvoraussetzung, die eine gelungene Erziehung erfüllen sollte, nämlich, ein vorher definiertes Ziel zu haben, das jemand mit darauf abgestimmten Handlungsweisen erreichen will.

Das Herrschaftssystem der Esbitschen Ausprägung verfehlte seine Wirkung auf die Kinder nicht, die auf ihre Weise darauf reagierten.

Es war geradezu lehrbuchhaft zu beobachten, wie sie im Laufe ihrer Inselgymnasialzeit zunehmenden Änderungen unterworfen waren, die nicht ausschließlich von ihrer normalen Individualentwicklung gesteuert wurden.

In den unteren Klassen zeigten die meisten von ihnen einen unverfälschten Gerechtigkeitssinn, der sie gegen offensichtliches Unrecht deutlich Stellung nehmen ließ.

Das wirkungsvollste Lernsystem für Menschen, nämlich das der Strafe und Belohnung, ließ sie nach und nach spüren, daß Gerechtigkeit zwar eine ethisch hoch angesiedelte Tugend ist, man sich schmerzhafterweise aber leider auch viel öfter eine blutige Nase einhandelt als Sporen verdient, wenn man ihr nacheifert.

Sie lernten ziemlich bald, daß es mit den Tugenden so seine Tücken hat, und sie viel leichter in literarischen Werken wie *'Iphigenie auf Tauris'* beifällig zu unterstützen sind, als sie durch eigene Standfestigkeit mit Leben zu erfüllen.

Man kann ihnen nicht einfach unvorbereitet nachleben, denn sie brauchen noch eine anatomische Verstärkung namens *'Rückgrat'*, und wenn dieses stabilisierende Element zu schwach entwickelt ist, bildet sich schnell der Untertanenbuckel.

Beim Buhlen um die Gunst der Vorgesetzten, in deren Belieben es stand, Liebe zu verteilen oder zu entziehen, erfuhren sie rasch, daß es häufiger opportun ist, nicht Robin Hood oder Zorro, den Rächer der Enterbten, zu spielen, sondern *'des' Lied zu singen, wes' Brot man aß'*.

Einige Vorfälle an der Schule gaben allerdings Anlaß zu der Hoffnung, daß eine gewisse Moral und ein Empfinden dafür, was Recht und Unrecht ist, auf irgendeine Weise den Menschen zu begleiten scheinen, wenn es auch unter Umständen einiger Interpretationskünste bedarf, die zugrundeliegenden Motive spezifischer Handlungen ans Licht zu bringen.

Als für menschliches Tun wenig charakteristisch wird man wohl allgemein ein Verhalten einstufen müssen, das darin besteht, das eigene Lebensumfeld zu zerstören (ich spreche nicht von globaler Umweltvernichtung).

Umgekehrt gesagt, wenn der Mensch seine Umgebung als belastend empfindet, als den Ausdruck eines dahinterstehenden feindlichen Willens, der mit dem eigenen nicht kongruent ist, so wird eine Form rebellierenden Verhaltens darin zu erkennen sein, daß das sich unterdrückt fühlende Wesen seine Wut auf das System an deren konkreten Repräsentationen ausläßt. Dies können unter anderem Infrastruktureinrichtungen sein.

In Abständen von annähernd drei bis vier Monaten wurden nachts die Fenster der Schule mit Stahlgeschossen einkatapultiert. Während der Zeit meines Inselaufenthaltes geschah dies fünf Male und liegt damit nach meinen Erfahrungen über dem gemeinhin an Schulen zu beobachtenden Vandalismus-Durchschnitt.

Bei der nach solchen *'Gewaltorgien'* (Esbit) am nächsten Morgen von ihm demonstrativ vorgelegten Schadensbilanz vermißte ich immer eine wirkliche, aufrichtige Entrüstung des Lehrpersonals.

Esbit überbot sich von Mal zu Mal in der Androhung der zu verhängenden Strafen, die diejenigen Schüler zu gewärtigen hätten, die in Zukunft *'in flagranti'* gestellt werden würden.

Wieso war er eigentlich so felsenfest davon überzeugt, daß es immer *Schüler* gewesen wären, die man dingfest gemacht hätte?

180

Im Frühjahr, als die kläglichen Restbestände der Inselflora ihr zartes Grün zaghaft tastend in die Seeluft streckten, beschloß Esbit, in einer Aktion *'face-lifting'* den Insulanern mal wieder eine unvergeßliche Probe seiner Dynamik zu geben. Das neue Betätigungsfeld hieß *'der Basar'*.

Er hatte wohl irgendwo etwas davon aufgeschnappt, daß Public-Relations-Maßnahmen auch Schulen nicht schaden könnten, besonders seiner nicht.

Die Vorbereitungen nahm er nach der üblichen *'Mit-dem-Kopf-durch-die-Wand-Methodik'* in Angriff, die immer gleiche Ergebnisse zeitigte.

Innerhalb kürzester Zeit hatte er alle Beteiligten so verbiestert und dermaßen gegen sich aufgebracht, daß niemand mehr Lust verspürte, Zeit und Energie in dieses Projekt zu investieren, das man durchaus als etwas Verbindendes, endlich einmal Gemeinschaftsgefühl Stiftendes hätte benutzen können. Die allgemeine Verärgerung entstand wie immer dadurch, daß er uns wie Säuglinge behandelte und einfach *'par ordre du mufti'* über unsere Freizeit verfügte.

Bei der Deutung unseres daraufhin aufkommenden Unwillens, uns übermäßig zu engagieren, verwechselte er Ursache und Wirkung, was uns nicht unbedingt neu war.

Er glaubte, daß wir nicht motiviert wären, weil wir sowieso ein wert- und nutzloses Gesindel wären, das man dauernd in den verlängerten Rücken treten müßte, damit es sich wenigstens zu einer Minimalanstrengung aufraffte.

Es war aber genau umgekehrt: wir waren nicht unmotiviert, weil wir kein Interesse gehabt hätten, sondern wir hatten kein Interesse, weil er uns nicht motivieren konnte.

Da Esbit von Anfang an ausschließlich von *'seiner'* Idee und *'seinem'* Projekt salbadert hatte, war man seitens des Kollegiums schnell der Meinung, daß er doch am besten mit *'seinem'* Basar geradewegs zum Teufel gehen solle, falls der Beelzebub ihn überhaupt aufnehmen würde, ohne sich an ihm zu verschlucken.

Der Grundgedanke des Basars bestand darin, daß an einem Samstag die Schule allen Interessierten offenstehen sollte, jede Klasse würde in ihrem angestammten Raum etwas herstellen, ausstellen oder verkaufen.

Meine Klasse überzeugte ich davon, daß sie eine Waffelbäckerei betreiben solle, was sich aus mindestens zweierlei Gründen anbot.

Der Hauptgrund, den ich etwas im Verborgenen hielt, war der, daß ich ein leidenschaftlicher Waffelesser bin.

Meine amtliche Argumentation, der sich niemand verschließen konnte, bestand ausschließlich in dem Hinweis darauf, daß ein Schüler der Sohn des Inselbäckermeisters war, was uns der problematischen und anstrengenden Eigenproduktion des Waffelteiges entheben würde.

Bei dieser in Aussicht gestellten Arbeitserleichterung stimmte die ganze Klasse spontan und vehement zu.

Nur mein verehrter Mustervorgesetzter fühlte sich bemüßigt, Haare in der Suppe zu suchen und unser Vorhaben in der Art zu kommentieren, daß dies das Phantasieloseste sei, was er bislang gehört habe.

Ich fragte nach diesem erneuten Ansporn, ob ihm eine Fischbraterei wohl genehmer sei, woraufhin er mich seines Zimmers verwies. Dies war das angenehmste Gespräch, das ich je mit ihm hatte. Es dauerte nur eine Minute.

Der Basar kam, und die Beteiligten hatten für Inselverhältnisse einen Heidenspaß, die Atmosphäre war geradezu ausgelassen und fröhlich, in jedem Raum passierte etwas anderes, alle waren zur Abwechslung mit Dingen beschäftigt, die ihnen Spaß machten und rasten unablässig durch die Gänge, um Neues zu entdecken.

Esbit ambulierte im Stile Ludwigs des XIV. durch die Anstalt: *'L'école, c'est moi'*; es war ihm anzusehen, daß er sich seiner absolutistischen Unersetzlichkeit zu jeder Sekunde vollständig bewußt war[1].

Bis in den frühen Abend dauerte die Veranstaltung der

---

1 Mein Vater hätte in seiner volksnahen Art wahrscheinlich bei Esbits Anblick geäußert: *'Jetzt fehlt ihm nur noch eine Stange Siegellack im Arsch, dann ist der Paradiesvogel fertig.'*

Schüler, dann begann das Kollegium mit einem geselligen Beisammensein von ganz urwüchsiger, unvergessener Prägung, das indessen bemerkenswert von der Art und Weise abwich, wie sich der normale Teil der Bevölkerung die Rekreation der immerhin studierten Berufspädagogen vorstellt.

Geladen hatte Kollege Barsch ins Lehrerzimmer zu einem besonders stimmungsvollen Ausklang des Tages der offenen Tür mit einem kleinen Imbiß und Umtrunk.

Harmonisch begann es auch, in der Tat. Sichtlich zufrieden saßen wir entspannt um den Tisch, nicht bedroht von der Tyrannei der Stundenklingel und unterhielten uns sehr angeregt, bis uns der verhinderte Sonnenkönig im Westentaschenformat mit seinem unerwarteten Erscheinen die Petersilie verhagelte.

An allem und fast allen hatte er etwas auszusetzen. Dann ernannte er noch flugs einen Verantwortlichen, der am selben Abend einen Plan zu erstellen hatte, aus dem der Fortgang der Aufräumungsarbeiten ersichtlich sein sollte und verschwand, allgemeine Tristesse zurücklassend.

Moorgöbel, versehen mit dem Dienstgrad eines Studiendirektors, schien als einziger von uns prädestiniert, dieser tollen Pflicht nachkommen zu können. So war er auserkoren worden, die schöne Hausaufgabe eines Aufräumungsarbeitenbevollmächtigten von Esbits Gnaden zu übernehmen, und gleich am nächsten Morgen würde er schon über seine vollbrachten Amtshandlungen höheren Ortes Vortrag halten dürfen.

Wir waren alle ganz neiderfüllt, daß er zu etwas so Ehrenvollem autorisiert worden war, dazu noch ganz allein im zarten Alter von achtundvierzig Jahren. Eine hohe Auszeichnung, völlig ohne jede Frage! Der solcherart aus unserem Kreise Hervorgehobene zeigte aber, zu unserer Verwunderung und Indignation, keinerlei Anzeichen von ekstatischen Ausbrüchen, was uns zu denken gab.

Eigentlich hatte er sich mit uns einen geselligen Abend machen wollen. Daraus wurde nun bedauerlicherweise nichts, da er den ruhmvollen Plan machen mußte, was ihm den konzentrierten Hohn von Barsch einbrachte, der die Spötteleien des Moorgöbel schon seit langem nur mit Mühe ertragen hatte.

Nun, da ihn der bereits genossene Alkohol kühner werden ließ, beglich er alte Rechnungen und kühlte sein Mütchen an ihm nach Kräften.

Moorgöbel, die Diva, verließ in höchster Wut das Lehrerzimmer, warf die Tür donnernd hinter sich ins Schloß und wurde nur um wenige Zentimeter von einer gefüllten Bierflasche verfehlt, die Barsch ihm nachgeworfen hatte.

Mit einem dumpfen *'Ploff'* barst sie an der weißen Rauhfasertapete, und das schäumende deutsche Nationalgetränk hinterließ höchst unschöne Rotznasen an der Dienstwand des Dienstzimmers.

Das war das Signal, auf das Volker gewartet zu haben schien, es wirkte auf ihn so wie der 1917 vom Panzerkreuzer Aurora in St. Petersburg abgefeuerte Kanonenschuß, der damals Lenins Marinesoldaten zum Sturm auf das Winterpalais antreten ließ:

«Das ist das erste Vernünftige, was ich hier erlebe», brüllte er, seine Bierflasche landete in einem Bücherregal und veranlasste den tiefen Sturz *'Des kleinen Stowasser'*, der gar nicht so klein ist, wenn er einem auf den Fuß fällt.

Jetzt wurde es endlich mal lustig: zwei gegnerische Mannschaften formierten sich, die sich in den gegenüberliegenden Ecken des Zimmers hinter Tischen verschanzten.

Barsch war der mitreißende Kommandant der einen, Volker der durchtriebene Anführer der anderen Equipe, der natürlich ich angehörte.

Als Munition standen uns Bierflaschen in großer Zahl zur Verfügung sowie Würstchen, Brötchen, Senftuben und Pappteller. Bierflaschen leisteten uns bei der artilleristischen Vorbereitung des Infanterieangriffs beste Dienste, wobei man sie entweder im direkten oder im indirekten Beschuß einsetzen konnte. Indirekt waren sie am wirkungsvollsten, wenn man sie in einem Meter Höhe über den gegnerischen Befestigungsanlagen an der Wand detonieren ließ.

Die daraufhin erfolgende Dusche verleitete die Verteidiger, spontan aufzuspringen, um sich wie nasse Hunde zu schütteln, wodurch sie sich dem Beschuß mit Senftuben schutzlos preisgaben.

Einen allseits bewunderten Volltreffer erzielte ich, als ich Barsch, der vom indirekten Feuer aufgescheucht worden war, mit einem senfbestrichenen Würstchen mitten auf die Brille traf, was ihn der Sicht für wirkungsvolle Gegenmaßnahmen beraubte und uns alle so zum Lachen brachte, daß wir die Feindseligkeiten einstellten und einen Waffenstillstand schlossen.

Kollege Oberstudienrat Barsch kramte zur Versöhnung eine Flasche Schnaps aus dem hinteren, weniger dienstlichen Sektor seines Dienstfachs, Volker mehrere Flaschen Champagner aus dem Kühlschrank, die eigentlich Esbit gehörten, und es wurde ein richtig schöner Abend, der sicher der Erinnerung wert gewesen wäre, wenn ich sie noch hätte.

Die am nächsten Morgen von Volker und mir besichtigte Schule bot ein Bild der Verwüstung, das genaue Abbild des Seelenzustands, in dem sich die Kollegenschaft an dieser Anstalt unter dieser Leitung befand.

Esbit hatte mit seiner 'Gewaltorgie' den Nagel auf den Kopf getroffen, aber, wie immer, nicht bemerkt, daß er, und nur er allein, der Ursprung dieses erschreckenden Ausbruchs war, und daß die von ihm apostrophierte Gewalt nur die natürliche Reaktion auf sein Regime war.

Tief in seinem Innersten muß er es dennoch geahnt haben, denn über die haarsträubenden, selbst Volker und mich sprachlos zurücklassenden Folgen des Basars hat er niemals auch nur ein einziges Wort verloren, er, der sonst nicht die geringste Nichtigkeit ausließ, Standgerichte abzuhalten.

Dieses eine Mal hatte er verstanden, daß er zu schweigen hatte, denn er machte sich begründete Gedanken darüber, daß das ungezügelte, explosive Gewaltpotential vielleicht doch einmal gegen ihn direkt entfesselt werden könnte, und wer von uns Hasardeur genug war, die Lunte an das Pulverfaß zu legen, konnte er sich auch ausmalen.

Und dann Gnade Dir Gott, Schulmeisterlein. Es wäre nicht viel Sehenswertes von Dir übriggeblieben!

In der darauffolgenden Nacht erhob sich ein schweres Gewitter und ließ mich nicht mehr zur Ruhe kommen. Dunkle Vorahnungen machten mich rastlos.

So wie Melmoth der Wanderer, der auf seinem Weg aus den Palästen, über die Behausungen des Volkes bis in die Blutkeller des heiligen Offiziums den Tod nicht finden konnte, so durchmaß ich die Räume, einen nach dem anderen, wieder und wieder, nur um mich stets aufs neue am Anfang zu finden.

Die Wände stürzten auf mich zu, nahmen mir den Blick, den ich zwanghaft auf mich zu konzentrieren versuchte, aber ich lief mir ein um das andere Mal davon.

Von draußen lockte mich die ungezügelte Windsbraut mit ihrem Sirenengesang und stachelte mein Verlangen nach ihrer Wildheit auf.

Durch das Brausen trug sie mir ein schwaches Rufen zu, der ferne, vergangene Widerhall derjenigen, die gestrandet waren, schiffbrüchig Gewordene an der Scylla meiner Maßlosigkeit und der Charybdis ihrer eigenen Unzulänglichkeiten und falschen Versprechungen.

Ihre schönen Fassaden, mit denen sie mich in die verödeten, unbewohnten Labyrinthe ihrer Gewöhnlichkeit gelockt hatten, deren Ausgänge sie selbst nicht kannten und in denen kein Minotaurus sie jemals beunruhigen wird, sie täuschten mich nicht länger.

Die Stimmen kamen von der Steilküste her, an deren Fuß sich die aus unendlichen Weiten über das Meer heranwogende Dünung in rollenden, rasenden Brecher vermehrt und sich donnernd überschlägt, um ihr Monogramm mit eisenharten Wassermeißeln in jahrtausendelanger Arbeit in den Stein zu schlagen.

Und ist einer bei seinem Vorhaben gescheitert, so folgt ihm sein Ebenbild, das noch Millionen und Abermillionen nach sich ziehen wird, die See gebiert sie in unendlicher Zahl, und ihr Schoß wird niemals aufhören, fruchtbar zu sein.

Sie zeugt ihre Nachkommen, kommt mit ihnen nieder und

gibt ihnen eine blasse Ahnung von Leben mit auf ihren kurzen Lebensweg. Ohne zu zaudern zerschmettert die grausame Mutter ihre namenlosen, hilflose Schreie ausstoßenden Kinder auf dem verabscheuten Land. Der Orkan zerfetzt die Nabelschnüre und verwandelt sie in Gischt, die im Nichts der vertilgenden Dunkelheit untergehen.

Was kümmert die See ihre verendende Brut? Die Todesschreie feuern sie nur an, schneller zu kreißen, immer noch schneller. Es wird niemals ein Ende haben können, sie müssen dahingeopfert werden, um den Fels zu zermürben, bis er ins Meer stürzt.

Beim Näherkommen erkannte ich einzelne, verhallende Stimmen, die nur noch sehr kläglich auf mich wirkten. Von draußen kamen sie, von der schäumenden See trieben sie zum Land. Dann verstummten sie für immer, versunken in dem kalten Grab meiner Erinnerungen.

Atemlos bestieg ich die glitschige Klippe, rutschte aus, stürzte und kroch auf Knien weiter, blieb an einem Ast hängen, der mir eine brennende rote Furche durch das Gesicht zog und schmeckte, wie das warme, metallische Blut in meinen Mund floß.

Weiter, noch höher hinauf, nur ganz oben, dort in schwindelnder Höhe, wo das Unwetter wie ein Berserker raste und brüllte, würde ich die Stille finden, um endlich erkennen zu können.

Dort würde der ganze Zivilisationsplunder mir nicht mehr den Blick trüben und das endlose Gefasel der Menschen mich nicht länger ablenken können.

Die letzten Meter. Schon sah ich die Felsenkante.

Darunter klafften 200 Meter senkrechter Unendlichkeit. Dort lag Friede!

In der Tiefe peitschte der Regen gegen die Felswand und trieb mir in langen Kaskaden entgegen, wie der Schleier meiner *Annabel Lee,* die ich schon so lange suchte.

Die jagenden Wolken rissen auf und ließen das bleiche Mondlicht für Sekunden auf die kochende, marodierende See fallen:

'For the moon never beams without bringing me dreams
Of the beautiful Annabel Lee;
And the stars never rise but I see the bright eyes
Of the beautiful Annabel Lee;
And so, all the night-tide, I lie down by the side
Of my darling, my darling, my life and my bride,
In her sepulchre there by the sea –
In her tomb by the side of the sea[1]*'*

Weit draußen, immer noch außerhalb der menschenfressenden Brandung, aber nicht mehr unerreichbar von ihr, tanzte ein Boot auf der Dünung, eine altmodische Bark holländischer Bauart, Spielball der leidenschaftlichen Elemente, tanzte zu der uralten Melodie, welche die See singt, seit sie geschaffen wurde.

Die Takelage hing in Fetzen von den gebrochenen Masten, ihre Splitter ragten wie eine zum Schwur erhobene Hand zum Himmel.

Das zerrissene Segel war von der wächsernen Farbe eines Leichengewandes.

An einem Maststumpf hing, unter Fesseln gekrümmt, eine schlanke menschliche Gestalt, gespenstisch umzuckt von dem Flackern des Elmsfeuers, das wie irrwitzig von einer Mastspitze zur anderen sprang.

Schwach hob das gequälte Wesen den Kopf, erblickte mich und schrie mir ein grausiges, in den Ohren gellendes Lachen herüber, halb triumphierendes Hohngelächter, halb qualvoller Todesschrei.

Es schien mir, als hätte dieses geschundene Wesen das verschlingende Chaos genossen, dessen Auslöser und Opfer es gleichermaßen war.

*

---

1 Edgar Allan Poe, *Selected Prose and Poetry: Annabel Lee.* New York (Rinehart), 1956.

Es ist nicht gut, daß der Mensch allein sei, darum soll er einen Gefährten haben.

Denn wenn der eine strauchelt und fällt, dann ist sein Kamerad da, ihm wieder aufzuhelfen, gegenseitig können sie sich stützen und beschützen, auf dem Rest ihres gemeinsamen Weges.

Nach zwei unerträglich langen, finsteren Wintermonaten voller Einsamkeit, Verlorensein und Verzweiflung wurde ich endlich wieder mit meiner Frau vereint.

Der Wind zauste den Blumenstrauß in meinen Händen, versuchte vergeblich, meine störrischen Haare glattzubiegen.

Das Gekreisch der Möwen, die sich um den Inhalt einer verbeulten Mülltonne stritten, mutete mich an diesem Tag beinahe lustig an.

Auf der spiegelglatten Reede lagen schneeweiße Fähren in der Sonne, am Anleger ein Schiff mit weit geöffnetem Laderaum, das jeden, der genug bezahlte, bereitwillig in seinen kalten, dunklen Bauch aufnehmen würde.

Den ersehnten Zug, auf den ich sechsundfünfzig mal vierundzwanzig Stunden gewartet hatte, sah ich schon von weitem zu mir kommen.

Er ließ sich reichlich viel Zeit mit der Ankunft, schien es nicht eilig damit zu haben, zwei Menschen wieder zusammenzuführen und durch Gemeinsamkeit zu stärken.

Seinen langen Weg aus dem Süden brachte er zu einem bedächtigen Ende. Das unwillige, halbherzige Bremsen der roten Lokomotive, die mißmutig brummelnd an mir vorbeiglitt, quittierten die Waggons mit schmerzhaftem Aufkreischen, die Kupplungen liefen ein letztes Mal ineinander, der Zug hatte sein Tagwerk vollbracht.

Auf dem kleinen Bahnhof veranstaltete ich einen großen.

Meine Frau zu Hause willkommen zu heißen, da sie doch in Wirklichkeit das Zuhause gerade unfreiwillig mit etwas tauschte, von dem wir beide fühlten, daß es niemals unser Zuhause sein würde, war eine Rolle, in der ich kläglich versagte, aber sie machte bei der Aufführung mit. Eine Spielverderberin ist sie noch nie gewesen.

Nur wenige Passagiere verließen den Zug, der, unschlüssig was er so ganz allein bloß mit sich anfangen sollte, verzweifelt vor sich hinzischte und ratlos auf dem Gleis herumstand.

In zwei Minuten saßen wir im Wagen und fuhren auf der Hauptstraße in Richtung Inselhauptstadt, während ich meiner Frau die spärlichen Informationen gab, die sich dieser Gegend abringen ließen.

Immerhin war das Wetter schön, und die Insel gab sich wirklich redlich Mühe, nicht gleich wieder unangenehm aufzufallen mit ihrem ewigen Nordwest, der die Bäume zu unterwürfigem Wuchs zwingt und diejenigen Menschen, denen es unmöglich war, sich an ihn zu gewöhnen, nachts nicht in den Schlaf kommen ließ, sondern zu endlosen, verheerenden Grübeleien verleitete, die sie mehr und mehr ängstigten.

Um meiner Frau den Abstieg im Norden möglichst leicht zu gestalten, hatte ich alle Mitglieder unserer Notgemeinschaft zu einer reich gedeckten Kaffeetafel geladen.

Briefe, Unterhaltungen und Telephongespräche hatten alle Beteiligten unserer Tafelrunde schon wechselseitig miteinander bekannt gemacht, so daß wir uns als alte Vertraute in unserer Wohnung trafen, deren Frankfurter Möblierung vier Wochen vor meiner Frau auf der Insel eingetroffen war.

Da saßen wir nun im Terrassenhaus, auf dem pleistozänen Pfannkuchen, aßen Kuchen, tranken Kaffee und versuchten, bei unserem Neumitglied das Aufkommen einer Umzugsdepression schon im Ansatz zu verhindern.

Eigentlich hätten wir tief im Norden eine Kommune gründen sollen, um deren Namen ich nicht verlegen gewesen wäre: 'anus mundi' wäre das Angebrachte gewesen.

Ich war außerordentlich beruhigt, meine Frau wiedergefunden zu haben, denn ohne ihre ausgleichende, friedfertige Einwirkung war ich ständig Gefahr gelaufen, Dinge zu unternehmen, die mich irgendwann einmal Kopf und Kragen hätten kosten können.

Nun bekamen die Tagesabläufe nach und nach so etwas wie berechenbare Normalität, und ich schien auf bestem Wege, mich mit der absonderlichen Welt, die mich umgab, versöhnen zu können.

Fast täglich holten Gerlind und Walter meine Gemahlin zu ausgedehnten Spaziergängen ab, und zwischen den beiden Frauen begann sich eine Beziehung zu entwickeln, die die Inselzeit überdauert hat bis heute, zu dem Tag, da ich diesen Text schreibe in meinem geliebten Refugium, der durch über tausend Kilometer und noch viel mehr von der Insel getrennten Schweiz.

Meine Gattin genoß die Zeit der Freiheit, die es ihr nach langjähriger Berufstätigkeit endlich gestattete, den Beschäftigungen nachzugehen, die sie schon so lange hatte vernachlässigen müssen.

Meiner Frau Freud war Volkers Leid. Er hatte mehr Muße, als ihm guttat. Schrecklich bedrückte ihn die Einsamkeit, die ihm auferlegt war durch die Trennung von seiner Freundin Barbara, die weit weg auf dem Festland unterrichtete.

So brütete er Tag für Tag, Nacht für Nacht in seiner transsilvanischen Nobelherberge, haderte mit seinem Schicksal, blies Trübsal, und sein Alkoholkonsum nahm Größenordnungen an, die selbst für Inselverhältnisse jedes Maß überstiegen.

Schrittweise wurde es zu einer festen, beiderseits als wohltuend empfundenen Gewohnheit, daß ich ihn mindestens einmal täglich am Nachmittag besuchte, wenn sich das am Abend wiederholte, war seine Dankbarkeit um so größer.

Er hatte schon mehrere Versetzungsgesuche geschrieben, die alle abgelehnt worden waren, denn für einen Erfolg hätte er jemanden mit seiner Fächerkombination finden müssen, der seine Planstelle im Tausch übernommen hätte. Dafür schien sich bei den Kollegen auf dem Festland die Begeisterung in Grenzen zu halten.

Niemand wollte aus freien Stücken auf unsere Sonneninsel. Welch ein Ärger!

Esbit verlas ihm die jeweiligen Ablehnungen triumphierend, und Volkers Haß auf die Insel und alles, was mit ihr irgendwie in Verbindung zu bringen war, wuchs ins Unermeßliche.

In über 10 000 Metern Höhe überflogen regelmäßig die elektronisch tief in den roten Osten lauschenden und spähenden Spionagesysteme der NATO die Insel.

Diese AWACS starteten von Rhein-Main, was Volker auf die Idee brachte, ob ich nicht meine alte Frankfurt-Connection reaktivieren könnte, um einen der Piloten zu unserem Werkzeug zu machen.

Vielleicht hätte man den Flight Commander eines dieser Airborne Warning and Command Systems durch infame Machenschaften dazu bringen können, eine Wasserstoffbombe auf das Inselgymnasium plus Umgebung zu lancieren, indem man seine Navigationskarten gegen die des Bikini-Atolls austauschte.

Wäre vorher nur noch die Abwurfzeit mit unserer überstürzten Abreise zu koordinieren gewesen.

An einem Nachmittag suchte ich in der ganzen Wohnung nach ihm, bevor ich ihn in einer der mehrfach vorhandenen Abstellkammern fand.

Er war völlig aufgedreht und teilte mir freudestrahlend mit, daß es ihm soeben gelungen sei, einen Zeitzünder zu konstruieren, der absolut sicher funktioniere.

Langsam begann ich mir darüber Gedanken zu machen, wie lange es wohl noch dauern würde, bis die kriminelle Energie stärker sein würde als seine moralischen Barrieren.

Die Fertigstellung der ersten *'home-made'* Höllenmaschine müsse entsprechend gefeiert werden, und was verbreite ein stimmungsvolleres Ambiente als ein Feuer im Wohnzimmer? Meinte Volker.

Mir sei die Existenz eines Kamins hingegen noch nicht aufgefallen. Meinte ich.

«Was hat ein Feuer mit einem Kamin zu tun?» meinte Volker; Irrglaube zu vermuten, das eine bedinge notwendigerweise das andere.

Und er war ja immerhin der Mieter des herrschaftlichen Anwesens, dessen artgemäße Nutzung ihm laut Mietvertrag schließlich zustand.

Einen Wohnungsbesitzer in seinen eigenen vier Wänden

der Lüge zu zeihen, hätte ich niemals gewagt, dazu bin ich viel zu gut erzogen.

«Was stehst Du hier in der Gegend 'rum, hol' lieber Brennholz», wies Volker mich an, während er auf dem Holzfußboden des Wohnzimmers Hefte seiner Schüler zerknüllte, die er ursprünglich zwecks Korrektur mit nach Hause genommen hatte. Hatte Esbit gemeint. Womit er sich wieder einmal getäuscht haben sollte.

Da der Hauseigentümer offensichtlich nicht die Möglichkeit ins Auge gefasst hatte, daß wir trotz Ermangelung eines Kamins vielleicht die Neigung verspüren könnten, uns ein behagliches Feuer zu machen, gab es auch kein Heizmaterial. Auf den ersten Blick.

Auf den zweiten, genaueren Blick stellten wir jedoch fest, daß die gesamte Küche eigentlich nur aus Brennholz bestand, man brauchte es nur von den Wänden zu nehmen.

Solange es sich dort befand, wurde es Paneele genannt, nachdem ich es mitsamt Schrauben und Dübeln aus der Wand gerissen hatte, was nicht ungefährlich für mein Augenlicht war und einer erheblichen Kraftanstrengung bedurfte, sah es genauso aus wie Brennholz. Volker fand das auch, geradezu zum Verwechseln, schien es ihm.

Sicher habe es im Laufe seines langen, eigentlich ziemlich unnützen Paneel-Lebens den rechten Grad der Trockenheit erreicht, so daß es hohe Zeit sei, es endlich seinem wahren Verwendungszweck zuzuführen.

Sprach's und entzündete die Hefte auf dem Holzfußboden.

«Sowieso alles voller Fehler. Kein Wunder bei meinem Unterricht. Das Vernünftigste, was Du damit machen kannst, ist ein Lagerfeuer.»

Ich schloß mich dieser Äußerung an, denn aus eigener, leidvoller Erfahrung wußte ich, daß man mit der Rückgabe von korrigierten Klassenarbeiten ausschließlich ein unwürdiges Gefeilsche um Zensuren provozierte, das die Harmonie zwischen Lehrer und Schülern empfindlich störte.

Ich mochte das überhaupt nicht, da ich ein Mensch bin, der anderen nur sehr ungern zu nahe tritt, und das tut man na-

türlich in sehr aufdringlicher Weise, wenn man ihnen ihre
Fehler unter die Nase reibt.

Außerdem lege ich von jeher großen Wert darauf, daß man
gern in meiner Nähe ist und die Harmonie genießt, die ich
durch mein überaus ausgeglichenes und einnehmendes Wesen zu verbreiten vermag.

Darum korrigierte ich die Arbeiten der Schüler, in die sie
ja immer auch ein Stück ihrer Persönlichkeit investiert hatten, stets sehr taktvoll und zurückhaltend, indem ich überwiegend am Rand vermerkte, daß man sich doch bitte, falls
es nicht zu viele Umstände mache, überlegen wolle, ob man
dies wirklich ernst gemeint habe, was da so etwas unrichtig
und vermutlich noch verbesserungsfähig stehe.

Wie Zunder brannten die Hefte mit hellen, bläulichen
Zungen, die gierig nach den letzten Stücken unseliger Schü-
lerfehlleistungen leckten und sich in den Rachen schoben, in
dem sie auf Nimmerwiedersehen verschwanden.

Volker legte etwas von unserem Holzvorrat nach, startete
die Bandmaschine mit Arbeiterkampfliedern, löschte das
Licht, versorgte sich und mich mit Getränken und ließ sich
zufrieden lächelnd an meiner Seite nieder.

Wir hätten gar nicht gedacht, daß es auf der Insel jemals so
gemütlich hätte werden können. Eigener Herd ist eben tatsächlich Goldes wert.

Das optimal abgelagerte Brennholz sorgte für sehr gleich-
mäßigen Brand, auch die Luftzufuhr war überaus befriedigend. Sie wurde ständig aufrechterhalten durch eine Art von
eingebauter Zwangsentlüftung, mit der diese Villa glänzte,
neben vielen anderen großzügigen Luxusaccesoires. Fenster
und Türen waren mit üppigen Toleranzen gearbeitet, so daß
die Insassen ständig in den Genuß einer erfrischenden Brise
kamen.

Nirgends klemmte etwas, im Gegenteil, sobald der Wind
auf Nordwest sprang und sechs Beaufort erreichte, öffneten
sich vollautomatisch die Haus- und Küchentür, und ein
gleichmäßiger, sehr beruhigend wirkender Heulton erfüllte
das ganze Haus.

Als Volker noch neu in dem Gemäuer war, raste er beim Auftreten dieses Tons anfangs in den Sicherheit verheißenden Keller, da er dieses Geräusch fälschlicherweise für eine Luftschutzsirene hielt. Mit der Zeit mochte er es dann allerdings nicht mehr missen, ersparte es ihm doch die Anschaffung eines Barometers.

Vier Stunden nach dem ersten Ertönen pflegten intensive Regen- oder Schneefälle auf die Insel niederzugehen.

Schön war es anzusehen, wie sich die ehemals weiße Zimmerdecke langsam mit einer dunklen, rußigen Patina überzog, die ihr das ehrwürdige Aussehen von Jahrhunderten langer, intensiv durchlebter Existenz verlieh. Das Flackern der Flammen spiegelte sich in den Fenstern und uns wurde es warm ums Herz, meinem lieben Volker und mir.

Ich fühlte starke Sympathien für meinen Kollegen und Freund, den Bruder und Spießgesellen im Elend Volker, der plötzlich völlig unvermittelt heiser zu bellen und zu prusten begann. Irgend etwas schien seine Bronchien zu reizen, was ich mir eigentlich nicht recht erklären konnte.

Das männlich-herbe Dioxin-Aroma, das unser offensichtlich mit Xylamon behandeltes Luxus-Brennmaterial während seiner Oxydation verbreitete, erinnerte mich an diejenige Periode meiner goldenen Jugendzeit, in der ich mir mit viel Mühe und unter größter Selbstüberwindung das Pfeiferauchen angewöhnt hatte.

Mein damals höchst knapp bemessenes Taschengeld von DM 20,00 pro Monat hatte mir ausschließlich erlaubt, die im untersten Preissegment angesiedelten Tabaksorten zu kaufen, von denen man, in Abwandlung eines damals sehr geläufigen Reklamespruchs, mit Fug und Recht sagen konnte:
'Der Tabak, der auf der Zunge und nicht in der Pfeife brennt.'

Der Raum war nun gleichmäßig von blauem Rauch erfüllt, und langsam verspürte auch ich ein gewisses Bedürfnis nach einer Sauerstoffzufuhr.

Als ich mich meinem lieben Freund, dem einsam am Lagerfeuer liegenden, mittlerweile stockbesoffenen Marlboro-

Mann mitteilen wollte, mußte ich zu meiner Bestürzung feststellen, daß ihm dicke Tränen über das Gesicht liefen. Etwas schien ihn sehr zu bedrücken, es war ein trauriger Anblick, der mir fast das Herz brach und die Seele schwer machte.

Bevor ich jedoch beruhigend meinen Arm um seine Schulter legen konnte, schwankte er krächzend und asthmatisch röchelnd zum Fenster und riß beide Flügel auf, was er wohl besser unterlassen hätte, denn *'fauch'*, sagte das Feuer, wurde vierzig Zentimeter höher und näherte sich bedenklich der Hose des aus dem Fenster hängenden, verzweifelt nach lebenserhaltender Luft ringenden Kollegen.

Für einigermaßen unkollegial und sehr befremdlich hielt ich seine im Anschluß an unsere Feuertaufe ständig kolportierte Behauptung, ich hätte versucht, ihm die Hose vorsätzlich in Brand zu setzen, und das zu einem Zeitpunkt, da er infolge größerer Mengen vorher genossener geistiger Getränke völlig wehrlos gewesen wäre.

Die Hose sei ihm zwar völlig egal, er habe ja noch eine weitere, deren Inhalt hingegen nur in einfacher Ausführung.

Immerhin sei mir ja von jeher bekannt gewesen, daß er später einmal unbedingt Nachkommen in die Welt setzen wollte, was ein unkontrolliertes Ausbreiten der Feuersbrunst in seinen Beinkleidern sicher verhindert hätte und wie ich das wohl jemals vor seiner Freundin hätte rechtfertigen können.

Auf mein sorgenvolles Befragen nach eventuell unerwünschten Konsequenzen unseres Feuerabends meinte Barbara lapidar, sie habe keinerlei beunruhigenden Veränderungen feststellen können, alles sei so wie immer, und sie könne sich über nichts beklagen, was das beträfe.

Da der auf die Dauer lästige Brandgeruch nicht mehr aus dem Haus zu vertreiben war, kamen wir zu der Überzeugung, daß Volker besser die Wohnung wechseln sollte.

Es gab da allerdings noch ein kleines Problem zu lösen, das unseren Kaminabend ohne Kamin betraf.

Wie ist es einem Hauswirt beizubiegen, daß man, einem unentrinnbaren Verlangen nach Intimität und Wärme Folge leistend, seine hölzerne Wandverkleidung bedauerlicherweise auf dem Fußboden habe verfeuern müssen?

Bei der uns sattsam bekannten Humorlosigkeit der Eingeborenen war nicht mit Heiterkeitsausbrüchen oder beipflichtender Kenntnisnahme für unser denkwürdiges Happening zu rechnen.

Was also war zu tun?

Zunächst strich Volker Wände und Decke neu. Nicht wiederzuerkennen war die Bruchbude danach, der Hausbesitzer würde seinen Augen nicht trauen, wenn er diese eminente Wohnwertsteigerung vorgeführt bekommen würde.

War da noch die Schinkengeruchskomponente. Die schoben wir kurzerhand auf Barbaras nur sehr unvollkommen entwickelten Koch- und Backtalente, was zwar nicht ganz der Wahrheit entsprach, aber auch keinen Schaden anrichten konnte.

Barbara war nur an Wochenenden auf der Insel, und da traute sich der Hausbesitzer ohnehin nicht in Platzhirsch Volkers Revier, so daß die Gefahr, daß sich die beiden über den Weg liefen, zu vernachlässigen war.

Ein im Backofen vergessener Marmorkuchen, dem 180 Minuten Gebackenwerdens bei 220° Celsius nicht zuträglich gewesen seien, sowie das total mißglückte Flambieren eines Entrecôtes double, hervorgerufen durch eine Verwechslung bei der Wahl der zweckmäßigerweise zu verwendenden Flüssigkeiten, was zu einer Verpuffung geführt habe, würden herhalten müssen, gewisse Abnormitäten der Villa ihrem Besitzer gegenüber zu erklären.

Die Hauptschwierigkeit lag aber noch vor uns, denn unser Scheiterhaufen hatte sich annähernd drei Zentimeter tief in den Holzboden gefressen, ähnlich einer Kernschmelze in Brokdorf.

Es galt also, die gesamte Phantasie aufzubieten, unseren GAU zu kaschieren.

Vielleicht hätten wir im AKW Brunsbüttel, der in Fachkreisen 'Schrottreaktor' genannten Energiezentrale an der Unterelbe, eine Stippvisite machen sollen und die Betreiber dieser Musteranlage nach deren meistbenutzten Ausreden befragen sollen.

Ich vermute, daß das dort beschäftigte Personal auf einen reichen, in der schillernden Zone zwischen Dichtung und Wahrheit angesiedelten Erfahrungsschatz zurückgreifen kann, und einige der Formulierungen auch für uns brauchbar gewesen wären, z.b. hätte sicher der übliche Standardhinweis beruhigend gewirkt, daß auch bei uns zu keiner Zeit die geringste Gefahr für die Bevölkerung bestanden habe, wenn wir uns nicht mit hinzuzählten, was wir taten.

Volker wurde es bald zu blöd, sich wegen eines 'Insel-Klippkaffern', wie er seinen Vermieter respektvoll-rassistisch nannte, das Gehirn zu zermartern.

Zwei Maßnahmen würden das Affentheater beenden, und er machte sich sofort ans Werk.

Der erste Schritt des Aktionsplans bestand darin, herauszufinden, wann in Hamburg der nächste Sperrmülltermin war. Bei Nacht und Nebel fuhr er in die Hansestadt und klaute einen alten, exorbitant häßlichen Teppich direkt vom Straßenrand.

Bei dieser Einkaufsfahrt zum Nulltarif hatte er noch eine kaum der Erwähnung werten Auseinandersetzung mit einigen vagabundierenden Wegelagerern, die auch auf Sperrmüll-Beutezug waren und es ausgerechnet auf denselben Teppich abgesehen hatten.

Volker beendete aufkommende Meinungsverschiedenheiten mit einem gezielten Fausthieb, der den Rädelsführer in der ersten Runde von den Beinen holte. Danach hatte niemand mehr Argumente vorzubringen, welche in Zweifel gezogen hätten, daß die kostbare Auslegware Volkers rechtmäßig erworbenes und unbestreitbares Eigentum war.

«Absolut angemessene Insel-Qualität», lobte er seinen bestialisch stinkenden und vor Dreck fast selbständig stehenden Ersatzperser.

Dem Eigentümer der Villa war natürlich, wie dem Rest der Insulaner, nicht über den Weg zu trauen, womöglich hätte er sogar die Unverfrorenheit besessen, unter den Teppich zu sehen, was Volker zu verhindern wußte, indem er eine größere Quantität Industrieklebstoff Marke *'Elephant'* kaufte und den Bodenverzierer so fest anklebte, daß es bei versuchter Entfernung leichter gefallen wäre, das Fundament hochzuheben, als eine Rasierklinge zwischen Stoff und Fußboden zu schieben.

Der Rest war reine Formsache.

Die Wohnungsabnahme war schnell überstanden, Beanstandungen durch den Hausbesitzer wurden nicht geäußert.

Wir umarmten uns, schleuderten die verbliebenen Gläser an die Wand, zertrümmerten das restliche Geschirr, das des Umzugs nicht mehr wert war, auf dem Fußboden, griffen die Koffer und stahlen uns davon. Den Hausschlüssel warfen wir in den nächsten Gully.

Nichts erinnerte mehr daran, daß in dem verwaisten Haus Menschen gelebt hatten.

Die *'Villa Frankenstein'* war Geschichte geworden und wurde drei Monate später von einem Bagger in nur zwei Stunden dem Erdboden gleichgemacht.

Der Untergang des Hauses Frankenstein sollte auch mein Schwanengesang sein. Meine Tage auf der Insel waren gezählt, und ich fühlte, daß eine Änderung meines Lebens bevorstand.

Meine außergewöhnliche Beziehung zu Volker wurde zusehends komplizierter.

An manchen Tagen grenzte sie an die enge Verbundenheit von Zwillingen und hatte dann geradezu fürsorgliche Aspekte, voll tiefer Vertrautheit.

Er hatte mir seinen Wohnungsschlüssel überlassen, ich ging bei ihm ein und aus, wie es mir beliebte, benutzte über Wochen sein Auto, kannte seinen Scheckkartencode sowie die Verstecke, in denen er größere Mengen Bargeldes aufzubewahren pflegte, um bei einem hoffentlich eintretenden, schnellen Verlassen der Insel liquide zu sein und wußte über ihn mindestens soviel wie Barbara und weitaus mehr als seine Mutter.

An anderen Tagen genügte mein Anblick, ihn zur Raserei

zu bringen und nach seinen Küchenmessern schielen zu lassen. Ich zog es danach vor, ihn während einer Woche nicht mehr aufzusuchen.

Ich wußte, daß er während solch manisch-depressiver Perioden stundenlang allein im verdunkelten Zimmer saß, immer von neuem dieselbe Platte abspielte und unvorstellbare Mengen von Alkohol konsumierte.

Nach einer dieser Phasen fand ich ihn eines Morgens um sechs; bewußtlos lag er im Chaos seines Wohnzimmers auf dem Fußboden, unfähig, sich in das Leben einzuordnen.

Länger als eine halbe Stunde saß ich neben ihm, hielt ihm den Kopf, erklärte ihm geduldig immer wieder, wo er war, wer ich war, und daß er um sieben zur Schule gehen müsse, um dort als Lehrer zu unterrichten und nicht, um unterrichtet zu werden, wie er vermeinte, und ich ihm nur mit Mühe ausreden konnte.

Er war nicht allein mit seinen existenzbedrohenden Ängsten und Nöten, in die ihn unsere gemeinsam zu durchleidende Situation gestürzt hatte, und es gab mir etwas Kraft, ihn kurzfristig durch meine Nähe getröstet zu haben.

Im Mai 1982 führten die Auswirkungen der vorausgegangenen Extrembelastungen dazu, daß ich von mehrfachen psychosomatischen Erkrankungen heimgesucht wurde.

Die Mitteilung der Strafversetzung, im eleganten Beamtendeutsch verhüllend 'Bewährungsversetzung' genannt, die kurz nach dem legendären Basar erfolgte, trug entscheidend zur Beschleunigung meiner Heilung bei.

Abgesehen von den beunruhigenden Symptomen, deren Genese auf der Hand lag, erhielt ich nun Gelegenheit, die mir mit dem Krankheitsgewinn zugewachsene Erhöhung der Lebensqualität dafür zu nutzen, mir Rechenschaft über die Inselzeit abzulegen.

Ich versuchte mich zum ersten Male intensiv an etwas, das mich noch die ganze norddeutsche Zeit über umtreiben sollte, nämlich dem Nachspüren der Ursachen meines Scheiterns oder am Streben nach Selbsterkenntnis.

Naturgemäß ist es nicht einfach, in menschlichen Beziehungssystemen Kausalitätsketten aufzudecken, da die häufig zirkulären und sich rückkoppelnd verstärkenden und verwirrenden Verflechtungen von Ursache und Wirkung die Dinge schwierig gestalten.

Wenn man sich zudem als Hauptbeteiligter an dieser Analyse solcher Systeme versucht, wird es noch weit undurchschaubarer, da man die subjektiven Interferenzen und Filter nicht so vollständig, wie man es gern hätte, ausblenden kann.

Immerhin kann man versuchen, in der persönlichen Vergangenheit vergleichbare Konstellationen zu entdecken, die Persönlichkeitsstrukturen der damaligen Partner zu rekapitulieren und Parallelen zwischen Vergangenem und Gegenwärtigem zu suchen.

Ist das Dahinplätschernlassen nicht das Ziel des eigenen Lebens, kann man die gewonnenen Erkenntnisse in die Zukunft projizieren und versuchen, zukünftig Fehler zu vermeiden, indem man anstrebt, Verhaltensänderungen bei sich selbst herbeizuführen. Die anderer modifizieren zu wollen, erweist sich schnell als anmaßender Trugschluß.

Die Volksweisheit kapriziert sich bei der Formulierung von derlei Erkenntnis nicht so, wie ich das soeben mußte:

'Aus Schaden wird man klug. Wenn man kann.'

Erkenntnis Nummer eins:

Gewisse Menschen reagieren außerordentlich heftig auf mich, und zwar sind dies immer zwanghafte, angsterfüllte, autoritäre, zu Neurosen neigende Personen. Offensichtlich wirke ich bedrohlich auf sie und ihre Scheinwelten, deren Existenz ich auf mir nicht ganz ersichtliche Weise in Frage stelle. Vermutlich variieren die Faktoren, die Aggressionen gegen mich freisetzen, von Fall zu Fall.

Erkenntnis Nummer zwei:

Wenn sie Macht über mich gewinnen wollen, entziehe ich mich irgendwie ihrem Einfluß, ohne mir bewußten massiven Widerstand zu leisten.

Erkenntnis Nummer drei:

Auf die Dauer machen sie mich krank, da ihr Fehlverhalten so unglaublich inakzeptabel für mich ist, daß ich mit starken psychosomatischen Symptomen reagiere.

Erkenntnis Nummer vier:

Gelingt es mir, ihren Einfluß abzuschütteln, werde ich umgehend und folgenlos wieder gesund, ein psychisches Stehaufmännchen. Das ist die erfreuliche Seite. Die belastende: das Tal vor dem Gipfel ist endlos tief und erschreckend. Einmal stand ich bereits an seinem Rand und konnte einen Blick in den Abgrund werfen.

Erkenntnis Nummer fünf:

Ich bin ein Katalysator. Gelange ich an Orte, wo Menschen seit längerem in Konflikten leben, lasse ich diese aufbrechen, werde zum Sündenbock erklärt und verschwinde tunlichst wieder, bevor ich im Kreuzfeuer untergehe.

Erkenntnis Nummer sechs:

Autoritäre Schwächlinge scheinen schnell zu registrieren, daß sie, trotz meiner äußeren Sanftheit, meinen Willen nicht brechen können. Sie werden mir gegenüber psychisch gewalttätig.

Alles schön und gut, und grau ist alle Theorie, zu deren Bildung es der Muße und Gelassenheit bedarf, die ich im Norden nicht sehr oft hatte.

Ab Mai 1982 begannen Esbit und die lieben KollegInnen, mir die Schonung einzuräumen, auf die ein Kranker in unserer Gesellschaft Anspruch hat, da er kein ernstzunehmender Gegner mehr ist.

Ich genoß nun eine Art Aussätzigenstatus. Gnädigerweise sah man davon ab, mich aus der Stadt zu verbannen, wie das im Mittelalter Usus war. Ich nehme an, sie haben es deshalb nicht gemacht, weil die Inselkonnurbation keine Stadtmauern hatte, die ihre sichtbare Begrenzung zum Umland angezeigt hätten, so daß man, trotz meiner Expatriierung, niemals mit Sicherheit hätte sagen können, ob ich mich noch vor oder schon wieder in der Stadt befunden hätte.

Manche hätten mir sicher gern einen Mühlstein um den Hals gehängt, mich von den Klippen geworfen und im Meer ersäuft. Offensichtlich konnten sie so schnell keine mir passende Halskrause finden, da diese Dinger etwas außer Mode geraten sind.

Bis auf meine Getreuen Volker, Harald, Barbara, Gerlind und Andrea, das anhängliche, außergewöhnlich liebenswerte Schwarzwaldgeschöpf, das es Anfang 1982 vorübergehend auf die Insel verschlagen hatte und die uns etwas wärmende südliche Sonne und Wesensart mitgebracht hatte, mieden mich die Kollegen, als hätte ich die schwarzen Blattern, Cholera und Ruhr gleichzeitig.

Um bei Esbit nicht in Ungnade zu fallen, betonten sie bei jeder Gelegenheit, daß sie schon lange im voraus meinen unrühmlichen Abgang hätten kommen sehen, immer schon davor gewarnt hätten (nur hätte niemand auf sie hören wollen, wie immer) und mich sowieso von Anbeginn an den unsicheren Kantonisten zugerechnet hätten.

Hinter meinem Rücken wurden Sprüche gehandelt in der Art von: *'manche lernen es eben nie ..., der soll nur so weitermachen ... etc.'*, und fast alle fanden, daß ich mich am Marterpfahl sehr gut gemacht habe.

Funktion für die Kollektivpsyche: dem zu Bestrafenden muß alles Menschliche genommen werden, um ihn für vogelfrei erklären zu können. Vogelfreie zu verleumden und zu verachten wird als Bürgerpflicht angesehen.

Solcherart war meine Inselabreise.

8. Kapitel

Ein sehr eiliger Esbit[1] hatte mir mein neues Betätigungsfeld auf dem Festland in stark komprimierter Form anhand des *'Handbuchs für Schleswig-Holsteins Schulleiter'* vorgestellt.

Es handelte sich um einen Ort in der Marsch mit 14 000 Einwohnern und einem Gymnasium, dessen Name so ähnlich klang, wie der eines im Norden bekannten Wurstherstellers[2].

Dann befand er mich eines letzten Males für würdig, Zuschauer seiner theatralisch-unangemessenen Mimik zu werden, wünschte mir scheinheilig[3] *'hoffentlich etwas mehr Erfolg als an meiner Schule'* und ging hinter seinem dienstlich zur Verfügung gestellten Beamtenschreibtisch in Stellung, der Kretin, um meinem Nachfolger alles *'solide'* vorzubereiten für eine angemessen herzliche Begrüßung und Aufnahme im Kreise des so überaus kollegialen Inselkollegiums, das mir mit seinen kleinen, liebenswerten Eigenheiten und Versponnenheiten sicher bald fehlen würde.

Der Neue konnte sich jetzt schon gratulieren. Vielleicht hätte ich ihm fürsorglich die Adresse meiner Ärztin zurücklassen sollen, die über die langen, schmerzvollen Jahre der Inselgymnasium-Existenz hinreichend diagnostische und therapeutische Erfahrungen mit psychosomatisch lädierten Junglehrern hatte sammeln können.

In der weiteren Umgebung meines neuen pädagogischen

---

1 Es entsprach unserer beiderseitigen damaligen Interessenlage, uns so kurz wie möglich von Angesicht zu Angesicht ausgeliefert zu sein.

2 Die Produkte des letztgenannten waren mir immer sehr gut bekommen. Wurstfabriken halte ich für allgemein segensreichere Einrichtungen als Schulen. In und an ihnen kann man sich schlimmstenfalls den Magen verderben und sich einen vorübergehenden Ekel vor Wurst holen. Nach längeren Schulaufenthalten läuft man hingegen Gefahr, eine lebenslange Abscheu vor der Menschheit davonzutragen.

3 Was will man von einem Ochsen anderes erwarten als Rindfleisch?

Wirkungskreises hatte sich eine altvertraute Kommilitonin aus bewegten Frankfurter Tagen niedergelassen, die mich, nachdem sie von meiner Versetzung erfahren, telephonisch eingeladen hatte, solange bei ihr zu wohnen, bis ich eine Wohnung am Schulort gefunden hätte.

Ich mußte ihr hoch und heilig versprechen, daß mich die Anwesenheit ihres Mannes im selben Haus nicht über die Maßen stören würde.

Da es sich wohl so schnell nicht ändern lassen würde, daß ihr Mann weiterhin bei seiner Ehefrau wohnen blieb, obwohl es mich kleinbürgerlich dünkte, und Hanne und ich uns sicher eine Menge zu erzählen hatten, von dem er nichts verstand, weil es vor seiner Zeit geschehen war, das meiste davon auch nicht unbedingt für seine Ohren bestimmt schien, fand ich mich schließlich doch damit ab und fuhr los.

Meine mir unersetzliche Frau würde erst drei Monate später nachfolgen können, da sie eine mittlerweile aufgenommene Arbeit nicht vorher beenden konnte.

Parallelen zum Inselanfang. Erneuter *'Staffelumzug'*. Langsam bekamen wir Übung in der Organisation solcher Familientrennungen, was nicht heißen soll, daß wir uns jemals an sie gewöhnt, oder sie etwa gar als angenehm empfunden hätten.

Am drückend heißen 1. August 1982: *'On the road again.'* Nicht auf der *'Route 66'* und keine Kicks, dafür reichlich Norddeutsche Tiefstebene um mich herum.

Schleswig-Holsteins Westküste ist eine ziemlich öde Gegend. Abgesehen von einigen sandigen Geesthügeln weiter im Landesinneren, auf denen die armen Bäuerlein wenig Freude haben, was ihrem Naturell durchaus entgegenkommt, wird das Gemüt des Reisenden nicht durch Abwechslung aufgeheitert.

Direkt an der Küste zeugen zahlreiche Bauwerke von den Kämpfen der Menschen gegen das landhungrige Meer.

Der Charakter des Ostteils des Landes hingegen, die Jungmoränenlandschaft, ist von gänzlich anderer Art und durchaus eine Reise wert. Die Kuppen und zahlreichen anderen

Relikte, die das vorstoßende, stagnierende und sich schließlich ganz nach Skandinavien zurückziehende Eis hinterlassen hat, verleihen dem weiteren Ostseeraum eine vielfach gegliederte, geradezu anmutige Eigenart.

Vor Verlassen der Halbinsel Wagrien sollte man allerdings in die Eisen gehen! Hier fängt die Grundmoräne an und noch einiges mehr, das sehr viel mit Grundeis zu tun hat.

Die Städte in der westlichen Marsch sind von einem solch gräulichen Grau, daß es dem, der südliche Lebensfreude zu schätzen weiß, bei ihrem Anblick graust. Manche von ihnen haben Marktplätze und Rathäuser, die mindestens drei Nummern zu groß sind.

Außerdem gibt es noch das Naturschutzgebiet Wattenmeer, in dem vornehmlich die industrielle Ölförderung vor Besuchern geschützt werden muß, damit sie nicht durch irgendwelche Öko-Freaks von Greenpeace behindert wird.

Über dem Naturschutzgebiet vollführen die tollkühnen Männer in den fliegenden Donnervögeln der Bundesluftwaffe Tiefflugübungen, um die brütenden Vögel vor Luftangriffen durch Seeadler, Kormorane, Albatrosse und anderes Raubzeug zu behüten.

Wie erfolgreich die Tornados die Vögel bisher geschützt haben, kann man daran ablesen, daß sich nicht ein einziger Seeadler jemals wieder in das Gebiet gewagt hat, seitdem die Düsenjäger jaulend darüber hinwegbrettern.

Einmal, vor genau dreihundertsiebenundsiebzig Jahren, gründeten die wackeren Holsteiner, verstärkt um einige Dänen, in der Marsch einen Weiler, der sollte Hamburg ausstechen, worüber sich die Hamburger noch bis heute die vor Lachen schmerzenden Bäuche halten.

Die Dänen haben solche Albernheiten nicht in ihrem eigenen Land angezettelt, sie wußten schon, wo sie sich ihr Exerzierfeld suchen mußten.

Auch weitere Eigenwillig- und Eigentümlichkeiten zeugen davon, daß die Schleswig-Holsteiner, gelinde gesagt, Schwierigkeiten damit haben, ihre Fähigkeiten und Talente realistisch einzuschätzen in bezug auf andere Menschen, die es nach meiner Kenntnis weiter im Süden auch noch geben soll, woran die Holsteiner nicht so recht glauben wollen, weil sie lieber in ihren Katen kauern bleiben, statt die aufgewühlte Elbe zu überqueren, um nachzusehen, was auf der anderen Seite unter den Obstbäumen so los ist.

Dafür hatten sie in ihrem Nordgau ganz schnell und sehr früh eine beachtlich mitgliederstarke NSDAP. Offensichtlich kamen die sehr einfach strukturierten Ideen dieser Partei ihrem Weltbild entgegen, das vermutlich durch die kärgliche Monotonie ihres Landes mitbestimmt wird.

Na bitte, immerhin etwas, worin sie vorangingen.

Sie sind zwar im Anschluß an das 1 000jährige Reich, das etwas schneller als vorgesehen zu Ende ging, mit ihrer Schwärmerei für den böhmischen Gefreiten Schicklgruber ziemlich heftig auf die Schnauze gefallen, wie die anderen Deutschen auch, aber sie können eine Menge vertragen, die Holsteiner, sturmflutgeprüft und meerumschlungen, wie sie nun mal sind, und dieses Fiasko hat sie nicht in ihrem unerschütterlichen Selbstverständnis beirren können.

In einem Dorf in der Nähe meines zukünftigen Schulortes hatten sie einen SA-Sturm unterhalten, der im ganzen Norden wegen seiner Blutrünstigkeit bekannt war. Es war der SA-Sturm Nr. 108, rechtzeitig gegründet am 27. Juli 1929.

«Von Altona bis Neumünster über Itzehoe bis nach Dithmarschen nannten die Gegner diesen Sturm 'die Mordriege.' Jeder Nationalsozialist war stolz auf diesen Sturm, ebenfalls unser Gauleiter und Oberführer. Wenn es etwas auszufressen gab, mußte der SA-Sturm Nr. 108 her[1].»

Ich bin in der Marsch Menschen begegnet, die darauf noch 1986 stolz waren.

Der Landkreis, in dem mein zukünftiges Leben veranstaltet würde, hatte während der 30er-Jahre folgendermaßen für die NSDAP gestimmt (in Klammern: Zahlen für das ganze Deutsche Reich):

---

1 Quelle: Die Chronik eines benachbarten Dorfes.

1930:	25,6% (33,3%)
1932/I:	54,4% (37,2%)
1932/II:	50,2% (33,1%)
1933:	55,6% (43,9%)

Ein Dorfschullehrer vermerkte 1933 in der Schulchronik, sicher nicht untypisch für den damaligen pädagogischen Geist:

«Am 30. Januar 1933 war der Führer der Nationalsozialisten, Adolf Hitler, durch den Herrn Reichspräsidenten von Hindenburg mit der Regierungsbildung beauftragt worden. Auf dieses neue Deutschland hat das junge Deutschland seit langem seine ganze Hoffnung gesetzt. Er wird der Mann sein, der Deutschland aus dem Chaos des Bolschewismus, aus der Parteizerrissenheit zu neuer Einigkeit und getreu dem Hakenkreuzsymbol zur Sonne und Freiheit emporführen wird! – So hat mich meine feste Hoffnung und mein Glaube an Deutschlands Wiedergesundung nicht betrogen, von denen ich bei meinem Antritt meiner letzten Stelle 1924 in die Schulchronik von Sieseby schrieb ...[1].»

Luzideren Geistern als Holsteiner Schulmeistern blieb nicht verborgen, daß selbst dem *'begnadeten'* Demagogen Goebbels so perfekt geplante Symbolveranstaltungen wie beispielsweise der Fackelumzug am Tage der Machtergreifung gelegentlich aus dem Ruder liefen und in die Ambiguität mündeten:

«Anderthalb Stunden später hatte die Spitze der Kolonne die Wilhelmstraße erreicht, unter den Klängen des Fridericus-Rex-Marsches marschierten die Formationen vor Hitler und Reichspräsident Hindenburg vorbei, die von ihren Fenstern aus den langen Feuerwurm beobachteten ...»

Papen starrte noch den letzten Kolonnen nach, die eben die Wilhelmstraße verließen und im Schwarz der Nacht verschwanden. Es war ein Akt voll düsterer Symbolik: Ein Volk marschierte in die Dunkelheit, völlig ahnungslos, daß dieser

---

1 Quelle: loc.cit.

30. Januar 1933 eine Ära von Gewalt, Menschenverachtung und Massenverbrechen eröffnete.[1]»

Zur Sonne hat Hitler Deutschland nicht geführt, wie der Dorfschulmeister in der Marsch vermeinte, dafür die junge Generation ins Feuer des Untergangs, was ja auch als beachtliche Leistung angesehen werden kann.

Aus diesem Holz waren die Lehrer geschnitzt, die einen damals ca. 13jährigen Knaben erzogen, Friedrich-Wilhelm Kleinlich, der 1982 Oberstudiendirektor Dr. Kleinlich an der Schule sein sollte, die mir bevorstand. Mein unmittelbarer Dienstvorgesetzter, dem die dienstliche Beurteilung meiner Persönlichkeit obliegen würde.

Eigenartiges, fremdes Land, das ich durchfuhr, um den Ort zu erreichen, in dem Hanne wohnte.

Auch sie hielt sich nicht ganz aus freien Stücken in dieser Region Deutschlands auf.

Ihre Frankfurter Ehe war in der Endphase alles andere als gut verlaufen, da ihre Auffassung von ehelichen Freiräumen ganz erheblich von denen ihres damaligen Angetrauten divergierte.

Bei Betrachtung ihres Lebenswandels drängte sich der nachhaltige Eindruck auf, sie habe vor, noch mindestens die nächsten zwanzig Jahre lang das lustig-ungebundene Vagantenleben der seligen Studentenzeiten weiterzuführen, was die Nervenkraft ihres sporadischen Bett- und Tischgenossen ganz entschieden überstieg, dem beim Ringetausch eher eine 'trautes-Heim-Glück-allein'-Idylle vorgeschwebt hatte.

Die Konsequenz waren die Scheidung und ihr Fortzug nach Norden, wo ihr die einzige Möglichkeit geboten worden war, eine Planstelle zu erhalten.

Dort beging sie die Waghalsigkeit, sich unverzüglich in die nächste Ehe zu stürzen, wovor ich sie eindringlichst gewarnt hatte, da mir die meisten ihrer extrem toleranzbedürf-

---

1 Heinz Höhne, *Die Machtergreifung.* Hamburg (SPIEGEL-Buch Nr. 39, Rowohlt), 1983.

tigen Angewohnheiten wohlbekannt waren, und ich diese nicht unbedingt als ehestabilisierend beurteilte.

Der neue (vorerst) Glückliche war ein kreuzbraver Studienrat mit der aufregenden Fächerkombination Mathematik und Physik, die zwar ihren biederen Mann redlich ernährt, aber, nach meinen Erfahrungen, die Phantasie nicht grenzenlos ins Kraut schießen läßt.

Schlecht, sehr schlecht konnte ich mir vorstellen, daß mein locker-schillernder Kolibri Hanne seine Abende damit verbringen würde, an den Lippen ihres Mathematiklehrers zu hängen und hingebungsvoll der logischen Herleitung des Satzes von Pythagoras zu lauschen.

Andererseits, trotz großzügigsten Verständnisses für ihre Eskapaden, hatte ich es immer wieder sehr bedauert, daß eine Frau von ihrem brillanten Intellekt und mit ihren vielfältigen Talenten zu gewissen Zeiten mehr auf die Einflüsterungen des Stammhirns hörte, als sich vom vorgelagerten Teil leiten zu lassen, der bei ihr so überzeugend entwickelt war.

Ich wartete auf die Fähre, die mich über einen schnurgeraden Kanal setzen sollte. Auf der anderen Seite lag mein Ziel, ein typisches Marschhufendorf mit seinen rotgeklinkerten Häusern, die in langer Doppelreihe die Durchgangsstrasse säumten.

Die Möwen schwebten kreischend über der Fähre oder hockten auf Pollern, aggressiv ihren Kopf herumruckend und mit stechenden Blicken die Umgebung nach möglichen Nahrungsquellen absuchend.

Im Radio spielten sie das unsägliche 'An der Nordseeküste'. Soviel Norddeutschland pur zerrte schon wieder an meinen Frankfurter Nerven, während ich holpernd auf die Fähre rollte.

Dann war sie da, die unveränderte, wilde Hanne. Ich war kaum dem Auto entstiegen, da hing sie mir schon am Hals, zum nicht gelinden Erstaunen ihres Mathematikmannes.

Er schätzte mich wohl auf den ersten Blick als eine Art Gespenst ein, zurückgekehrt aus der dunklen, ihm bedrohlichen Frankfurter Vergangenheit seiner Angetrauten, von der er garantiert nicht viel wußte, ich fand ihn einfach '*nett*', richtig '*nett*', den Ärmsten. Für einen Mathepauker.

Aber ich will ihn nicht verleumden, ein anständiger Kerl, er war einfach von so ganz anderer Art als seine Frau, die reichlich Zigeunerblut und Triebhaftigkeit von der mütterlichen Seite mitbekommen hatte, so eine Sorte Pusztafeuer, von der sie uns auf Exkursionen unvergeßliche Proben geliefert hatte, wenn sie mal wieder ein Teufel geritten hatte[1] oder auch umgekehrt, was durchaus vorkam.

Die ungarische Katze auf dem heißen Blechdach.

Schluß mit den Träumereien, kein Platz für dergleichen nostalgische Gefühlsduseleien an einem Kanal in einem Holsteiner Provinznest, zwanzig Kilometer von Deinem neuen Dienstort! Hanne war jetzt veritable Studienrätin z.A. und vielleicht sehr solide geworden, obwohl mir ihre Augen etwas anderes erzählten.

Jedenfalls nahm ich mir fest vor, alte Zeiten schlummern zu lassen und ein Wiederaufleben ihrer Initiative zu überlassen.

Ich folgte ihrem Wagen die eintönige Strasse hinunter. Ein giebelständiges Haus glich dem nächsten. Winzige Parzellen, nur sporadisch aufgelockert von wipfelgeschorenen Bäumen, ein Kino, in dem der Hausfrauenreport Teil 6 lief, ein Sportplatz mit den morschen Pappelreihen, eine vergilbte Bandenreklame, die den Zuschauer vergeblich zur Lektüre des örtlichen Provinzblattes zu animieren suchte, ein Schnellimbiß, der den Geruch ranziger, ketchup-erweichter Fritten und fettiger Wabbel-Bratwürste verbreitete.

Holsteiner Provinz, die sich mit ihrer trostlosen Unentrinnbarkeit auf mein Gemüt legte.

Die Maßstäbe, die ich an die mich betreffenden Umstände meiner jeweiligen Lebensphasen anlege, um herauszufinden, ob ich dazupasse, kämpfen oder weiterziehen muß, scheiter-

---

1 Wort-für-Wort-Interpretation geht hier ausnahmsweise nicht fehl. Bei den Frankfurter Geographen gab es viele Teufel.

ten ausnahmslos an der norddeutschen Fremdheit, die ich dort immer empfunden habe, und die mich körperlich angegriffen hat. Welten trennten sie von mir, sowohl in der Wahrnehmung als auch in den Reaktionen auf menschliches Verhalten.

Niemals, auch nach fünfzig Jahren nicht, wäre es mir in den Sinn gekommen, bei Erwähnung des Nordens Pronomen zu benutzen, die dem Hörer entfernt hätten nahelegen können, daß ich mich als Teil dieser Region empfunden hätte.

Für mich gab es nur *'die da'* und mich als *'von denen da'* streng getrennte Lebensform, die in völlig abgesonderten, ja strikt und demonstrativ konträren Kategorien und Seinsbereichen existierte.

Mit der Zeit habe ich mich immer tiefer in diese Konfrontation verbissen, die meiner Psyche alles andere als gutgetan hat. Ich schließe überhaupt nicht aus, daß ich meine Unfähigkeit, mit ihnen leben zu können, schlicht dadurch *'beseitigt'* habe, daß ich eine Totalprojektion auf sie vorgenommen habe. Dies mögen die LeserInnen für sich entscheiden.

Immerhin sind alle von mir geschilderten Begebenheiten bis auf das i-Tüpfelchen wahr und nicht meiner Phantasie entsprungen!

*

Nun näherten wir uns der Peripherie des Ortes, der Region, in der die Höhe der Bodenpreise die Beamtenschaft zum häuslichen Verweilen einlädt.

Wir hielten am Ende einer Sackgasse vor einem Flachdach-Bungalow mit einem winzigen Atrium, den Hanne und ihr Rechenmeister zur Miete bewohnten. Die keinerlei individuellen Stil ausdrückende Inneneinrichtung und der Zustand des umgebenden Gartens, in dem vertrocknende Restvegetation auf verlorenem Posten um ihr Überleben kämpfte, zeigten mir drastisch, daß Hanne immer noch nicht zu Hause angekommen war.

Das war der Anblick ihrer Frankfurter Wohnung, die auf

mich immer gewirkt hatte, als sei jemand vorübergehend darin gewesen, der von etwas weitergetrieben würde. Auf der Durchreise beseelt man seine Umgebung nicht, da man nicht annimmt, dorthin zurückzukehren.

Dieses Haus war vollständig *'funktional'*, was ich als ein Synonym für kalt und nicht zum Verweilen einladend ansehe, wenn es auf Wohnungen bezogen wird.

Kaum im Wohnzimmer, knallten die Korken, und mir zu Ehren wurde der Begrüßungstrunk aufgefahren. Wir hatten uns so einiges zu erzählen, wobei mir besonders auffiel, daß sie meinen Fragen nach dem Gymnasium, in dem ich am nächsten Morgen erscheinen sollte, ständig mehr oder weniger elegant aus dem Weg gingen. Ihre dahingehenden Auskünfte beschränkten sich auf unverfängliche Informationen wie Schulgröße, Stärke des Kollegiums und ähnliches.

Über den Ruf der Schule und deren Direktors wollten sie indessen nichts Wesentliches gehört haben, was mich auf das äußerste erstaunte, sprach sich doch dergleichen in dieser an Abwechslungen kargen Gegend normalerweise umgehend herum, mangels anderer Attraktionen.

Dafür erzählten sie eine Menge von der Bildungsanstalt, an der sie beide unterrichteten, und Hanne hörte sich für meine feinen Ohren zu begeistert, eine Spur zu überzeugend an.

Das glaubte ich ihr einfach nicht, und das werde ich ihr niemals glauben, daß sie ihre Erfüllung darin gefunden hätte, den Kindern von Dithmarscher Kohlbauern vergeblich die Schönheiten Johann Wolfgang von Goethes Sprache nahebringen zu wollen, derjenigen Generation, die, durch übermäßigen, wahllosen Medienkonsum vom zarten Kindesalter an in ihrem Aufnahmevermögen für Nicht-Elektronisches sichtlich etwas abgestumpft und eingeschränkt, bei ihrer gegenseitigen Verständigung mit dem echt total voll geilen Vokabular der Comic Strips auskommt: *'whow, ploff, doing'*.

'Ächz', kein Wort von Frankfurt kam über ihre Lippen, keine Glorifizierung der alten Uni-Herrlichkeit.

'Nachtigall, ick hör' Dir trapsen', meine liebe Hanne hatte natürlich keine Minute davon vergessen, das konnte sie

mir nicht weismachen, ich wußte schon, wo die Frankfurter Chroniken und Skandale gelagert waren.

Sie lagen ganz zuunterst, tief vergraben unter einer Sedimentdecke, die mehrere Schuljahre, vertan und vergeudet mit staubiger, studienrätlicher Dienstbetätigung hinterlassen.

Wer aber mit seinem ganzen Herzen physischer Geograph ist, so wie ich einer lebenslang sein werde, der bleibt nicht bei den holozänen Alluvionen stehen, die sieht ja jeder, der muß eine Stratifizierung haben, der muß tiefer nach unten, da wo der *Stillfried-B-Komplex* lagert, der *Kremser Leimen* und all die anderen fossilen Böden, die ihm Kunde geben von wärmeren Klimaabschnitten, in denen das Leben reicher und spannender war als während der norddeutschen Vereisungen, in denen mein Organismus auf Notprogramm lief, da die Umgebung nicht mehr Energie verdient hatte, als zur Aufrechterhaltung des Stoffwechsels unverzichtbar war.

Hannes subtropischen Interglazialböden hatte ich bei der Entstehung zugesehen, und mitten drin lag ein Giftschrank, dessen Schlüssel sie stets um den Hals trug.

Den hätte ich mir leicht holen können, brauchte ihn aber nicht, denn die Pergamentrollen in dem Schrank waren zum Teil von mir beschriftet worden, einige hätte ich rezitieren können, denn auf ihnen standen gewaltige Dinge in buntester Schrift.

Die eine Überschrift lautete: *'The Age of Aquarius'*, eine andere: *'All men are born free and equal'* und noch eine: *'Liberté, Egalité, Fraternité.'*

Dann lagen da in der Kiste noch Fragmente aus Büchern, eins geschrieben von einem HENRY DAVID THOREAU, der in Neuengland in einer Holzhütte gelebt hatte und wohl schon geahnt haben könnte, was ALLEN GINSBERG 1955 so herausschrie:

'Moloch! Moloch! ... Moloch, der Lieblose! Moloch, dessen Blut fließendes Geld ist! ... Moloch, dessen Augen tausend blinde Fenster sind! Moloch, dessen Wolkenkratzer in den langen Straßen stehen wie endlose Jehovas! ...

*Moloch, dessen Liebe ist endloses Öl und Stein! Moloch,
dessen Seele ist Elektrizität und Banken!'*

Auch der Ur-Vater aller Ruhelosen meiner Generation,
JACK KEROUAC, fehlte nicht, er, der von WALT WHITMAN das
fulminante Symbol der amerikanischen Straße, die zur *'last
frontier'* im Westen und in uns selbst führt, aufgenommen
und in die Bewußtseinslage seiner Zeit transponiert hat:

*'Die einzigen Leute für mich sind die Verrückten ... die al-
les zur gleichen Zeit wollen, die niemals gähnen ... sondern
brennen, brennen, brennen ...'*

Verblichene Photographien, eine zeigte eine über und über
mit Schmuck behangene junge Frau von dem Aussehen einer
babylonischen Hetäre, in einer Hand ein Mikrophon, in der
anderen eine Flasche *'Southern Comfort.'*

Da träumten sie alle in der Kiste ihren 68er-Traum, den
nur Abgestumpfte als lange ausgeträumt ansehen, denn diese
verschrobene, unangepaßte Gesellschaft hat immerhin eine
gigantische Kriegsmaschinerie zum Stehen gebracht und
noch einiges mehr in den Köpfen bewirkt.

Auch wenn die McDonald-Nintendo-Kids nur müde darüber lächeln können, vielleicht kommen wir mal wieder aus
unserer Kiste heraus, vielleicht sogar, wenn Ihr am wenigsten damit rechnet, wie der Phönix aus der Asche, wißt Ihr
das?

Was den August 1982 betraf, den in der Marsch, im Flachdach-Bungalow, war allerdings nicht zu leugnen, daß die
Zeichen für die Apo und ihre späten Apologeten nicht gut
standen.

Die Marschböden sind zu schwer und zu tonig, als daß sie
freies Gedankengut beflügelten, es bleibt zu viel Klei an den
Füßen hängen, der nach unten zieht, und Kohl hat andere
Wirkungen auf den Organismus als Marihuana.

Yaje und ähnliche Gewächse verändern das Bewußtsein,
Kohl modifiziert hauptsächlich die Darmflora. Beides kann
durchaus unerwartete Wirkungen auf die Umgebung haben.

Obwohl es, und dies sei hier nicht verschwiegen, in Dithmarschen sogar mal eine Mini-Revolution mit einer freien

Republik aufsässiger Bauern als Folge gegeben hat. Ihr Anführer war ein morgensternschwingender Haudrauf namens Wulf Isebrand, der heute in Form einer Schnapsmarke fortlebt.

Er muß ein rechter Schlagetot gewesen sein, was mich nach Degustieren besagter Spirituose nicht weiter erstaunt, die Auswirkungen auf das Gemüt des nichtsahnenden Zechers sind vergleichbar denen der *'grünen Fee'*[1] im fernen Neuchâtel, die so manche Schweizer Familie ins Verderben gestürzt hat.

Hanne und ich in der Marsch, der 68er-Geist gegen die präsente Vergangenheit, *'Zabriskie Point'* gegen *'Kolberg'*, Woodstock im Clinch mit Bayreuth, 68er-Promiskuität gegen bougeoise Zwangsmoral.

Besser, in Winterschlaf zu verfallen. Es würden auch wieder bessere Zeiten kommen. Dies war alles, womit wir uns an meinem ersten Abend in der Marsch trösten konnten.

Ich erfragte noch die Abfahrtszeiten der Fähre, die ich am folgenden Tag nehmen mußte und trollte mich in mein Zimmer.

Um 5.30 Uhr warf mich ein aufdringlich rappelnder Wekker aus dem Bett. Ich brauchte einige Minuten, um festzustellen, daß die Sommerferien tatsächlich zu Ende waren und daß eine Schule mit neuen, fremden Schülern auf mich wartete.

Dies weckte mich und mein ängstlich-verzagtes Gewissen umgehend.

Fremde Umgebung, ungehörte Geräusche, irritierendes Licht, noch nicht geübte Tagesabläufe, der Neolithiker in mir suchte seine Streitaxt und fand nur einen Lehrerkalender des Schleswig-Holsteinischen Sparkassenverbandes, der zwar identische Funktionen, aber kürzere Ruhigstellungswirkungen hat.

---

1 Euphemistische Bezeichnung für Absinth, dessen Bestandteil Wermutöl zu Hirnhauterweichung führt.

Meine Gastgeber schliefen, Kaffee gab es keinen, so daß mein Magen notgedrungen ohne Kaffee revoltieren mußte, er würde sich einfach nie an deutsche Gymnasien gewöhnen können, wie er mir deutlich mitteilte.

Auf der Straße zündete ich mir eine von Hannes Zigaretten an, die ich im Wohnzimmer neben überquellenden Aschenbechern und leeren Flaschen gefunden hatte.

Die ersten Züge wirkten extrem stark auf mich. Mir fiel plötzlich ein, daß diese Zigarette eventuell von der Sorte war, die nicht in Tabakläden gehandelt wird und warf sie lieber fort.

Total durcheinander, suchte ich mein Auto mit Hilfe der Nummernschilder aus den anderen geparkten heraus und jagte los, um die 6.00-Uhr-Fähre nicht zu verpassen, die mir gerade vor der Nase wegfuhr.

Vor dem Fähranleger gab es einem Kiosk, an dem sich die Einheimischen mit Zigaretten, Bild-Zeitungen, Kaffee und ihrer Tagesration Korn in unauffälligen Taschenflaschen versorgten.

An den ersten drei Tagen trank ich dort zunächst auch Kaffee.

Es war der Beginn eines wunderschönen Sommertages, von dem ich ausschließlich wahrnahm, daß er der erste Morgen eines neuen Lebensabschnitts war.

Sicher wäre es von mir weitaus klüger gewesen, bereits während der Sommerferien Kontakt mit dem Direktor der Schule aufzunehmen, um zu dokumentieren, daß ich meine Bewährungszeit wirklich ernst nahm und im Sinne der Schulbehörde zu nutzen bereit war.

Jeden Morgen hatte ich mir vorgenommen, wenigstens dort anzurufen, damit sie von meiner Existenz und dem mir und ihnen drohenden Dienstantritt unterrichtet gewesen wären, im Strafbataillon 999.

Jeden Abend schlief ich unverrichteter Dinge ein. Die blockierende Angstbesetzung, die meine Psyche über alles legte, das mit Schule zu tun hatte, war absolut unüberwindlich. Mein Wille war fest, aber er zerschellte wie eine Seifenblase an der Mauer, die das 'Es' errichtet hatte, um mich überleben zu lassen[1].

Das Zögern davor, einen weiteren Versuch zu wagen, mich mit den Machtstrukturen eines deutschen Gymnasiums zu versöhnen, hatte natürlich auch rationale Ursachen.

Sehr anschaulich konnte ich mir ausmalen, welche Freundlichkeiten Esbit den dienstlichen Verurteilungen beigefügt hatte, die sein Kollege, der Herr neue Oberstudiendirektor, sicher vor Begeisterung geifernd in sich aufgenommen hatte.

'Da kommt wieder so ein linker Spinner, dem wir mal zeigen werden, wo's hier lang geht, und wer Herr im Hause ist. Das wär' ja gelacht, wenn wir mit dem nicht fertig würden!'

Der heiße Kaffee schwappte auf meine Diensthose, als ich den Pappbecher zwischen den Fingern zerquetschte.

Endlich legte die Fähre an. Im Schneckentempo wies ein weißbemützter, goldbeankerter Süßwassermatrose, der in Kindheitsträumen sicher Kap Horn umfahren und auf einem Pestsegler vor Madagaskar gelegen hatte, es dann schließlich aber nur bis zum Kanalfähren-Commodore gebracht hatte, den Wagen ihre genau berechneten Plätze zu. Bevor wir dann endlich losrasten, mußten wir noch einen querenden Lastkahn passieren lassen, der sich, wie es schien von einer schweren Maschinenhavarie gehandicapt, mit letzter Kraft durch das Wasser wühlte.

Jetzt fiel dem Skipper ein, daß er noch einen Kaffee brauchte, den er sich in Ruhe vom Kiosk holen ging, während ich auf glühenden Kohlen saß und den Minutenzeiger nicht aus den Augen ließ, der nur so um das Zifferblatt rotierte.

Leinen los, volle Kraft voraus. Mit mindestens 6 Knoten durchpflügte die stolze Königin der sieben Meere die brakkig-schwappende Kanalbrühe.

---

1 Das hast Du gut gemacht, mein lieb*es 'Es'*, aber irgendwann sollten wir uns mal gemeinsam daran machen, die Trümmer zu sichten, die Du in über vierzig Jahren hinter der Mauer gestapelt hast. Aber dazu hast Du keine Lust, wie ich Dich kenne, stimmt's?!

Der Kaffee, den der Kapitän, Lotse, Rudergänger und Chief in Personalunion zu sich genommen hatte, schien von der verstärkten Wasserkantensorte gewesen zu sein, denn unser Anlegemanöver fiel recht sportlich aus.

Knirschend lief die *'Bilge Queen'* auf die Molenverkleidung und beendete seufzend ihren kühnen Turn. Das blaue Band hatten wir nicht gebrochen obwohl mir danach war.

Keine Zeit für hemmende Überlegungen, *'Gentlemen, start your engines, please'*.

'1st gear, and off we blast.' Die Küstenrallye war gestartet. Jetzt kam alles darauf an, die *'pole position'* auszunutzen. Am vierten Tag hatte ich die Taktik begriffen. Mit viel Gas von der Fähre herunter und die Gänge nur so hochgejubelt, bis die Ventilfedern wimmerten.

Eine für geschlossene Ortschaften unwesentlich überhöhte Geschwindigkeit von 150 km/h stellte sich ein. Dies war, trotz aller Demut vor Verkehrsregeln, einfach nötig, um sich vor dem folgenden Kurvengeschlängel weit genug nach außen tragen lassen zu können, damit man im Scheitelpunkt der ersten Kurve bei passablem Drehmoment in den direkten Gang hochschalten konnte, ohne gleich wieder unter schmalbrüstige 4 000 rpm zu fallen.

Von essentieller Bedeutung für den Erfolg dieses meisterhaft-männlichen Fahrstils war es, den Gegenverkehr konsequent zu ignorieren, er konnte ja immer noch auf die seitliche Grasnabe ausweichen, wenn er Angst um seinen linken Außenspiegel hatte! Hahaha, die jämmerlichen Flaschen!

Wer schon einmal den Grand Prix von Belgien auf dem Ardennenkurs von Spa-Francorchamps pilotiert hat, kennt die Passage, an der diese Taktik benutzt wird. Sie ist direkt auf dem Bergauf-Stück hinter dem Start und deutlich markiert.

Durch ein Kreuz, das an Stefan Bellof erinnert, den sich der Schnitter Tod dort abgeholt hat, nachdem er mit ihm um seine Seele gewürfelt hatte.

'Du hättest einen längeren Löffel haben müssen, um mit mir aus einem Topf fressen zu können, mein Junge', höhnte

Freund Hein, als er das zerfetzte Wrack mit einem Fußtritt in den Graben beförderte.

Hinter dem Deich, auf einer schmalen Straße, schüttelte es mich kräftig, und jede Grüppe, jede Wettern und jeder Rhin[1] machte einen Katzenbuckel, der mich Kontakt mit dem Wagendach aufnehmen ließ.

Keine Zeit, das Auto und mich zu schonen, ich mußte pünktlich sein. Noch zwanzig Minuten für 23 Kilometer. Auf diesen elenden Küstensträßchen war einfach kein Vorwärtskommen.

Schließlich eine breitere Straße, eine richtige Avenue öffnete sich vor mir, mit allen Luxuszutaten, die sich der ADAC nur wünschen konnte.

Wie kam denn wohl dieser plötzliche Wohlstand in die schlichte Marsch? Woher die übertrieben anmutende Extravaganz autobahnähnlicher Hochgeschwindigkeitspisten?

Die künstliche Sonne hat's gerichtet, das nukleare Elementarfeuer, von dem nur hoffärtige Toren glauben, daß wir es jemals bändigen könnten.

Geködert hatte man die Marschbewohner mit Angeboten, die sie nicht ablehnen konnten, denn Arbeitsplätze sind rar an der Küste, einem Landstrich, der die Werftenkrise noch lange nicht verwunden hat.

Gegen eine verbesserte Infrastruktur, die sie nun haben, aber nicht recht brauchen, wird auch niemand offen zu Felde ziehen, der um Wählerstimmen buhlt.

Als Danaergeschenk entpuppten sich die versprochenen Arbeitsplätze, denn gebaut haben Großfirmen-Konsortien, die mehr können als die örtlichen Handwerker, und für das stete Schüren der Hiroshima-Flamme braucht man Berufe, die in der Marsch extrem dünn gesät sind.

Immerhin ist die Luftwaffe sehr dankbar für die Reaktorgebäude, denn an ihnen können sich die Piloten bei Sichtflügen und Rambo-Rangeleien orientieren.

---

1 In der Marsch gebräuchliche Bezeichnungen für Fließgewässer.

Den Top Guns, die sich noch nicht lange rasieren müssen, machen diese Wettbewerbe enorm viel Spaß, speziell weil sie verboten sind:

'Wer traut sich, am dichtesten am Reaktorkern vorbeizufliegen, ohne reinzuknallen?'

9. Kapitel

Ein Atomkraftwerk ist eine eminent gefährliche Anlage, die man nicht einfach unbehütet in der Gegend herumstehen lassen kann wie einen schnöden Allerwelts-Hydranten.

Das Ding muß bewacht werden.

365 Tage im Jahr.

Rund um die Uhr.

Finanziert wird ein Kraftwerk von den Stromabnehmern. Die Bevölkerung ist ein wichtiger Teil der Kundschaft, wird ihr wenigstens erzählt. Darum darf sie auch diese im Wortsinne bürgernahen Anlagen bezahlen, damit sie den darin problemlos-umweltfreundlich produzierten Strom – *schwupp-diwupp, und hast Du nicht gesehen* – abnehmen kann.

Atomanlagen sind deshalb umweltfreundlich, weil sie kein CO_2 ausstoßen.

Autos sind auch umweltfürsorglich, da sie weder radioaktive Emissionen hervorrufen noch Erdbeben oder Überschwemmungen auslösen.

Nuklearzentralen sind unglaublich sicher, jedenfalls die deutschen.

Russen können keine vernünftigen Reaktoren bauen, wie wir in Tschernobyl gesehen haben.

Das kommt daher, weil der Russe von Natur aus dämlicher ist als der Deutsche, wie jeder Deutsche weiß.

Die Kraftwerk-Union ist eine deutsche Firma.

Die Daimler-Benz AG ist ebenfalls eine deutsche Firma, trotzdem sieht man ihre Wagen gelegentlich mit Pannen am Straßenrand stehen.

Das liegt an der Fehlerhaftigkeit von Serienprodukten.

Deutsche Atomspaltungsinstallationen sind keine Serienprodukte.

Darum sind sie auch nicht mit Fehlern behaftet.

Amerikanische Space Shuttles sind ebensowenig Serienprodukte.

Darum sind sie auch ...

Damit die Stromversorgung ständig gewährleistet werden kann, müssen die Produktionsstätten geschützt werden.

Vor den Abnehmern, die den Stromherstellungsprozeß umgehend unterbrechen würden, wenn sie könnten, damit sie den Strom, den sie brauchen und schon vorfinanziert haben, nicht mehr bekommen, obwohl sie ihn gern hätten, weil sie sich elektrisch rasieren oder auf diese moderne Weise geschwind Schlagsahne herstellen wollen.

Marschbewohner essen mit Vorliebe fettige Schlagsahne. Wegen des elenden Mistwetters, das sie ständig haben, aber mit der Zeit nicht mehr bemerken, dank der atomgetriebenen Sahne und der erfrischenden Körnchen, die wiederum die fettige Sahne niederhalten sollen, was die Leber krumm nimmt.

Irgend etwas stimmt hier mit der Entfaltung der Logik nicht. DESCARTES wendet sich im Grabe ob solch ungelenker Sentenzen. Wir machen am besten ein Preisausschreiben daraus:

Wenn Sie diesen, von mir geschürzten *'Gordischen Knoten'* lösen und herausfinden können, wer wen, wann, wie, vor wem und vor wem nicht und warum (nicht) schützt, haben Sie gewonnen.

Der dritte Preis:

Sie machen mit bei einer Notabschaltung im AKW Stade, Krümmel, Brunsbüttel oder Brokdorf. Das liegt alles so dicht zusammen, daß Sie sich eines aussuchen können, ohne lange herumfahren zu müssen.

Am aufregendsten ist es in Brunsbüttel, da ist die Chance am größten, daß etwas Spannendes passiert. In Brokdorf ist die Leistung am höchsten, wenn es da mal richtig rumpelt und kracht: Heimatland, das können Sie dann noch Ihren Enkeln erzählen. Im trauten Heim, leicht fluoreszierend, werden Sie glatt die Christbaumbeleuchtung ersetzen:

'Guck mal, Opa leuchtet heute wieder so schön wie ein Nordlicht.'

Der zweite Preis:

In einem AKW Ihrer Wahl dürfen Sie die Steuerstäbe aus den Brennelementen hochfahren, und der Reaktorchef stoppt die Zeit, die Sie brauchen, bis Sie den Ausgang erreichen, falls Sie ihn erreichen. Man darf schon jetzt gespannt sein, wie Sie sich da aus der Affäre ziehen wollen. Die Kosten für die Ihnen hierbei zuteil werdende Einbrennlackierung gehen natürlich zu unseren Lasten.

Der erste Preis:

Sie fliegen im Cockpit einer Boeing 747 B mit und überprüfen, ob die Reaktorkuppel tatsächlich einen Direkttreffer ihres schönen Flugzeugs überlebt, wie die Atomindustrie uns immer glaubhaft versichert. Da *Sie* dieses Feuerwerk nicht überleben werden, übernehmen wir Ihre Beerdigungskosten, falls *wir* überlebt haben sollten.

Trostpreis:

Sie dürfen eine Woche lang im Schacht Konrad bei Salzgitter schwach radioaktiven Atommüll sortieren oder in Glückstadt an der Elbe, zusammen mit dem Bürgermeister, die Matjeswochen eröffnen.

Wenn Sie schwach radioaktiven Abfall als für unter Ihrer Würde befindlich ansehen, stärkeren Tobak bevorzugen oder zufällig keinen rohen, kalt-glitschigen Schleimfisch mögen, würden wir für Sie gern ein Praktikum in einer Wiederaufbereitungsanlage oder in einem Schnellen Brüter bei *Electricité de France* arrangieren.

Da hätten Sie dann mit den herzhafteren Dingen der Plutoniumindustrie zu tun, falls Sie eher der *John-Wayne-Typ* sind.

Zu solch sarkastisch-makabren Gedankenspielen, die sicher nicht jedermann/frau besonders witzig findet bzw. in ihrer Flapsigkeit als dem Grad der Bedrohung, der von solchen Anlagen ausgeht, nicht angemessen, fühlte ich mich inspiriert, je öfter ich die Festungen der Kernspaltung passierte.

In *Neuf-Brisach,* im Elsaß, hat der berühmte VAUBAN Fortifikationen konstruieren lassen, die, trotz ihrer martialisch-menschenfeindlichen Zweckbestimmung, dennoch etwas von Ästhetik ausstrahlen und zumindest architektonisch in der *'Archäologie des gewaltsamen Aufeinander-treffens*[1]' zu beeindrucken vermögen durch ihre unzähligen gebrochenen Verteidigungslinien, ihre Vorschanzen, Geschützbänke, ausspringenden Waffenplätze, Grabenscheren und Halbmonde.

Die Zackenwerke, Flanken, Contrescarpes und Innenverschanzungen lassen etwas von dem Geist ahnen, der zur Prägung des Begriffes *'Kriegskunst'* geführt hat.

Anders die unbeseelten, robotergesteuerten Befestigungsräume der atomaren Ära. In ihnen manifestiert sich das Janusköpfige der Atomindustrie, die auf die Dauer keinen Bestand haben wird.

Ihren Bauten fällt es zu, einerseits die Außenwelt vor den im Inneren mühsam gefesselten, infernalischen Energien zu schützen, zum anderen die Kettenreaktionen vor Sabotage oder Angriffen durch die Außenbewohner zu behüten.

Etwas zyklopenhaft Bedrohliches geht von ihnen aus, erschreckend, mit welch direkter, ungeschminkter Brutalität die Macht sich darstellt, als wolle sie sagen:

'Wenn Dir das nicht paßt, versuch' doch mal, mich anzugreifen.'

In den Nachbarorten habe ich mich häufiger in den Tante-Emma-Läden mit der Bevölkerung über diese Bunker unterhalten, mit allergrößter Vorsicht, denn die Heftigkeit ihrer Reaktionen war nicht im voraus absehbar und stand der exponentialen Gewaltsamkeit der gespaltenen Urmaterie nicht nach.

Überwiegend führten sie die ihnen laufend vorgebeteten Scheinargumente der Arbeitsplätze ins Feld. Ob sie davon überzeugt waren, gelang mir nicht zu ergründen, vielleicht glaubten sie, von diesem Standpunkt nicht mehr ohne Gesichtsverlust abrücken zu können und beharrten deshalb auf den früher vehement vertretenen Meinungen.

Jedenfalls kam mir an meinem ersten Morgen auf dem

---

1 Paul Virilio, *Bunkerarchäologie.* München (Hanser), 1992.

Weg zur neuen Schule die Existenz der Rennstrecke gerade recht, um verlorene Zeit aufzuholen.

Nur noch vier Kilometer waren zurückzulegen, über ein Sperrwerk, wieder Sträßchen hinter dem Deich, rechts davor, kurz vor dem Wasser, ein Unterfeuer, das Segler mit trigonometrischen Informationen für die Navigation versorgt, linker Hand der dazugehörige große Leuchtturm, vorbei, noch zwei Kurven.

Vor mir die Schule.

Mit kreischenden Reifen kam ich zum Stehen vor dem Gebäude, das mich fatal an ein Verteidigungsbauwerk erinnerte.

Ich hatte die erzieherische Nekropolis zeitgerecht erreicht. Es war meine pädagogische Endzeit, die die Schulglocke einläutete.

Die Holsteiner sind erdverbundene Menschen. Deutlich zeigt sich dies an ihren Bauwerken, die sich oft schildkrötenhaft an den Boden pressen. Genau wie diese gepanzerten Tiere beziehen die Häuser ihre Stabilität aus der gesamten, oberhalb des Erdreiches befindlichen Masse, da sie wegen des in der Marsch hoch stehenden Grundwassers keine Kellerfundamente haben.

Durch Unterminieren kann man sie nicht ins Wanken bringen, man müsste sie schon als Ganzes sprengen, durch Luftdruck wegblasen, wenn man ihre Beseitigung vorhätte.

Windschutz als einzige ihren Baustil diktierende Funktion anzunehmen, erschien mir nach einer gewissen Dauer meines Aufenthaltes im Norden als zweifelhaft.

Ich begann, sie als steingewordene Mentalitätssymbolik zu werten und von ihnen Rückschlüsse auf die darin existierenden Menschen zu ziehen.

Warum verschanzen sich Menschen, was sind die tiefenpsychologischen Gründe dafür?

Warum schien mir im Norden dieser Eindruck vorherrschend, oder war er einer sich bei mir ausbreitenden phobischen Obsession zuzuschreiben?

Kann man überhaupt legitimerweise ein kollektives Unbewußtes im JUNGschen Sinn (vorausgesetzt, man erkennt es an) auf eine regionale Bevölkerungsgruppe limitieren?

Wie sind die Wechselwirkungen zwischen Menschen und Naturraum greif- und untersuchbar zu machen?

Nach welchen Kriterien sind die hierfür relevanten Faktoren aus der riesigen agierenden Gesamtmenge isolierbar?

Zunehmend beschäftigte und belastete mich die Frage, warum ich eigentlich permanent diese extremen Schwierigkeiten hatte, mit den Schleswig-Holsteinern einigermaßen friedlich zusammenleben zu können. Sie ließ mich nicht mehr los, diese Frage, ich mußte dem Problem zu Leibe rücken, wollte ich nicht paranoiden Symptomen langsam aber sicher zum Opfer fallen.

Schwarzweiß-Malereien im trivialen Hollywood-Stil einer 'soap opera', in denen es immer nur suspekt-unerträgliche Gute und verlockend-anziehende Schlechte gibt, gehen selbstverständlich an der phylogenetischen Ambivalenz menschlicher Wesensart vorsätzlich und vollständig vorbei.

Gleichermaßen überflüssig, sinnlos und naiv wäre es, einem Teil der in diesem Buch Agierenden, meinen Antagonisten, die Schuld an meiner Misere 'en bloc' in die Schuhe zu schieben, wobei durch die egozentrierte Erzählerperspektive die Zuweisung von positiv und negativ schon vorgegeben wäre.

Also, wie dann?

Vielleicht führt es ein wenig weiter, den Schleswig-Holsteinern da nachzuspüren, wo sie ein Bild von sich selbst zeichnen. Nähme ich eine solche Darstellung und entkleidete sie von offensichtlichen Überzeichnungen, die aus dem Zweck der zu wählenden Textsorte ableitbar sein müßten, hätte ich womöglich eine Chance, ihnen auf die Schliche zu kommen[1].

---

1 Nach allem bisher Gesagten wird es die Leserschaft nicht in Erstaunen versetzen, daß die Norddeutschen, selbst wenn sie sich beide Beine ausrissen, bei mir höchstens ein winziges Kieselsteinchen im Brett haben könnten. Meine Erzählung erhebt insofern auch keinerlei Anspruch auf durchgehende Objektivität.

Allzu augenfälligen Klischees, wie sie jeder Volksstamm gern über sich selbst in Umlauf setzt, versuche ich, nicht auf den Leim zu kriechen, also entfallen für meinen Zweck Fremdenverkehrsbroschüren von vornherein, da sie nach Marketing-Gesichtspunkten erstellt werden. In ihnen ist wohl kaum mit kritischer Distanziertheit zu rechnen.

Ich will eine Geschichte zitieren, bei deren Verlesung (ohne meinen Folgekommentar) Schleswig-Holsteiner ein selbstzufriedenes, amüsiertes 'déjà-vu-Lächeln' mit großer Wahrscheinlichkeit nicht unterdrücken könnten:

«*Ein Münchner hat die Bierwerbung im Fernsehen gesehen und findet, nachdem er erst in Jever, Ostfriesland, gesucht hatte, den richtigen Leuchtturm: vor Westerhever. Er kommt also an und parkt seinen BMW unten am Deich auf dem Parkplatz neben der Schäferei. Auf einer Bank sitzen Hauke Haien, Björn Engholm und ein Büsumer schon einige Stunden beisammen. Der Münchner drückt sich den Hut tüchtig auf den Kopf, weil es so arg weht und fragt dann die drei, wo es zum Leuchtturm ginge. Alle drei sagen nichts. Der Münchner versucht es noch mal in Hochdeutsch: 'Entschuldigung, die Herren, wo bitte, geht es denn hier zum Leuchtturm?'*

Wieder sagen sie nichts. Der Münchner denkt, vielleicht sind es Ausländer, der eine mit der Pfeife sieht ja ein bißchen südländisch aus. Und versucht es mit Englisch: 'Sorry, could you please show me the way to the Westerhever lighthouse?'

Noch immer keine Reaktion. Schließlich kramt er die Reste seines Schul-Französisch hervor: 'Pardon, Messieurs, le chemin du phare Westerhaver, s'il vous plaît?'

Die drei schweigen und halten die Nasen in den Wind. Da gibt der Münchner auf und macht sich auf, quer durch die Zone I des Naturschutzgebietes Richtung Wattenmeer.

'Hast Du gehört?' fragt da Hauke Haien Björn Engholm. 'Was?' – 'Der konnte aber gut Hochdeutsch!' – 'Hmh, stimmt.' – 'Und Engelsch und Französch ok!' – 'Ja', sagt Björn Engholm, 'stimmt.' – Darauf der Büsumer: 'Ja, und hat ihm das was genützt?' – 'Überhaupt nicht, gar nicht',

sagt Hauke Haien. Und dann sagen sie erst mal wieder lange
nix. Und der Wind ging. Und die Flut kam.[1]»

Wortkargheit wird in Schleswig-Holstein als Tugend ge-
schätzt unter der impliziten Prämisse, daß südlicher behei-
matete Landsleute, wenn sie kommunizieren, nur leeres
Stroh dreschen und endlos dummes Zeug von sich geben.
Obwohl nur aus diesem negativen Kontrast heraus positiv
stilisierbar, wird Einsilbigkeit als Selbstwert isoliert und in
Form eines vorteilhaften, besonders Norddeutsche auszeich-
nenden Wesenszuges vereinnahmt.

Die Auswahl der Personen erfolgt für die norddeutschen
Teilnehmer der Anekdote mit der Absicht, daß Hauke Haien
die literarische Kompetenz und Bedeutung STORMS ver-
körpere, Björn Engholm den (mittlerweile gestrauchelten)
erfolgreichen Politiker der Ostküste repräsentiere und der
Büsumer den naturräumlich vorgegebenen, singulären Be-
rufszweig der Krabbenfischerei.

Alle drei sind somit *'per definitionem'* Unikate, die aus
anderen deutschen Gefilden gar nicht kommen *könnten*, was
ihnen schon einen uneinholbaren Platzvorteil verschafft.

Der Münchner ist ein Niemand, der ihm zugewiesene
BMW ist in dieser Konstellation selbstredend nicht als Refe-
renz an bayerische Motorenbaukunst gemeint, sondern soll
vielmehr die provinzielle Beschränktheit eines Bayern trans-
portieren. Ersetzte man den BMW durch einen Volkswagen,
wäre das vorgegebene, karikierende Interpretationsmuster,
an das sich, bitteschön, der Leser doch gefälligst zu halten
habe, bereits Makulatur. Eigentlich fehlt nur der Filzhut mit
Gamsbart, um den Fremden vollends zum Deppen abzustem-
peln.

Die durch zwei fehlerlos gesprochene Fremdsprachen
nachgewiesene Bildung (typischerweise durch den Autor sofort zurückgenommen: *'Reste ausgekramten Schul-Franzö-*

---

1 *Merian. Schleswig-Holstein.* Hamburg
(Hoffmann und Campe), Heft 7/93.

sisches') steht hier nicht in einem beispielgebenden und irgendwie nachahmenswerten Kontext, sondern soll ausschließlich demonstrieren, daß auch sie lediglich Varianten fruchtlosen Geschwätzes sind, charakteristisch eben für alle, die südlich der Elbe geboren wurden und an norddeutscher Geradlinigkeit, Charakterfestigkeit und Treue zu sich selbst und dem Land unabwendbar scheitern müssen.

Jemand, der klar erkennbar eine Orientierung sucht, in einem Land, in dem er Hilfe benötigt, versucht, mit diesem Anliegen in Verbindung mit den Einheimischen zu treten.

Sie verweigern schroff dieses Angebot, das mehrfach in unterschiedlichen Sendercodes gesendet wird, indem sie versuchen, nicht zu kommunizieren.

Allerdings ist es unmöglich, nicht zu kommunizieren, denn Ablehnung ist auch eine aussagekräftige Form, wenn man Kommunikation als gegenseitige Definition des Sender- und Empfängerstatus ansieht.

Diese Blockade Fremden gegenüber, die mir häufig im Norden (anderswo weitaus seltener) begegnet ist, könnte man, angelehnt an WATZLAWICKsche Terminologie, definieren als[1]:

'autistisch determinierter Versuch
der Kommunikationsverweigerung mit
stark xenophobisch geprägten Elementen.'

So, what's funny?

Jagdszenen gibt es nicht nur in Niederbayern.

Einer von denen, der Schleswig-Holsteiner mit Leib und Seele war und sich darauf einiges zugute hielt, stand vor mir, die Taschenuhr in der Hand.

Eigentlich stand die Taschenuhr mit ihm vor der Schule, ohne die charismatische Uhr wäre er mir gar nicht aufgefallen.

«*Später,*» stolperte Kronos, der Vertrocknete, spitz über einen ebensolchen Stein, «*später konnten Sie wohl nicht kommen?*»

---

1 Paul Watzlawick et al., loc. cit.

Damit konnte er nicht ernstlich meinen, daß ich zu früh gekommen war? An mir sollte es nicht liegen, liebend gern wäre ich wieder zurückgefahren, hätte auch mit Vergnügen Hanne nach dem Aufstehen unter die Dusche geholfen, statt mich genötigt zu sehen, mir das Wort zum Montag, verkündigt von Hilfskaplan Dr. Kleinlich, Oberstudiendirektor, anzuhören.

Die Miene, mit der er gern eine väterlich-ermahnende Interpretation in mir ausgelöst hätte, wirkte vaterländisch-vernichtend auf mich, uninterpretiert.

Wäre diese Begrüßung Teil einer Fernsehquizsendung gewesen, hätte dies einer pepsodent-lächelnden Assistentin Anlaß gegeben, steißwedelnd zu mir zu trippeln, kokett einen kleinen Gong hochzuhalten und, während sie mir einen tiefen Blick in ihr Dekolleté gestattet hätte, 'boing', mit einem Klöppel neckisch auf das Metall zu schlagen, um mir mitzuteilen:

'Der Kandidat hat null Punkte. Vielen Dank für's Mitmachen.'

Da dies aber nicht so war, mußte ich mich mit dem Anblick des Schulleiters begnügen, besaß trotzdem null Punkte, mußte in die Schule und hatte die ganze Sendung noch vor mir.

Nicht recht bei der Sache war ich an diesem ersten Spätsommerferien-Schultag, so, als ob mich all die Wichtigtuerei des pädagogischen Personals nicht beträfe, auch der noch ungezähmt fortdauernde Übermut der Schüler zerrte mir nicht an den Nerven.

Es war mir, als sähe ich all dem Treiben in dem Schulhaus mit der gleichen Anteilnahme zu, wie sie ein Zoobesucher aufbringt, wenn er durch eine dicke Glasscheibe die schwimmenden Fischen beobachtet, die nach rätselhaften, ihm ganz und gar nicht ersichtlichen Plänen durcheinander zappeln.

Ihm ist, da er nicht ungebildet, klar, daß sie mit ihrem Tun fischige Zwecke verfolgen, aber da es ihm unmöglich ist, sich in das biologische Programm eines kalten, artfremden Schuppentieres einzufühlen, beschließt er, die Kiementräger unbehelligt zu lassen.

Analoges entschied ich für mich, nämlich mich nicht länger als erforderlich der unwirtlichen Lebenssphäre auszusetzen, in denen andere Gesetze herrschten, als die, nach denen meine Lebensprozesse organisiert sind.

Der Stundenplan, den mir einer der Angehörigen des Hofstaates des Herrn Aquariumsleiters aushändigte, wies immerhin den erfreulichen Aspekt auf, daß ich samstags keinen Unterricht zu erteilen hatte, so daß ich in den folgenden zwei Monaten bereits am Freitag mittag auf die Insel zu meiner Frau fahren konnte, um das Wochenende mit ihr zu verbringen.

Auf dem Weg zurück zu meiner temporären Herberge hatte ich Muße genug, mit mir spekulierend zu Rate zu gehen, wie wohl der erste Eindruck zu bewerten sei.

Männliche Intuition, die sicher nicht fehlbarer ist als ihr feminines Pendant, sagte mir eindringlich und nicht zu überhören:

'Du brauchst gar nicht erst so zu tun, als ob hier irgend etwas in Ordnung wäre. Du hast doch ganz genau bemerkt, alter Schwede, daß es dieses Mal existenzbedrohend werden könnte. Hören wir doch endlich auf, uns gegenseitig so zu behandeln, als ob wir nicht wüßten, daß sie Dir jetzt das Fell über die Ohren ziehen wollen.'

Die milchig-stieren Augen des Direktors, diese widerwärtigen, mich nach Schweineart unverstehend-rechthaberisch fixierenden Blicke, amphibienhaft-stupide glotzend hinter Brillengläsern so dick wie die Böden von Bierflaschen, mich aufspießend wie Stecknadeln, die ein Schmetterlingssammler knackend durch den Chitinpanzer chloroformierter Beute bohrt, um sie seiner Trophäensammlung einzuverleiben, sie hatten mir seine Pläne gnadenlos offenbart:

'Teurer Freund, du bist verloren!
Fürsten haben lange Arme,
Pfaffen haben lange Zungen.
Und das Volk hat lange Ohren![1]'

---

1 Heinrich Heine, *Warnung*. Gedichte 1827–1830.

Mir war überhaupt nicht danach, mit meiner neunmalklugen Delphi-Intuition Streit anzufangen, ihr zu widersprechen, nein, warum hätte ich das tun sollen, waren denn ihre Orakel nicht immer eingetroffen?

Eigentlich hätte ich mich auf sie verlassen sollen, schon vor 18 Monaten, damals in Frankfurt, aber da war mein Roß noch sehr hoch gewesen!

Wäre es nicht überhaupt besser gewesen, mich nicht gleich Hals über Kopf auf das norddeutsche Abenteuer einzulassen?

Das sich abzeichnende Waterloo hatte ich meiner Ungeduld zuzuschreiben, deren Einflüsterungen ich nur zu oft willfährlich Folge geleistet hatte, wahrlich häufig genug nicht zu meinem Vorteil.

Was hätte ich mir denn vergeben mit einer Denkpause vom sicheren, ausgeloteten hessischen Port aus?

Wäre das, was ich einmal stolz *mein Leben* nennen können wollte, nicht einer intensiveren Planung, etwas mehr des Nachdenkens wert gewesen?

Was es jetzt war, versuchte ich vorsichtshalber nicht zu ergründen, diskutabel allemal nicht, drehte und wendete ich es auch, wie immer die Verdrängung es mir vorlog.

Einen Übergangsjob hätte ich schon gefunden. Um finanzielle Durststrecken zu überstehen, hätte ich Taxi fahren oder Nachhilfeunterricht geben können.

Aber das wäre natürlich unter der Würde des Herrn Staatsexaminierten gewesen, mit Krethi und Plethi Droschken zu chauffieren oder begriffsstutzigen Kindern Grammatik einzubleuen.

Wo denkt man hin?

Ich, ein Akademiker, unter zwielichtigem Gesindel? Man beliebt wohl zu scherzen!

Hochmut kam vor dem Fall im Norden.

Den Kopf beladen mit malträtierenden Ausgeburten des Coniunctivus potentialis und seinen zirkulierenden, vorwurfsvollen *'hätte, könnte, wäre, wenn und aber',* traf ich am Fähranleger ein und überließ es dem dort untätig düm-

pelnden Seelenverkäufer, mich irgendwohin zu bringen.
'Wahrschau, Du alte Kanalratte. Hol över!'
Wenn wir unterwegs vom holzbeinigen *Long John Silver* und seinen nach Blut dürstenden Korsaren gekapert worden wären, hätte das wenigstens Abwechslung in meines Daseins Finsternis gebracht. Vielleicht wäre das Kielholen des Rudergängers in dieser Wildnis ganz lustig geworden.

Natürlich wurden wir nicht geentert, in den Grund gebohrt oder shanghait, so daß mir nichts weiter übrigblieb, als trübsinnig an den stummen Backsteinhäusern vorbei langsam meinem Bungalow entgegenzustreben.

Hanne hockte grübelnd im Wohnzimmer und unterhielt sich mit einer Flasche Bier und einem doppelten Doppelkorn.

Das Gespräch schien nur seitens der Getränke flüssig zu verlaufen.

Wortlos setzte ich mich, um die Stille mit ihr zu teilen.

Endlos sah sie mich an, schwieg unverdrossen weiter. Nach dem dritten Schluck wußte sie, wie es meiner Seele ging:

«Wenn Du sie wirklich so haßt, sieh lieber zu, daß Du die Kurve kriegst, bevor sie Dich einmachen, das können sie nämlich gut hier!»

«Mit diesen, diesen, ich meine den Norddeutschen, kommst Du denn mit denen zurecht, ich meine Du bist doch mit ...?»

Tiefer Blick ins Bier, ausgiebige Pause.

Feuerzeugflamme, Zigarettenglühen, dann mit einem rauchverschleierten Hinschauen zu mir:

«Nein.»

Die Frage, die sich anschließen mußte, stellte ich nicht. Ich wußte, daß sie ungefragt antworten würde.

Bierholen aus der Küche. Absatzgeklapper auf Fliesen, dumpfes Zuschlagen der Kühlschranktür, Knirschen des Flaschenöffners an Glas und Metall, Zischen entweichender Kohlensäure.

Dumpf lastete die Augustsonne auf dem Bungalow, heizte

das Mauerwerk auf Backofentemperatur, die nachts ins Innere kroch, den Schlaf fernhielt und die Insassen in den Käfigen ihrer Hilflosigkeit, angestauten Wut und unausgelebten Leidenschaften gegen die Stäbe trieb.

Sie kam mit dem kalten Bier zurück und stellte die beschlagenen Flaschen auf die staubige Glasplatte des Tisches, auf der sie häßliche Ringe hinterließen.

«Allein hätte ich es hier nicht ausgehalten. Trotzdem würde ich das nicht noch mal machen.»

Die Unerträglichkeit des niederdrückenden Alleinseins in dieser fremden nordischen Welt, die nicht unsere Welt war, hatte ich selbst gerade hinter mir und schon wieder vor mir. Von meinen grauenhaften Anfängen auf der deprimierenden Insel war mir noch jede verheerende Stunde im Gedächtnis und meine Zukunft, die mir halbdunkel vor Augen stand, beunruhigte mich. Ihre Eindrücke brauchte sie mir daher nicht länger zu schildern.

«Bestimmt wäre das nicht lange gut gegangen, so allein.»

In ihrem Satz schwang unüberhörbar mit, daß ihr klar war, daß sie trotz Zweisamkeit noch genauso auf sich gestellt war wie in der vorhergehenden Einsamkeit. Die Lösung des Problems, eine, auf die nur Hanne verfallen konnte, bahnte sich an:

«Da ist etwas, das ich Dir sagen muß. Ich habe da jemanden kennengelernt, den ich Dir vorstellen will. Ich brauche Deine Meinung über ihn.»

Ihre Blicke, die sie bei meiner Begrüßung am Vortage nicht völlig unter Kontrolle gehalten hatte, waren von mir nicht mißdeutet worden.

Die Ausstrahlung Norddeutschland war viel zu schwach für sie, hatte sie nicht beeindrucken, geschweige denn ändern können in ihren grundlegend hedonistischen Verhaltensweisen sowie den Forderungen und Ansprüchen, die sie an das Leben stellte.

In dieser Hinsicht hatte sie sich stets genommen, was sie besitzen wollte, sei es auch um den zu zahlenden Preis tiefster Zerwürfnisse mit ehemals eng Liierten und dem steten

Näherheranrücken an die Selbstzerstörung, die mit der vorsätzlichen oder zumindest billigend in Kauf genommenen Auflösung aller sozialen Verpflichtungen und Mißachtung bourgeoiser Konventionen fast immer riskiert wird.

Frankfurt, das Lebensgefühl der Bohème, das sie beharrlich und unwiderstehlich angezogen hatte wie das Licht die Motte, ist ihr einfach nicht aus Sinn und Herzen gegangen, es hat den Sieg davongetragen.

Vor längerer Zeit hatten wir intensive Gedanken ausgetauscht über die *'lost generation'* und erstaunliche Parallelen zu unserer damaligen Existenz ausgemacht, jedenfalls aus der einstigen Perspektive.

Es war alles wie früher, was die Dinge des Nordens sicher nicht leichter machen würde, aber immerhin geriet das Leben damit in Bahnen, die Hanne und mir wohlvertraut waren, in denen wir uns auskannten, sehr im Gegensatz zur Marsch mit ihren uns bedrohlich-ominösen Bewohnern.

Ein Teil des verborgenen Sinns, den die Rückfälle in alte Gewohnheiten hatten, abgesehen vom naheliegenden des Lustgewinns, war derjenige, uns immer wieder davon zu überzeugen, daß unsere Lebensweise abgelehnt wurde.

Wir brauchten diese Herausforderung und Ausgrenzung, um in unserer Selbstdefinition und -begründbarkeit nicht wankend zu werden.

Auf dem Terrain der bewußt anti-bürgerlichen, anarchistischen Regelverstöße konnten uns die Exponenten der Schulbehörden schwerlich das Wasser reichen, zumindest nicht mit gleichermaßen offenem Visier. Sie mußten uns auf ihre repressive Weise attackieren, die wir antizipierten und als Wasser auf unsere Mühlen rauschen ließen.

Indem wir den Affront herausforderten, bestätigten sich unsere Erwartungen. Auch eine *'sich selbst erfüllende Prophezeiung'*.

Meiner Frage, in welcher Form sie denn vorhabe, ihren durch mich zu evaluierenden Partner bei ihrem Mann einzuführen, wich sie aus.

«Da wird mir schon noch was einfallen.»

«Dein Wort in Gottes Ohr.»
Ein *'Amen'* konnte ich mir gerade noch verbeißen, um
nicht in die blankeste Blasphemie abzurutschen.
«Na, darauf sollten wir denn wohl einen nehmen»,
erschien mir in dieser höchst delikaten Lage angemessener und unverfänglicher.

Frankfurt hielt uns wieder fest in den Armen, und die Zeit,
die Hannes Mann mit der Unterweisung der Schülerschaft in
Adam Rieses vertrackter Kunst zubrachte, vertrieben wir uns
damit, indem wir die alten Geschichten zum wiederholten
Male aufwärmten.

Am zweiten Tag war ich auf den Glockenschlag genau um
6.00 Uhr auf der Fähre und brauchte, da ich ausreichend Zeit
zur Verfügung hatte, wenigstens keine Befürchtungen zu haben, daß ich auf der Waschbrett-Deichstraße mit dem Kopf
Beulen ins Autodach schlagen würde.

Pünktlich betrat ich die Schule und versuchte vordringlich
herauszufinden, welche Sitzordnung im Lehrerzimmer zu be-
achten war. Kein größerer Fauxpas, als einem alteingessenen
Kollegen den Sitzplatz und damit die über Jahre erkämpfte
hierarchische Hühnerhofstellung streitig zu machen!

Vorzugsweise wählte ich den dunkelsten, ungemütlichsten
Platz direkt an der Tür, wo es am kräftigsten zog. Dort würde
man mich tolerieren.

'Lehrjahre sind keine Herrenjahre,' Debütanten müssen
sich überall mühsam Anerkennung verschaffen und nach
oben quälen.

In deutschen Gymnasien scheint dies besondere Gültigkeit
zu haben. Anfänger bekommen vollautomatisch die ungüns-
tigsten Stundenpläne mit möglichst vielen Randstunden,
was noch zu verkraften wäre.

Weniger leicht zu beherrschen ist die Situation, daß man
in all den Klassen eingesetzt wird, die niemand sonst unterrichten kann oder will, sei es aus disziplinarischen Gründen
oder wegen der Kollegiums-Überzeugung verlorenen Lei-
stungs-Hopfens und -Malzes.

Nach meiner (immer noch) völlig naiven Denkweise sollten Lehrer in Klassenkonferenzen, unter Einbeziehung der Elternschaft, den Gründen für aus der Norm fallende Verhaltensweisen auf den Grund zu gehen versuchen, und zwar unter dem vorausgehenden Eingeständnis der unterrichtenden Kollegen, daß man mit dieser Klasse *Schwierigkeiten habe, die man allein einfach nicht lösen könne* und die Hilfe aller erbitte, um in einer gemeinsamen, koordinaten Vorgehensweise den Problemen zu Leibe zu rücken.

Spätestens nach dem letzten Absatz platze ich mit einem zähneknirschenden, sarkastischen Gelächter heraus, wohlwissend, daß dies an denjenigen norddeutschen Schulen, die ich überlebt habe, einem Todesurteil gleichkommt, zuzugeben, daß man Probleme hat.

Ununterbrochen hatte ich als Lehrer gravierende Schwierigkeiten mit den Kindern, laufend stand ich vor Situationen, die ich nur sehr schwer überblicken, geschweige denn lösen konnte, ich war eben ein sehr schlechter Lehrer, ein total unfähiger, nicht wie die dynamischen, durchsetzungsfähigen Pädagogen, die den Tag gern vor sich haben, um mal *'kräftig in dem Sauhaufen aufzuräumen'* oder nach den Ferien mit *'neuem Biß'* die Schule zu erobern.

Hatte ich nie, ging immer zutiefst traurig, deprimiert und verängstigt in die Schule und fand sie von der allerersten bis zur allerletzten Unterrichtsstunde unerträglich belastend.

Es gab während der ganzen Zeit, in der ich an deutschen Gymnasien Lehrer war, nicht eine einzige Minute Unterrichtens, von der ich behaupten könnte, *'da habe ich mich richtig wohlgefühlt,'* nicht eine!

Immerhin hatte ich eine erfreuliche 5. Klasse (Sexta) bekommen, bei der ich nicht schon beim Berühren der Türklinke Schweißausbrüche und Magenkrämpfe bekam.

Anfangsunterricht hat viele Vorteile: die Kinder sind noch neugierig und lernbegierig, die relativ schnellen und hohen Anfangserfolge motivieren sie, weiter mitzumachen.

Meinem kosmopolitischen Unterrichtsstil kam die moderne Art von Erdkunde-Didaktik ausgesprochen entgegen.

Im Gegensatz zu Erdkundestunden früherer Zeiten, die

mir vorwiegend zur Ausbildung von Briefträgern und zum Trainieren von zukünftigen Champions im altehrwürdigen Spiel Stadt-Land-Fluß[1] geeignet schienen, unterrichtet man seit geraumer Zeit exemplarisch, indem man induktiv vom Besonderen zu grösseren Zusammenhängen schreitet.

Dieser Ansatz sagte mir sehr zu, denn nun konnte ich jederzeit im Handumdrehen die Marsch verlassen.

Das funktionierte anstandslos, und die Kinder waren begeistert. Beispielsweise durch ein völlig ungelenktes Lehrer-Schüler-Gespräch in folgendem Stil:

«Wer von Euch war gestern auf dem Deich?»

Klar, daß das immer mindestens fünf waren, meistens noch mehr, die sich alle vehement meldeten.

«Wenn man vor dem Deich steht, was fällt einem da auf[2]?»

«Man kann das Wasser nicht mehr sehen.»

«Aha, man sieht das Wasser nicht mehr. Und warum sieht man das Wasser nicht mehr?»

«Weil es davor bergauf geht.»

«Wo geht es sonst noch bergauf?»

Sie sehen sogleich, ich brauchte nie lange, um in meiner wahren Heimat, der *Confoederatio Helveticae* zu landen und den Kindern dort das zu vermitteln, was sie in ihrer späteren Existenz entscheidend voranbringen würde!

In diesem Zusammenhang brachte ich ihnen über die bloße Oberflächlichkeit hinausgehende Detailkenntnisse des Waadtländer Weinbaus[3] nahe und bei, spezielle Tricks habe ich ihnen mitgegeben, wie sie bei Kultivierung, Ernte, Keltern, Gärung und Lagerung des *'Chasselas romand'* zu be-

---

1 Es ist zwar sehr beruhigend zu wissen, daß *'Iller, Lech, Isar, Inn'* in die Donau rinfließen, und daß ihr *'Altmühl, Naab und Regen'* höflicherweise entgegenkommen, im Leben hilft einem das aber nicht wesentlich weiter, schätze ich.

2 Außer, daß man mal wieder versehentlich in einer Ladung Schafscheiße steht ...

3 Da der Onkel meiner Frau Weinbauer ist, konnte ich etwas aus dem Nähkästchen plaudern und den Unterricht mit sehr menschlichen Anekdoten auflockern.

achten sind, damit meine ehemaligen Schüler vor dem Leben bestehen können und nicht wie Dösbartel dahinvegetieren müssen.

Dezidiert warnte ich vor der Aufzuckerung, wie sie an der Mosel geliebt und gepflegt wird, was die Zecher am nächsten Morgen mit rasenden Kopfschmerzen büßen müssen, Oechsle-Grade waren meinen Kindern keine böhmische Dörfer und Refraktometer hielten sie nicht für eine exotische Methode, gebrochene Knochen zu vermessen.

Ja, darauf bin ich sehr stolz, bei aller Bescheidenheit, darauf bilde ich mir schon einiges ein!

Man zeige mir die Klasse Norddeutschlands, die auch nur annähernd soviel von der altehrwürdigen Kunst der Vinifikation versteht wie meine, was?!

Da könnt Ihr aber lange suchen, Ihr Norddeutschen, Ihr Tranfunzeln!

Dem Direktor fehlte natürlich jegliches tiefergehende Verständnis für meinen Weinbauunterricht, was mich nicht überraschte, ich rechnete ihn eher den Schluck-und-Bier-Typen zu, deren einzige Möglichkeit, Wein zu differenzieren, darin besteht, die Farben rot und weiß auseinanderzuhalten. Beim Rosé haben sie ihre Erkenntnisgrenze erreicht, und Champagner halten sie für einen Wein, der unter Preßluft gesetzt worden ist, damit man kräftiger aufstoßen kann, wobei man auf die Stabilität der Vorderzähne achten sollte.

Nachdem mir vom Anstaltsleiter förmlich verboten worden war, den Weinbau am Genfer See weiterzuverfolgen, ging ich zur Bodenkunde über. Die Eiszeiten haben mir schon immer sehr am Herzen gelegen.

«Habt Ihr schon einmal etwas von Eiszeiten gehört?»

Hatten sie, sie saßen ja auf deren Hinterlassenschaften, der geologischen Müllkippe Norddeutschland.

«Wißt Ihr denn, was während der Eiszeiten mit dem Wasser passiert ist?»

Das konnten sie zu Hause im Gefrierfach auch gut sehen.

«Und wenn sich in einem Gebirge ganz viel Eis angesammelt hat, wie nennt man das?»

«*Gletscher, Herr Peters. Ich bin schon mal auf einem gewesen.*»

Von da aus war es nur noch ein Katzensprung in die Moränen, von denen es viele am Genfer See gibt, und rein zufällig hatte ich ein paar Dias dabei, die ich gleich mal zeigen konnte, wo wir gerade bei glazialen Serien waren.

Beim besten Willen nicht mir vorzuwerfen war das Phänomen, daß Weinreben gut auf Moränen in der welschen Schweiz gedeihen, wirklich nicht, dafür bin ich ausnahmsweise nicht haftbar zu machen, Herr Dr. Kleinlich, ehrlich!

Die Schwerpunkte meiner außerdienstlichen Aktivitäten legte ich darauf, eine akzeptable Wohnung zu finden.

Mein Eindruck davon, wie sich die Relationen in der Hanneschen Wohngemeinschaft entwickeln würden, riet mir dringend, eine möglichst schnelle Umsiedlung anzustreben.

Aber das war 1982 nicht so einfach wie gewünscht, da der Wohnungsmarkt eine eher den Hausbesitzern als den Mietern günstige Konstellation aufwies.

Immerhin konnte ich aus dem weitgefächerten Potential des Kollegiums und der Schülerschaft zu schöpfen versuchen, indem ich meine Unterkunftssuche publik machte.

Bald hatte ich einige Angebote, die ich umgehend in Augenschein nahm. Die ersten beiden waren indiskutabel wegen des geforderten Mietzinses und der nicht damit schritthaltenden Wohnqualität; aber das dritte der Angebote, das beschäftigte mich sehr.

Ein 50jähriges Haus an einem Sportplatz, direkt davor der Leuchtturm, den ich vom Vorbeifahren kannte. Rot-weiß gestreift, wie es sich für ein solches Seezeichen gehört, war er schon von weitem zu sehen.

Dieser Anblick von Haus und Turm fesselte mich ebenso wie die sehr große Wohnung unter dem Dach, deren Zustand allerdings katastrophal war.

Alle Räume waren verwohnt und unbedingt renovierungsbedürftig, die Tapeten hingen in Fetzen von den Wände, Teppichböden existierten nicht, in der Küche gab es noch nicht einmal einen Herd, und ich konnte mich nicht recht entscheiden, da es sich meiner Vorstellungskraft entzog, ob ich die Wohnung im erneuerten Zustand als wohnlich oder unheimlich erleben würde.

Die Vermieterin gab sich die größte Mühe, mich zu becircen, möglichst schnell den Vertrag zu unterschreiben, unter dem wiederholten Hinweis, daß eine größere Zahl anderer Interessenten warte, sie aber mich bevorzugen wolle, weil ich ihre Tochter in meiner Klasse hatte.

Von der letzten Bemerkung wußte ich nicht recht, wie ich sie bewerten sollte[1], stufte sie aber vorläufig, bis zum Beweis des Gegenteils, als irgend etwas positiv Gemeintes ein.

Täglich ließ sie mich von ihrer Tochter über die Dringlichkeit der Wohnungsvergabe unterrichten, so daß ich dann, trotz nach wie vor bestehender Unsicherheiten, mich bereit erklärte, sie abends zur Vertragsunterzeichnung aufzusuchen.

Die Nacht hatte ihr scharzes Tuch über die Marsch geworfen, nur der alle vier Sekunden sichtbare Kegel des Leuchtturms wies mir den Weg zum Bungalow des Herrn Gießbert Fliege, seines Zeichens Meister der Dachdeckerkunst, dessen Frau die Immobiliengeschäfte ihres Mannes regelte, und die mich zur Unterschrift erwartete.

Frau Fliege zählte sich, wie sie durch ihr Auftreten nachhaltig deutlich zu machen versuchte, zur *'Crème de la Crème'* der Hinterdeichgesellschaft, die sich vergeblich darum bemühte, den Tiefgang der vorbeiziehenden Seeschiffe zu erreichen.

'Madame la Couvreuse', die Gattin des Dachdeckermeisters, in dessen Charakter die windige Tätigkeit auf vielen Häuserdächern ihre deutlichen Spuren zurückgelassen hatte, besagte Dame konnte sich mit dem unaufhaltsamen Ent-

---

1 Dies war die Wirkung der schändlichen Behandlung auf der Insel und meines sich ausbreitenden Mißtrauens. Selbstzweifel nagten zunehmend an meinem Glauben in die eigenen Fähigkeiten. Mehr und mehr kapselte ich mich gegenüber meiner Umwelt ab, nahm sie schließlich als ausnahmslos feindselig wahr, selbst meinen Schatten ließ ich nicht mehr unverdächtigt, Heimtücken gegen mich im Schilde zu führen.

schwinden der Attribute von angebeteter Jugend, dem Verblassen ihrer *'Jeunesse dorée'* nicht abfinden und setzte das geballte Sortiment an Gegenmaßnahmen ein, das die Drogerien bereithalten, um die Spuren, die das Leben hinterläßt, zu verkleistern und zu übertünchen.

Höhensonnenbräune, durchbrochen von gleißenden Jakketkronen, begrüßte mich vor dem Haus, neben einem unübersehbar aufgestellten Automobil aus Untertürkheim.

Liz Taylor II. führte mich ins Haus, das in dem Stil eingerichtet war, den Möbelhäuser irrigerweise als *'altdeutsch-rustikal'* bezeichnen.

Eiche massiv, für die Ewigkeit bestimmt.

Die unverputzten, raumteilenden Innenwände waren teilweise kreisförmig durchbrochen und mit pseudo-gealterten Wagenrädern dekoriert, die dem Ganzen das gewisse Etwas von Ben Cartwrights Besitzungen gaben. Bonanza in der Marsch[1].

Charmant flötend bot mir die Dame des Hauses ein Bier an, das mir ihr bildhübsches Töchterlein lächelnd kredenzte. Sie waren alle so unsagbar freundlich zu mir, was sicher nicht meiner maskulinen Ausstrahlung zuzurechnen war, deren Wirkung, wenn überhaupt, dann auf anderen Frequenzen liegt, als Dachdeckersfrauen sie empfangen können.

Ich sende stark chiffrierte Wellen, sie empfangen nur im Lang/weiligen/wellenbereich. Die Störungen und Kreuzmodulationsverzerrungen der Rechteckdurchgänge sind unüberbrückbar zwischen ihnen und mir.

Natürlich fiel ich auf den Charme und die erotische Ausstrahlung der beiden Grazien herein, so wie immer.

Die Fragen, die ich mir zu stellen vorgenommen hatte, brachte ich nicht an und führte mich stattdessen auf, als hätte ich soeben neue Freundschaften geschlossen.

---

1 Als ich mit der Zeit die geschäftlichen Gepflogenheiten der Firma Fliege kennen- aber nicht schätzen gelernt hatte, kam ich zu der Erkenntnis, daß der Wildwest-Stil eigentlich ganz gut zu ihnen paßte, aber ich greife den Ereignissen vor, zurück in die Ponderosa!

Gießbert wurde mir an diesem Abend noch nicht gezeigt, vermutlich war er durch die Anstrengungen seines Tagesablaufs so mitgenommen, daß man ihn früh zu Bett gebracht hatte.

Die Marschnymphen empfahlen mir abschließend diejenigen ortsansässigen Handwerker, die aus der Wüstenei, welche die Wohnung derzeit noch war, im Handumdrehen ein Luxusappartement zaubern würden, dann war ich wieder allein auf der Straße, auf dem Weg zur Fähre.

Die Folgezeit sah mich damit ausgelastet, diversen Malern und Elektrikern Aufträge zu erteilen, überwiegend vergeblich auf sie in der Wohnung zu warten, Tapeten und Teppichböden auszusuchen, Kostenvoranschläge zu prüfen, zu verwerfen, neue anzufordern etc., während sich bei Hanne die Situation immer mehr zuspitzte, und ich den Tag meines Auszuges kaum noch erwarten konnte.

Mittlerweile hatten sowohl Hanne, was ich hinreichend kannte, als auch ihr Mann, was mir neu war, die beunruhigende Gewohnheit angenommen, die Abwesenheit des Partners jeweils dafür zu nutzen, mich als Ehe- und Sexualberater in Anspruch zu nehmen, wofür ich mich als denkbar ungeeignet betrachte.

Hannes Mann spürte etwas von dem drohenden Unheil, das in Form des noch einzuführenden Fremdlings über sein bis dahin bürgerlich-friedliches Leben hereinbrechen würde.

Sie wiederum konnte sich partout nicht schlüssig werden, was sie nun eigentlich im weiteren vorhatte.

Also konsultierten sie mich abwechselnd und traktierten mich mit teilweise manifesten, teilweise eingebildeten Frigiditätsproblemen und ähnlichen Belanglosigkeiten. Ich wartete nur noch darauf, daß sie praktische Therapieübungen zu dritt vorschlagen würden, denen ich mich allerdings durch Flucht entzogen hätte, da mir die Kompliziertheit ihrer Beziehungskisten langsam über den Kopf zu wachsen drohte.

Wie ich mich verhalten sollte, ohne alles noch schlimmer zu machen, war mir unklar.

Hannes Mann konnte ich wohl schlecht erzählen, daß seine Frau, nach meiner gesicherten Einsicht, alles andere als frigide war, wenn er aber diesen Eindruck gewonnen habe, die Ursachen bei ihm oder in seiner Wirkung auf sie zu suchen seien.

Eine didaktisch sehr schwer vermittelbare Materie, wie mir scheint.

Mir reichten eigentlich schon meine eigenen Probleme mit der neuen Wohnung und der Schulsituation, die sich alles andere als beruhigend entwickelte, nämlich so, wie ich befürchtet hatte, als Fortsetzung der Insel-Elegie.

In den ersten drei Wochen hatte mein einfühlsamer Dienstvorgesetzter schon zweimal in meinem Unterricht hospitiert und nicht viel Gutes an den Stunden finden können.

Die Besprechungen der Stunden erfolgten nach dem Muster, das mir nun hinlänglich bekannt war.

Hatte ich ruhig vor der Klasse gestanden, hieß es, ich sei wohl angewurzelt gewesen:

«Die Kinder schlafen Ihnen ja ein, merken Sie das nicht?»

Bewegte ich mich hin und her, wie Menschen das so an sich haben, hieß es:

«Was Sie mit Ihren dilettantischen Unterrichtsversuchen nicht hinkriegen, schaffen Sie mit planlosem Herumgerenne auch nicht, außer alle vollends verrückt zu machen.»

Benutzte ich Dias, hätte es natürlich ein Film sein müssen[1].

Nahm ich einen Film, wurde ich belehrt, daß selbst Hunde mit solchen antiken Medien schon lange nicht mehr hinter den Öfen vorzulocken seien.

Ließ ich die Hausaufgaben verlesen, äußerte man, daß dies bedeute, daß bei mir nicht von allen die Hausaufgaben gemacht würden, sonst müsste ich ja nicht lesen lassen.

Verzichtete ich auf das Verlesen, wurde mir vorgeworfen, eine einmalige, nie wiederkehrende Chance zur Verstärkung des Hausaufgabeneffekts sträflich vernachlässigt zu haben.

---

1 *'Triumph des Willens'*, von Leni Riefenstahl, vermute ich, wäre nach Dr. Kleinlichs Geschmack gewesen.

Beendete ich die Stunde pünktlich:

«Sie sollten endlich souverän genug werden, sich von der Glocke nichts vorschreiben zu lassen.»

Führte ich meine Gedanken noch eine Minute nach dem Läuten zu Ende, wurde ich als Pausendieb bezeichnet, der kein Recht dazu habe, den Kindern die Zeiten der Erholung zu beschneiden.

Am liebsten hätte ich diesem Penner die Fresse poliert, um mich endlich mal so auszudrücken, wie das Volk spricht, das noch über natürliche Empfindungen verfügt, im Gegensatz zu Akademikern.

Nach einem Monat teilte ich dem Anstaltsleiter schriftlich mit, daß ich an den Unterrichtsnachbesprechungen nicht mehr teilzunehmen gedenke. Ohne Begründung.

Im Kollegium war ich von allem Anfang isoliert, und sie ließen mich deutlich spüren, daß sie nicht vorhatten, mehr als den dienstlich unumgänglichen Kontakt mit mir zu pflegen.

Ziemlich zu Anfang hatte ich einige von ihnen zu einer kleinen Wohnungseinweihungsfeier eingeladen.

Von denen, die zugesagt hatten, kamen nur zwei Drittel, der Rest hielt es noch nicht einmal für nötig, sich zu entschuldigen.

Später wurde mir zugetragen, etliche von denen, die gekommen waren, hatten diese Zusammenkunft als einen plumpen Bestechungsversuch angesehen, als ein infames Manöver von mir, ihr Schicksal mit meinem Untergang zu verbinden.

Ich war *der einzige* von annähernd fünfzig im Kollegium, der SPD- und Gewerkschaftsmitglied war!

Während eines regionalen Wahlkampfes, bei dem ich vor einem Fabriktor Zettel verteilt hatte, mußte ich dem Schulleiter Rede und Antwort stehen für meine außerdienstliche Parteiaktivität. Herr Oberstudiendirektor Dr. Kleinlich stellte abschließend fest, daß es mit den dienstlichen Obliegenheiten eines Beamten nicht in Einklang zu bringen sei, für *so eine Partei* zu arbeiten.

So eine Partei, meine Partei, ist zufällig die Partei mit der längsten demokratischen Tradition in Deutschland.

246

Der Herr Direktor war offiziell in keiner Partei.

Alle drei Monate nahm er gern die Gelegenheit wahr, an der Vereidigung der Rekruten in der ortsansässigen Marinekaserne teilzunehmen.

Großer Zapfenstreich, der Yorcksche Marsch, da glänzten die Augen, und die morschen Knochen zitterten:

'Wir werden weiter marschieren,
bis alles in Scherben fällt,
denn heute gehört uns Deutschland
und morgen die ganze Welt!'

Schön ist das Leben in meinem Vaterland, schön zackig. Für den, der so etwas mag. Ich mag so etwas nicht. Überhaupt nicht.

Um meine Frau nicht schon vor ihrem Zuzug vollends zu demoralisieren, versuchte ich vergeblich, die erneut äußerst beunruhigende, negative Entwicklung vor ihr geheimzuhalten und erzählte an den Wochenenden nichts davon.

Mein Verhalten sagte ihr auch ohne verbale Berichte genug. Stillschweigend ließen wir die Schule undiskutiert zwischen uns.

Von Wochenende zu Wochenende verzögerte ich den Abfahrtstermin von der Insel.

War ich anfangs am Sonntag gegen 16.00 Uhr gefahren, bürgerte es sich nach und nach ein, erst in der Nacht und schließlich am Montagmorgen um 4.00 Uhr zu starten, direkt zum Unterricht.

Diese Fahrten, geprägt vom Trennungsschmerz von meiner Frau und der Beklommenheit und Verängstigung wegen des bevorstehenden Wochenanfangs, werde ich niemals vergessen.

'Paris–Roubaix', den ehrwürdigen Straßen-Klassiker, nennen sie *'die Hölle des Nordens.'*

Meine liegt noch weiter in Richtung zum nördlichen Polarkreis, da sind meine restlichen Illusionen vom Menschen zuschanden gemacht worden!

*

Bei Hanne standen alle Zeichen auf Entscheidung. Sie hatte den Stier bei den Hörnern gepackt und alles auf eine Karte gesetzt.

Die mir geläufige Parole lautete mal wieder: *'Lieber ein Ende mit Schrecken, als ein Schrecken ohne Ende.'*

An einem Montag war ich bis zum späten Nachmittag in der Leuchtturm-Wohnung geblieben und hatte den Handwerkern geholfen. Relativ zufrieden traf ich hinter dem Kanal ein und lief mitten in die Entscheidungsschlacht, die ganz harmlos anfing.

Als ich die Wohnungstür öffnete, fuhr ein Zug der Rhätischen Bahnen, Destination *'Davos Platz'*, wie ich an einem Waggons lesen konnte, direkt auf mich zu, zu meinem Erstaunen, hatte ich doch in den Wochen vorher überhaupt nicht bemerkt, daß ich auf einem Bahnhofsareal kampiert hatte.

Blitzschnelle Rekapitulation meines Alkoholkonsums ließ mich Halluzinationen ausschließen.

Ich knallte die Tür zu, schlenderte gedankenverloren zum Auto und rauchte in Ruhe eine Zigarette.

Das Auto sah eigentlich ganz normal aus, so wie immer, und als ich mich in den Arm kniff, tat das weh, wie es sich gehörte.

Eigenartig, in der Tat hochgradig ungewöhnlich.

Mir selbst Beruhigung und Trost zusprechend, machte ich einen erneuten Versuch.

Jetzt war es der Intercity *'Montblanc'*, der gerade ratternd und etwas ungelenk in die Küche abbog.

Gänzlich schien die gewohnte deutsche Ordnung noch nicht hinweggefegt worden zu sein, denn das Einfahrtsignal war vorschriftsmäßig geöffnet. Weiter hinten in der Wohnung hörte ich das Gellen einer Trillerpfeife. Sie schienen sogar einen Stationsvorsteher zu haben.

Dies alles machte mich sehr nachdenklich.

Wäre es nun schließlich so weit gekommen, daß ein Sanatoriumsaufenthalt angeraten schien?

Hätten sie mich doch endlich dahin gebracht, wo sie mich schon lange haben wollten?

Ob hinter der Küchentür bereits die muskulösen, anfangs freundlichen Herren warteten, mir in die Zwangsjacke zu helfen?

Aber das würde Hanne sicher nicht zulassen, meine gute Hanne. Wo war sie überhaupt?

Vielleicht im Wartesaal, *äh,* im Wohnzimmer, wollte ich denken. Ein schüchterner Blick in diese Richtung ließ mich etwas Hoffnung schöpfen. Dort sah alles ganz harmlos aus, so wie früher auch. Vielleicht war ja noch nicht alles verloren.

Auf Zehenspitzen schlich ich mich in die Diele und warf von dort einen verstohlenen Blick in die Küche. Der *'Montblanc'* stand hell erleuchtet vor dem Kühlschrank. Offensichtlich wartete er auf Proviant für die hungrigen und durstigen Reisenden.

Vorsichtig weiter, bloß nirgends angestoßen. Leise, leise, auf Samtpfötchen erreichte ich die Stubentür und peilte mit einem Auge um die Ecke.

Der gesamte Teppichboden war bedeckt von Gleiskörpern, Weichen, Stellwerken, Drehscheiben und allem, was ich mir als Kind immer sehnlichst gewünscht hatte.

Vor dem Hauptbahnhof lag eine leere Flasche *'Jim Beam'.*

Als nächstes sah ich ein Paar roter Socken, die über ein Sofaende herabhingen. In den Socken befanden sich Füße, woraus ich messerscharf schloß, daß weiter oben auch noch Beine dran sein müßten.

Und richtig, es war tatsächlich so. Bevor ich weitere Mutmaßungen anstellen konnte, was wohl noch alles an den Socken hing, drehten sie sich mit lautem Grunzen um, das heißt, es waren weniger die Socken, die dieses Geräusch hervorgebracht hatten, sondern das entgegengesetzte Ende.

Geheuer war mir all dieses nicht. Vielleicht ein entflohener Sträfling, schoß es mir durch den Kopf.

'Der hätte natürlich als erstes seine elektrische Eisenbahn hier aufgebaut, sich vollaufen lassen und sich dann aufs Ohr gehauen zum Matratzenabhorchdienst, Du Blödmann',

sagte mir der winzige Teil meines Hirns, der noch halbwegs logische Gedankenketten hinbekam.

'Entschuldige, mein liebes Restgehirn, ich bin ein wenig durcheinander. Wer kann denn das bloß sein? Hilf mir ein bißchen, bitte!'

Noch ehe meine zentrale Recheneinheit weitere Hypothesen produzieren konnte, hörte ein anderer, von der Natur dafür vorgesehener Teil meines Schädelinhalts etwas, das er aufgrund seiner jahrzehntelangen Erfahrung im Vergleichen von Geräuschen als Vollbremsung eines Autos identifizierte.

Flaschenklirren näherte sich der Wohnungstür, und Hanne betrat schnaufend, aber strahlend das Haus, setzte mehrere Plastiktüten mit Getränken neben einem Güterzug ab und jubilierte:

«Na, wie gefällt er Dir?»

«Wie er mir gefällt? Was soll die dämliche Frage? Jetzt wirst Du mir erstmal was erklären, meine Gnädigste», drehte ich den Spieß um und setzte sie in einen Sessel.

«Wer ist, bitte sehr, dieser freundliche Herr, der etwas mitgenommen zu sein scheint? Wohnt der jetzt hier, oder ist das der Briefträger, der zu viele Pakete auf einmal ausgetragen hat, oder was?»

«Das ist Hinrich. Er wohnt ab heute bei uns.»

Ich versuchte gerade, diese ungewöhnliche Tatsache unkommentiert zur Kenntnis zu nehmen, als das Geräusch des hausherrlichen Schlüssels in der Haustür unseren fruchtbaren Gedankenaustausch unterbrach.

Drei Männer im selben Raum, deren Rollenverteilung eigentlich nur Hanne kannte, aber selbst dessen war ich mir inzwischen nicht mehr so ganz sicher.

Eigentlich eine hochinteressante Konstellation, theoretisch betrachtet: ich, als ein Relikt ihrer Studienzeit, ihr Mann, die Gegenwart, und der Schnarchhahn, von dem sie sich für die Zukunft vermutlich mehr versprach, als daß er die wirklich spannenden Augenblicke ihres gemeinsamen Lebens einfach verschlief.

Bevor der nächste Herr die Szene bereichern konnte, trat er zunächst auf eine Dampflokomotive mit Tender, die beide, im Tode vereint, knirschend ihren Geist unter seinem Gewicht aufgaben.

«Paß doch auf, die hat 650,- Mark gekostet, Du Simpel», fauchte Hanne voller Empörung ihren Mann an, der bei der Heimkehr nicht darauf vorbereitet gewesen war, seine Unterkunft zwischenzeitlich in eine Betriebsanlage der Deutschen Bundesbahn umgewandelt vorzufinden.

Die arme Dampflok sah aus, als käme sie gerade frisch aus einem Shredder, den der Lokomotivführer mit der Waschanlage verwechselt hatte.

Mein dem Zugunglück folgender Hinweis darauf, daß man selbst für solche Beträge keinerlei Qualität mehr erwarten könne, was man ja an dem mitleiderregenden Zustand der zermalmten Dampfmaschine erkennen könne, konnte bedauerlicherweise von keinem der Anwesenden als subtil ironisch identifiziert werden.

Als nächstes entspann sich ein auf beiden Seiten grimmig und mit letztem Einsatz geführter Disput über Sinn und Unsinn übermäßigen Saufens in den Wohnungen fremder Leute.

Jetzt wurde die Lage rapide brenzlig, Hannes Noch-Ehemann war ab diesem Stadium jederzeit eine Affekthandlung, eine Bluttat, zuzutrauen.

«Aus meinem Haus. Haut endlich ab. Ich habe jetzt die Nase gestrichen voll von Euch. Von Dir auch, Du bist auch nicht besser», fertigte er mich bei der Gelegenheit gleich mit ab.

Noch am selben Abend verlegte ich meinen Standort in das einzige, immerhin schon tapezierte Zimmer im Haus am Leuchtturm neben der sich wiegenden Reihe von Pappeln.

Später würde ich unendlich viel Zeit haben, den Rhythmus ihres Reigens zu beobachten.

All ihre Bewegungen würde ich kennenlernen, mit denen sie sich im Wind bogen, sich vor ihm verneigten oder sich trotzig schüttelten, wenn er zu grob zu ihnen war, so vertraut würden sie mir werden, daß ich mir jederzeit die Kühnheit erlaubt hätte, ein Menuett mit ihnen zu wagen:

«Darf ich Sie höflich um die Ehre des nächsten Tanzes bit-

*ten, mein liebes Fräulein Pappel? Wie wunderbar schlank
Sie sind, meine Schöne, diese grazile Wespentaille, ich bin
hingerissen von Ihrer Anmut, ganz einfach hingerissen!»*

10. Kapitel

Nun war ich wieder allein mir mir.

Allerdings eher wohltuend allein, was seine Ursachen maßgeblich darin hatte, daß das Studienräte-z.A.-Bungalow-Kuddelmuddel mit Turbulenzen verbunden war, die auf die Dauer beim besten Willen nicht zu verkraften gewesen wären.

Wie Hanne damit wohl zurechtkommen würde, wenn die erste Verliebtheit, der nicht über den Weg zu trauen ist, dem Alltagsleben weichen würde?

Die Proben darauf, ob sich diese Beziehung bewähren würde, standen beiden noch bevor.

Ob er, ein einfacher Mann, sich wohl lange im Glanz ihrer exzellenten Allgemeinbildung würde sonnen können, ohne darunter zu leiden, daß ihre geistigen Ansprüche ein anderes Kaliber hatten, als er ihr bieten konnte?

Und sie, welches Bild würde sie sich von ihm machen, wenn sie seine gewöhnlichen Mißerfolge kennengelernt haben würde?

Mancherlei über Beziehungchaos und menschliche Unzulänglichkeiten ging mir durch den Kopf, während ich mich auf eine Klassenarbeit der Untertertia III zu konzentrieren versuchte, die vor mir lag und darum bat, endlich korrigiert zu werden.

Die Stimmung der Wohnung, in der ich an einem alten Campingtisch saß, sagte mir außerordentlich zu, trotz des Baustellencharakters, in dem sich die Räume noch immer befanden.

Vor einer Woche war ich eingezogen, ausgestattet mit meiner inzwischen Umzugsstandard gewordenen Behelfsausrüstung.

Hauptsächlich bestand sie aus dem erwähnten Tisch, auf dem mir damals im August 1969 in England ein heruntergekommener Hippie aus Tarotkarten den weiteren Verlauf meines Leben prophezeit hatte, während der Mond zwischen den Steinringen von Stonehenge einen Spaziergang machte, verschmitzt lächelnd um die Monolithe wanderte und sich kopfschüttelnd sein Teil dachte, als der Hippie ein blutverschmiertes, halb verwestes Kaninchen auf den Tisch legte und erklärte, dieses Tier sei für mich am Kreuz gestorben, ich solle auf die Knie fallen und es anbeten.

Passend zum Tisch verfügte ich außerdem über einen stoffbespannten Stuhl, nautisch hübsch verziert mit einer Ruderpinne, die sich einträchtig in die maritime Umgebung des Leuchtturmhauses einfügte.

Beide Möbel hatte ich unter das Fenster des Zimmers geschoben, das ich auserkoren hatte, uns dereinst als Eßzimmer zu dienen.

Die groben Planken des Fußbodens waren übersät mit Bauschutt, den die Renovierungsarbeiten zurückgelassen hatten, so daß es beim Durchmessen des Raumes vernehmlich knirschte, wohin auch immer ich den Fuß setzte.

Durch das breite, niedrige Fenster hatte ich direkten Ausblick auf meine Freundinnen, die Pappeln, in deren silbriggrünen Blättern das Licht spielte, und denen das behutsame Streicheln des Windes ein wohlig-zufriedenes Rascheln und leises Rauschen entlockte.

Die Lichtfinger, welche die Sonne der Mutter Gaia schickte, verhießen die Nähe des Herbstes mit seinem gedämpften Glanz, den ich über alles liebe, er zeichnet viel sanftere Konturen als die Sommersonne, die alles verkürzt und einebnet, während die September- und Oktoberstrahlen die Gegenstände und Pflanzen scheu und liebkosend anrühren, sie umfließen, ihnen Räumlichkeit, unergründlich tiefe Schatten geben und sie mit rücksichtsvoll-zärtlichen Pastellfarben bemalen, so wie ein hingebungsvoller Photograph, der sein angebetetes Lieblingsmodell mit einem Filter weichzeichnet, um seine tiefe Verehrung sichtbar zu machen und es in seiner ganzen Schönheit für die Nachwelt unsterblich zu machen.

Auf dem schmalen Hof unter meinem Fenster beobachtete ein in sich und die Natur versunkenes kleines Mädchen zwei flatterhafte Kohlweißlinge, die unstet um eine Distel taumelten, so als seien sie sich unschlüssig, ob man sie als außergewöhnlichen Landeplatz ausprobieren solle.

Sie entschieden sich am Ende dafür, dieses gefährliche Wagnis sicherheitshalber nicht auf sich zu nehmen und flirrten davon, verfolgt von den erstaunten Augen des träumenden Kindes, das sich wieder der roten Schubkarre zuwandte, in der seine festlich herausgeputzte Lieblingspuppe Platz genommen hatte, in der stillen Erwartung, ausgefahren zu werden, welchen Wunsch ihre folgsame Herrin umgehend erfüllte und mit dem leise quietschenden Gefährt meinen Blicken entschwand.

Leicht hätte ich ihren Weg verfolgen können, denn unsere neue Wohnung nahm das gesamte Dachgeschoß ein, dessen Fenster in alle vier Himmelsrichtungen geduldig Ausschau hielten, die meisten von ihnen zwangsläufig die Dachschräge nachvollziehend, wodurch eine sehr stimmungsvolle Ambiance geschaffen wurde.

Um von einem Zimmer in das nächste zu gelangen, mußte ich jedes Mal heraus auf den Korridor, der in einem an einer Seite offenen Viereck sozusagen das zusammenhaltende Element der Gesamtbehausung darstellte.

Zu Anfang war diese architektonische Ungewöhnlichkeit sehr verwirrend, da ich ständig vergaß, in welche Richtung ich gehen mußte, um das angestrebte Zimmer zu erreichen.

In jedem Raum gab es anders gewinkelte Dachneigungen. Nachdem mein Kopf mit allen heftige Bekanntschaft gemacht hatte, war die Topographie endlich verläßlich gespeichert.

Die entschieden bemerkenswerteste Räumlichkeit stellte das Wohnzimmer dar, von dessen beiden Fenstern der Blick ungehindert bis zum Deich flanierte, dieser in der Marsch einzigen und daher ungewöhnlichen Geländeerhebung, deren Krone nur von den geisterhaft vorbeigleitenden Kommandobrücken, Schornsteinen und Ladegeschirren besonders großer, seegehender Seeschiffe überragt wurde, die auf ihrem maschinenwummernden und schraubenklatschenden

Weg in die schweigenden Wasserwüsten ein wenig von ihrem abenteuerträchtigen, ferntrunken machenden Fluidum in der Stube zurückließen, in unserer Stube, in der wir auf nicht absehbare Zeit festgehalten wurden.

Dann gab es noch rätselhafte Abstellkammern, ähnlich den Grabkammern der ägyptischen Pharaonen bei Theben, im Tal des Todes, geheimnisvolle Nischen und unerforschte Gänge nicht ergründbarer Verwendungsart, in die man nur kriechend gelangen konnte, Relikte der langen Geschichte dieses Hauses, das mich von allem Anfang wie ein lebender Organismus anmutete, ein gutmütiges, etwas vergeßliches Wesen, dem schon lange entfallen war, nach welchen Plänen es ursprünglich einmal gebaut worden war und es schwierig fand, mit sich selbst im Gleichgewicht zu sein und alles zu kennen, das in ihm pulsierte oder ruhte, jedenfalls untrennbar zu ihm gehörte.

Wenn ich beauftragt worden wäre, von einer Instanz, die dazu befugt gewesen wäre, es in diejenige Art von Tier zu verwandeln, das seiner Natur am ehesten entsprochen hätte, ohne Zögern hätte ich ihm Gestalt und Eigentümlichkeiten eines Schuhschnabels verliehen, eines großen, nur zu kurzen Hüpfern, nicht zu langen Flügen fähigen, sehr gedankenvollen Vogels, der Stunden und Tage damit zugebracht hätte, über sich und das Leben nachzudenken, ohne sich von der Umwelt ablenken oder beunruhigen zu lassen.

Das Haus schien mir sehr mit sich selbst beschäftigt zu sein, zu Zeiten ein ausgesprochen schusseliges und zerstreutes, vielleicht sogar etwas vertrotteltes Haus, dem allerlei Mißgeschicke unterliefen, das ständig Schlüssel verlegte oder endgültig verlor, die Haustüre nicht mehr zubekam, ohne Vorwarnung Briefkästen zersplitternd von den Wänden stürzen ließ, mit dumpfem Knallen Wasserrohre zum Platzen brachte, polternd Dachpfannen von seinem Dach verlor und seine ganze Energie aufbieten mußte, nicht restlos im Chaos zu versinken. Eigentlich kämpfte es unablässig am Rande des Abgrundes.

Aber vielleicht gefiel ihm das ja?

Wer kann das schon genau sagen?

Ich mochte es richtig gern, dieses Haus, in jenem verdunkelten Jahre 1982 war es mir so, als hätte ich es schon seit 35 Jahren gekannt, als sei es mir schon lange nah und vertraut gewesen.

Es hatte für mich etwas Liebenswertes, da es eine Menge Charakter vorweisen konnte, der hingegen, da er sich nicht jedem gleich erschloß, erst gesucht werden wollte, neben allen Unzulänglichkeiten und mitunter nur schwer tolerierbaren Verschrobenheiten, an denen es allerdings nicht arm war, und die meine Frau gelegentlich an den Rand der Verzweiflung brachten.

Außerordentlich schätzte ich seine vollkommene Verschwiegenheit, ich konnte ihm vertrauen, und niemals hat es auch nur eines der Geheimnisse verraten, die ich mit ihm in stillen Stunden geteilt habe, unter dem Siegel tiefsten Vertrauens.

Eine diffuse Ahnung, daß uns das Marsch(an)wesen einige Überraschungen bereiten würde, begann sich nach kurzem Verweilen in seinen verwunschenen Mauern bei mir einzunisten.

Ursprünglich, zu Beginn des wechselvollen Lebens, das dieses Haus bei unserem Einzug bereits hinter sich hatte, war die Wohnung der Dachboden gewesen, bis der Champion der Marschdächer und des Geldverdienens, Gießbert Fliege, beschlossen hatte, seine Mieteinnahmen fühlbar zu erhöhen, in dem er eine neue Wohnfläche schaffen ließ.

Dieser Umbau war in mehreren Etappen, über längere Zeiträume vonstatten gegangen und hatte etliche Handwerker am Werk gesehen.

Mannigfaltige Auffassungen und verschiedenartigste Begabungen hatten ihren materialisierten Niederschlag auf die Weise darin gefunden, daß jeder Raum von individuellem Zuschnitt und eigenständiger Ausgestaltung war, so daß am Ende keiner dem anderen glich.

Auch die Installation der Stromversorgung war nach schwer nachzuvollziehbaren Richtlinien erfolgt, die den zahlreichen Wandlungen und Imponderabilien des Zeitgeistes unterworfen gewesen waren.

Nachdem ich, in hartnäckiger Verfolgung meiner eigenen Hobbyhandwerker-Ambitionen, in kurzer Folge drei kapitale Kurzschlüsse durch Anbohren von Elektroleitungen verursachte hatte, erlegte ich mir eine gewisse Zurückhaltung bei der weiteren Entfaltung meiner Bautätigkeiten auf.

Immerhin brachten diese ungewollten Verdunkelungsaktionen den Vorteil mit sich, daß ich in kürzester Frist alle Hausbewohner und deren ansehnlichen Wortschatz an Kraftausdrücken kennenlernte, während wir uns beim Schein von trübe glimmenden Taschenlampen und Ausstoßen wüster Verwünschungen gemeinsam auf die Suche nach perfekt versteckten Sicherungskästen machten.

Die Mietparteien waren vergleichsweise heterogen zusammengewürfelt und verfolgten dementsprechend selten konvergierende Zielvorstellungen, keine rechte Hausgemeinschaft bildend, geeint hingegen in der unerschütterlichen Überzeugung, daß man sich durchaus verantwortungsbewußtere Hausbesitzer als den Herrn Fliege vorstellen und wünschen könnte. Was die Hausbetreuung und Instandhaltung betraf, Gießbert Fliege seinerseits nahm's gelassen, und ließ es kommod angehen: *'kostet alles nur mein Geld'*.

Er dachte in weitaus längeren Perioden als wir und konnte es gar nicht nachvollziehen, daß wir uns allezeit so künstlich aufregten, wenn eine Reparatur einen gewissen Zeitraum beanspruchte:

'Gut Ding will Weile haben, und Rom ist auch nicht an einem Tag erbaut worden.'

Unser unangenehmes Drängen, dieses ewige Gehetze, derlei blanke Ungeduld, all dies war ihm unbegreiflich, ja schier ein Greuel, schließlich wollten Entscheidungen größerer Tragweite gründlich überdacht sein, ganz besonders diejenigen, die mit ihn schmerzenden Anstrengungen finanzieller Art verbunden waren.

Eine niemals versiegende Quelle von Mißstimmungen zwischen Fliege und uns war die Heizungsanlage, die auch für die Warmwasserversorgung zuständig sein sollte, dieser hohen Verantwortung aber nur widerstrebend gerecht wurde, da der zehrende Zahn der Zeit ihr schon einiges an Substanz abgezwackt hatte.

Ich bin kein Heizungsexperte, und von technischen Daten einer solchen Einrichtung will ich nichts wissen, es genügt mir absolut, feststellen zu können, ob ich friere oder mich behaglich fühle. Außerdem leiste ich mir den Luxus, warm duschen zu wollen, darauf bestehe ich schon.

In der Marsch ging das leider nicht immer. Flieges Hochleistungsanlage mußte ungefähr zur gleichen Zeit installiert worden sein, als ein gewisser James Watt im fernen Britannien begann, mit einer unheimlichen, überaus gefährlichen Maschine zu experimentieren.

Zahlreiche stumme Zeugen dieser technischen Revolution kann man im Deutschen Museum zu München bewundern, eines der ersten Kleinodien der Hauserwärmungstechnik steht beim Marschhaus neben dem Leuchtturm, wovon nicht viele Menschen Kenntnis haben.

Es handelt sich hierbei gewissermassen um die Pionieranlage, die Vorläuferin aller heute benutzten Modelle, und es erfüllt uns mit einem gewissen Stolz, damals an der Front der technischen Entwicklung gestanden zu haben.

Hätte sich mal ein Vertreter des ordnungsliebenden, sehr deutschen TÜVs in unseren Heizungsraum verirrt, der sich in einem Gebäude neben unserem Haus befand, um Flieges Freiheit wär's geschehen gewesen, in Eisen geschlagen hätten sie ihn fortgeschleppt und eingekerkert, eingebuchtet wegen unerlaubten Besitzes und illegalen Betreibens einer hochexplosiven, die Allgemeinheit bedrohenden Anlage, noch nicht einmal einem AKW hätte der TÜV so etwas durchgehen lassen.

Bei Temperaturen um den Nullpunkt kam dieser Dinosaurier des Maschinenalters seiner Aufgabe noch klaglos nach und schaffte es sogar, trotz seines etwas angegriffenen Zustandes, das leidlich erwärmte Wasser bis zu uns unter das Dach zu befördern.

Der absolut kritische Bereich war bei Minustemperaturen erreicht, die fünf Grad Celcius unterschritten. Mit einem tiefen Seufzer, noch einen letzten Rauchring aus dem Schornstein hauchend, quittierte die Maschinerie ihren Dienst, um sich eine wohlverdiente Verschnaufpause zu gönnen.

Aus Gerechtigkeitserwägungen soll nicht unerwähnt bleiben, daß es nicht ausschließlich ihr Verschulden war, wenn wir der wärmenden Komponente in unserer Dachbehausung entraten mußten.

Der beste Heizkessel ist vollkommen hilflos, wenn es ihm an Heizöl gebricht, dies liegt auf der Hand, auch eine Staatskarosse macht nicht viel her, wenn man ihr kein Benzin in den Tank füllt.

Eines Heiligabends, als wir um den festlich strahlenden Weihnachtsbaum saßen, und der Glanz der Kerzen uns die Herzen wärmte, stellte meine Frau plötzlich fest, daß ihre Beine zunehmend in den entgegensetzten Zustand übergingen.

Und siehe, ich verkündige Euch wenig Freude, ein Griff an den Heizkörper überzeugte uns davon, daß unsere Heizung Weihnachten ebenfalls festlich beging und vorübergehend ihre Tätigkeit eingestellt hatte, womöglich war sie über die Feiertage zu befreundeten oder verschwägerten Heizungen gefahren, um bei ihnen die Festtage zu verbringen.

Mit einem Nachbarn stahlen wir uns in den Heizungsraum, den wir eigentlich nicht betreten durften und stellten zu unserem grenzenlosen Erstaunen fest, daß der Tank keinen Tropfen Öl mehr enthielt.

Es bedurfte größter Überredungskünste, einen Öllieferanten davon zu überzeugen, daß er, ohne es bisher bemerkt zu haben, am 24. Dezember um 21.00 Uhr eigentlich gar nichts Besseres vorhaben *könnte,* als tausend Liter Heizöl auszuliefern.

Dies war schon schwierig genug, noch viel schwieriger wurde es, als wir die Lieferadresse angeben mußten und den Namen des Hauswirts:

«Fliege? Den schall de Düvel holen. Hei schall erstmol de ole Rechnungen betolen!»

Lieferungen an die alteingesessene, dem Amte wohlbekannte, weniger wohlbeleumdete Fliege GmbH nur noch gegen Barzahlung!

Kredit? Ein Satz mit 'X': das war wohl nix, ein Schuß in den Ofen. Da müsse er ja wohl Tinte gesoffen haben, beschied uns der potentielle Lieferant.

Unter dem Hinweis, daß wir zwischenzeitlich die Finanzierung regeln würden, ließ er sich dann doch breitschlagen, uns zu diesem völlig abwegigen Termin mit Energie zu versorgen, er werde sich allerdings erlauben, einen geringfügigen Zuschlag auf die Lieferung zu erheben.

Während unser Nachschub rollte, kratzte die Wohngemeinschaft die letzten Barbestände zusammen, und ab 23.30 Uhr wurde es wieder warm.

Isolierungen um Warmwasserrohre hielt Fliege für überflüssigen Schnickschnack und neumodischen Kram:

'früher gab's so'n Quatsch auch nicht, und keiner ist' dran gestorben.'

Dieser Mangel an futuristischen Vorsorgeeinrichtungen führte in unserem Falle zu einer ungewöhnlichen Verschiebung der jährlichen Vegetations- und Ruhephasen und brachte hinter dem Haus die gesamte Marschflora aus dem bewährten genetischen Konzept, nach dem sie immerhin schon seit Millionen von sich ändernden Jahreszeiten zu ihrem Vorteil verfahren hatte.

Bei uns wechselten sich die Jahreszeiten auch ab, allerdings anders, als die einfältigen Pflanzen dies vermuteten.

Über den Warmwasserrohren, die ursprünglich unser Haus hätten heizen sollen, stattdessen aber im Freien eine weit verfrühte Schneeschmelze einleiteten, hatten wir bereits im Februar eine wahre Blütenpracht, die in streng linearer Geometrie die unterirdische Installation von Flieges Delikateßheizung an der Oberfläche nachvollzog.

Mehrfaches Erstaunen unsererseits ob dieses Wunders der Natur, bescheiden unserem Muster von einem Hausbesitzer gegenüber geäußert, quittierte er mit geknurrten Hinweisen darauf, daß dies weiter nichts zu bedeuten habe, und man sich besser um Dinge schere, die einen wirklich etwas angingen und von denen man hoffentlich auch Ausreichendes verstehen möge.

An einer mangelhaften Isolierung könne dies unmöglich liegen, dies sei völlig auszuschließen.

Noch perfekter, als er die Rohre isoliert habe, könne dies niemand hinkriegen, außerdem sei alles sowieso schon viel zu teuer, und übertriebener Luxus wie tägliches Duschen mit warmem Wasser werde von ihm nicht unterstützt.

Diese Vorfälle, die Abwechslung in unsere knapp sieben Jahre monotoner Marschexistenz brachten, hatte ich alle schon irgendwie im voraus gespürt, natürlich nicht konkret, in jenen Septembertagen des Jahres 1982, als ich zum zweitenmal versuchte, mir im Norden eine Existenz aufzubauen, und das Haus und ich begannen, uns gegenseitig zu erforschen.

11. Kapitel

Anfang Oktober brach meine Frau ihre Zelte auf der Insel unwiderruflich ab und zog zu mir in die Wohnung, die, mittlerweile umfassend renoviert, einen viel besseren Eindruck machte, als ich nach den ersten, verheerenden Impressionen jemals zu hoffen gewagt hätte.

Familiär endlich konsolidiert, wollte ich mich verstärkt daran machen, dies nun endlich auch an der Schule zu bewerkstelligen, soweit das überhaupt noch in meiner Macht als 'Bewährungs'versetzter stand oder jemals gestanden hatte.

Zunehmender Antriebsverlust und der erneut sichtbar werdende Niedergang meines Gesundheitszustandes gaben wenig Anlaß zu übertriebenen Hoffnungen.

Die Machtverteilung an der Schule war offensichtlich und folgte, von unbedeutenden Variationen abgesehen, dem mir mittlerweile geläufigen Schema.

Erst kam der Direktor, der unumstritten in seinem Reich schaltete und waltete, wie es ihm beliebte, ohne auch nur andeutungsweise oder wenigstens pro forma Verhaltensweisen zu entwickeln, die ihn entfernt in den Verdacht hätten bringen können, so etwas wie Demokratie zu praktizieren.

Entscheidungen wurden dekretiert, nicht diskutiert, so wie beim preußischen Soldatenkönig:

'Hier wird nicht räsoniert, sondern pariert!'

Nach dem allmächtigen, all- und besserwissenden Direktor kam sehr lange Zeit überhaupt nichts.

Folgten die Herren Studiendirektoren *'de luxe'*, deren cleverster sich, wie an allen Gymnasien, den arbeits- und einflußreichen Job des Stundenplaners unter den Nagel gerissen hatte.

Diese Position ist der Dreh- und Angelpunkt, an dem sich entscheidet, wer bevorzugt und wer vernachlässigt wird.

Wenn man sich mit diesem Herrn gut stellt, darf man spezielle, halboffizielle Wünsche äußern und auf eine günstige Unterrichtsverteilung hoffen, kann dieser Mensch jemanden aus dem Kollegium nicht ausstehen, werden dieser in Ungnade gefallenen *'persona non grata'* möglichst für jeden Tag die ersten beiden Stunden zugeteilt, dann einige Freistunden, in denen man nichts Rechtes mit sich anfangen kann, und, um den Tag schön abzurunden, darf man zur 5. und 6. Stunde wieder in der Anstalt antanzen.

Meinen es diese lieben Kollegen besonders schlecht mit einem, ruhen ihre Augen besonders übelwollend auf dieser Person, dann gibt es bei der Stundenplanerei noch die besonders infame Spielart, eine Pausenaufsicht zwischen zwei Freistunden zu verordnen. Muß ich ausführen, welche Art von Plan ich hatte?

Die nächsttiefere Ebene wurde von den *'gewöhnlichen'* Studiendirektoren eingenommen, die aus mir unerfindlichen Gründen in die Besoldungsstufe A 15 aufgestiegen waren.

Einer von denen war mir als Bluthund zugeteilt worden, um mich besser unter Kontrolle halten zu können. Ich mußte ihm fortlaufend meine Unterrichtsplanung vorlegen, über die gehaltenen Stunden Bericht erstatten, er segnete meine Klassenarbeiten ab und übernahm die Nachkorrekturen. Alles wie gehabt.

Als ich seiner das erste Mal ansichtig wurde, hielt ich ihn für einen Bediensteten der städtischen Müllabfuhr, so gepflegt war der Gesamteindruck, den er auf mich machte.

Pausenlos qualmte er Zigarren, denen erstickende, stark hustenreizauslösende Dämpfe entwichen und unter den Schirm seiner lächerlichen Kappe stiegen, die man an der Küste *'Elbsegler'* nennt.

Die Rausschmeißer auf St. Pauli tragen mit Vorliebe solche Deckel.

Er war sehr stolz darauf, daß er sein ganzes Leben in der Marsch verbracht hatte, nur zum Studium war er mal kurz in feindlicher Umgebung gewesen, dann aber, mit allen Anzeichen des Entsetzens, fluchtartig in die ihm vertraute, ihn nicht ängstigende platte Idylle zurückgekehrt.

Grundsätzlich sprach er nur Plattdeutsch mit mir, was ich knapp zur Hälfte verstand, und er hatte die mich überaus abstoßende Angewohnheit angenommen, mir als Zeichen seiner besonderen Fürsorglichkeit ständig seinen norddeutschen Arm um die Schulter zu legen und mich anzutatschen.

Ganz unten das Fußvolk, die lieben Kolleginnen und Kollegen:

Das Kabinett des Dr. Kleingärtner, Madame Tussauds *'Chamber of Horror'*.

Keine Angst, ich werde nicht schon wieder eine ermüdende Detaildarstellung folgen lassen, bei der ich nur Gefahr liefe, mich in redundanten Kreisen zu drehen; die Typologisierung der professionell deformierten Pädagogen entspräche der des Inselgymnasiums, nur die Namen ändern sich[1].

Sie trugen alle gehorsam ihre Masken, die ihnen von der Obrigkeit verordnet worden waren, oder die sie sich selbst angepaßt hatten. Die meisten von ihnen eher schlecht als recht. Vielleicht hatten sie sich hinter ihren Masken schon längst aufgelöst, oder waren schon kurz nach der Geburt zu Masken erstarrt.

Menschen traf ich dort keine.

Dem Herrn Direktor möchte ich mich indessen gern noch etwas genauer zuwenden, ihm meine konzentriertere Aufmerksamkeit widmen, denn er war doch von entschieden anderer Art als der Inseldiktator.

Eben ein Marschdespot.

Eine große Schwäche für Preußen hatte er und alles, was nach seinem Verständnis damit zusammenhing.

Zu seinem größten Bedauern war er kein Preuße von Geburt.

Wohingegen ich mütterlicherseits preußisch bis ins Mark bin; mit Offizieren und preußischen Staatbeamten in der Ahnengalerie, so vielen, wie sie Dr. Kleinformats Herz sehn-

---

1 Ich halte es da mit GOETHE: *'Getretener Quark wird breit, nicht stark.'*

lichst begehrte. Er hätte mir ja diverse abkaufen können, auf ein paar hätte ich schon verzichten können.

Der blutleere, staubtrockene Bürokrat in der Verkleidung eines Pädagogen hatte sich wohl die Preußen immer ganz anders vorgestellt als meine danebengeratene, indiskutable Gestalt, deren Erscheinen ihm immer den Blutdruck in den roten Warnbereich trieb.

Was mir völlig egal war, denn einem wie dem zu gefallen, wird niemals mein Bestreben sein.

In der nahegelegenen Kreishauptstadt hatte er mit einigen Gleichgesinnten, Ewiggestrige wie er, einen Stammtisch mit dem hochtrabenden Namen *'preußische Tafelrunde'* gegründet.

Dr. Kleinkrämer fühlte sich in diesem Kreise mutmaßlich wie König Artus, seinen grünen Direktorenstift trug er zur Seite als Excalibur und auf dem Kopf einen Nachttopf, weil er keinen richtigen Helm hatte finden können.

Der örtliche Apotheker gab Friedrich den Großen, und wenn es mit dem Flötenspielen nicht so richtig klappte, blies er auf dem Kamm.

Gegen den Höhepunkt des Abends, wenn sie alle sehr lustig waren, so richtig heiter, wie das nur die Marschleute sein können, dann spielten sie Blindekuh und Topfschlagen oder imitierten die Armeeaufstellungen der Schlacht bei Königgrätz.

Normalerweise ziehen sich Norddeutsche, wenn ihnen ein Lächeln das versteinerte Deichgesicht zu verzerren droht, in den nächsten Kleider- oder Besenschrank zurück, damit das bloß keiner sehe und womöglich denken könne, sie seien nicht mehr ganz bei Trost, einfach so loszugrienen.

Leider sind meine Vorstellungen darüber, was diese honorige Abendgesellschaft alles an Belustigungen trieb, reine Spekulation, denn sie vergaßen ein ums andere Mal, mich als Ehrengast einzuladen, so muß ich nun mühsam rekonstruieren, welch fauliger Moderdunst da wohl aus den Grüften der wackelgebeinten Tapergreise, die auch mal gern bei Preußens gewesen wären, gestiegen ist.

Ein Dilemma, das ich mit ihnen habe, liegt in der grundlegenden Definitionsschwierigkeit, was unter *'Preußen'* überhaupt zu verstehen sein soll.

Alle Welt wirft hier alles völlig durcheinander. Ich greife nur die beiden Antipoden auf, die sich auch auf dialektische Weise wechselseitig bedingen und in vertrackten, über Jahrhunderte gewachsenen Wechselbedingtheiten stehen.

Preußen *'positiv'*[1]: Dienst an einer Staatsidee, Religionsfreiheit, Nüchternheit, Sparsamkeit, Aufopferung für eine Gemeinschaft, protestantisches Arbeitsethos, Aufnahme hugenottischer Franzosen nach der Bartholomäusnacht.

Symbolfigur: KLEISTS Friedrich von Homburg.

Preußen negativ[2]: Soldatenstaat, Expansionsgelüste, ein Platz an der Sonne, Vereinnahme durch Hitler am Tag von Potsdam, Säbbelgerassel, Flottenpolitik, Provokation von Albions *'home fleet'*, Ostelbisches Junkertum à la Bismarck, Sozialistengesetze, Stechschritt und Hackenknallerei.

Symbolfigur: Reinhard Heydrich (unter vielen anderen).

Preußen ist schon von vielen strapaziert worden, mußte für manches herhalten, was es nie verkörpert hat[3]. In der unerschütterlich-erschütternd grauen Provinzstadt, im Nordwesten Schleswig-Holsteins, werden die Grufties, die sich selbst zu Honoratioren ernannt hatten, vermutlich ihre eigene Definition von preußischen Vorbildern gehabt haben.

Da es erfahrungsgemäß nicht leicht ist, Idealen buchstabengetreu nachzuleben, ist es beliebter Brauch, hehre Maxime nur für die anderen aufzustellen, sie daran zu messen und Strafe und Belohnung nach dem Grad der Erfüllung oder Nichterfüllung zuzumessen.

Mit der eigenen Person verfährt man weitaus milder, da

---

1 Mit größter Vorsicht zu genießen: je nach Standpunkt des Betrachters.

2 Völlig ungenießbar: unabhängig vom Standpunkt des Betrachters.

3 So hat zum Beispiel das ruchlose Wort vom *'Kadavergehorsam'* seine Wurzeln nicht in preußischen Kartoffelfeldern, sondern bei der *'Societas Jesu'*, einer Herrenriege, die bekanntlich der heiligen Mutter Rom nicht ganz fernsteht.

man sich genaugenommen lange genug zu kennen glaubt und Strenge mit sich selbst als unangemessen erachtet.

Gelegentlich sollte man den Mitmenschen auch nicht zu direkt mitteilen, was mit ihnen geplant ist, mit der Tür ins Haus zu fallen erschüttert mitunter zu vieles, besonders die eigene feingewirkte Ranküne, die anderen zum Stolperstein werden soll.

Der Herr Dottore, der es gern hörte, wenn man ihn *'Boss Kleinlich'* nannte, trieb für sein Leben gern ein Spielchen mit allen Neuankömmlingen, dem vermochte er nie zu widerstehen. Ich hielt es zwar für ein Scheißspiel, aber mich fragte ja keiner nach meiner unmaßgeblichen Meinung.

Es war ein sehr einfaches Spiel, dessen Regeln Dr. Kleinformat gut verstand.

Die Vorteile waren rein zufällig ausnahmslos auf seiner Seite, auch alle Spielfiguren, Würfel, Einsätze, Ereigniskarten, das Spielbrett etc.: überhaupt einfach alles gehörte ihm.

Wie lange das Spiel gehen würde, setzte er fest, sagte es aber nicht.

Nur zum Schluß sagte er etwas:

«Sie haben verloren.»

Fragte man, nach welchen Spielregeln man denn soeben verloren habe, erhielt man die Antwort:

«Werden Sie nicht auch noch ungehörig. Sie haben hier schon genug angerichtet»,

was schon wieder nicht stimmte, denn zum Essen serviert hätte ich ihm garantiert nie etwas.

So ein blödes Spiel mache ich nicht noch einmal mit, das verleidet einem ja alles!

Einmal zitierte er mich zu sich, um mir etwas besonders Verwerfliches anzukreiden, jedenfalls deuteten seine drohenden Vorankündigungen dies an.

Gesprächseröffnung (höhnisch):

«Über Sie hört man ja die dollsten Sachen!»

«Welche denn bitte?»

«Das sollten Sie selbst allerdings am besten wissen!!!»

Gesprächsende (schnauzend).

Zwei Wochen vergingen, ohne daß ich antichambrieren und zu Kreuze kriechen mußte, dann kam das, was man in Frankfurt als '*den Hammä*' bezeichnen würde.

Vorladung in Napoléons Folterkammer. '*Le très petit Corse*' stand schon in der Pose da, die er wohl in einem Geschichtsbuch gesehen und dann drei Tage vor seinem Schlafzimmerspiegel geübt hatte.

Gesprächseröffnung (triumphierend):

«*Man wirft Ihnen sittliche Verfehlungen vor!*»

«*Wer ist bitte 'man'?*»

«*Lenken Sie nicht vom Thema ab!*»

«*?????????*»

«*Was für Verfehlungen?*»

«*Sexuelle Beziehungen zu 12jährigen.*»

«*Jungen oder Mädchen?*»

«*Das setzt allem die Krone auf. Raus!!*»

Gesprächsende (mich anherrschend).

Dazu muß ich jetzt aber endlich mal was loswerden, und dies ist ein günstiger Zeitpunkt, weil mir jetzt ausnahmsweise niemand ins Wort fallen kann.

Zunächst hätte ich schon liebend gern gewußt, ob das Jungen oder Mädchen gewesen sein sollen, weil ich mit Jungen, also nein, ich weiß nicht recht, das widerstrebte mir damals schon enorm, sogar heutzutage noch.

Das mit den 12jährigen Mädchen, also, diese sexuellen Beziehungen mit denen, das hat viel Spaß gemacht, das gebe ich zu, Euer Ehren, manche waren sogar noch unter zwölf, von denen habe ich am meisten gelernt, ganz aufregende Sachen haben wir zusammen ausprobiert.

Eine zählte sogar gerade erst zehn zarte Lenze.

Ich auch.

Dr. Kleinknecht, der staubige Schauerbock, der war nun gerade der Rechte, anderen Leuten die Moral zu machen.

Ganz von Preußen hat er mich nun wieder abgebracht, der Dr. Kleinkrieg, da haben wir's doch schon wieder: unkonzentriert und immer ablenkbar bin ich, überhaupt nicht geeignet für etwas sooo Verantwortungsvolles wie den Schuldienst!

Unwiderruflich! *P r e u ß e n!*
Preußenjahr war's, als ich 1981 in den Norden vorstieß, und Dr. Kleinviehs still verehrtes Preußen, das war solchermaßen:

«Wie steht es mit der preußischen Staatsreligion, dem Gehorchen?...

Man machte sich die Sache zu leicht, wollte einer das auf Militär und überwundene (denkste! Anm. d. Verf.) Schulverhältnisse beschränken ...

Was als subalterner Rest im deutschen Bewußtsein wie ein historisches Erbe verblieben ist, ist das tiefsitzende Bedürfnis nach Identifikation mit einer nicht hinterfragbaren Autorität, einer Struktur, für die man arbeiten, sich aufreiben kann bis zum Verlust jeden persönlichen Lebens, und die einem dabei noch das Gefühl gibt, gerade durch dieses Aufgehen in einem absolut trockenen, jeder weichen Züge entbehrenden Übersubjekt überhaupt erst zu einer Person zu werden, die dank des Opfers ihrer selbst sich achten kann und ein Recht darauf hat, zu leben und sich und andere im Dienst des großen, nicht zurückgebenden Prinzips zu unterdrücken.[1]»

Dies war es, das *'hidden curriculum'*, das auf den Punkt gebrachte Destillat des im Alltag praktizierten Credos der Herren Esbit und Dr. Kleinlich.

Dem habe ich wahrhaftig nichts mehr hinzuzufügen.

---

1 Dieter Hofmann-Axthelm, *Preußen, ein Gegenbild der Linken.* Berlin (taz), 26.8.1981.

12. Kapitel

Mitte Mai 1983 hatte die Kultusbürokratie in Kiel dann endlich von sich aus begriffen, daß sie als Arbeitgeberin denkbar ungeeignet für mich war.

Lange genug hatte sie gebraucht, bis sie sich zu dieser eigentlich klar zutage liegenden Erkenntnis hatte durchringen können.

Nun mußte sie langsam Farbe bekennen, sonst sähe ich mich zu meinem Bedauern gezwungen, Tacheles mit ihr zu reden.

Mir war ihre fehlende pädagogische Eignung eigentlich schon sehr früh unangenehm aufgefallen, nur hatte ich mich geniert, ihr gegenüber zu deutlich zu werden, ich wollte sie schließlich nicht verletzen, was leicht hätte geschehen können, indem ich ihr auf den Kopf zugesagt hätte, daß ihr für die Aufgabe, die sie zu erfüllen vorgab, nun aber auch wirklich alles fehlte, jegliche elementare Grundvoraussetzung abging.

Immerhin war es nur meiner Großzügigkeit zu verdanken gewesen, daß ich ihr an der Marschschule eine zweite Chance gegeben hatte, nachdem sie auf der Insel mit Pauken und Trompeten bei mir in Ungnade gefallen war.

Aber wie übel hatte sie sich benommen. Wie wenig aus dieser Bewährungszeit gemacht, trotz meines außergewöhnlichen Entgegenkommens!

Ich war schwer enttäuscht von ihr, das muß ich schon sagen! Das also war der Dank des Hauses Österreich!

Das hatte ich nun von meiner Großherzigkeit!

Statt sich am Riemen zu reißen, sich etwas gesitteter aufzuführen und wenigstens etwas Einsicht zu zeigen, nein, gar nicht daran zu denken, die Schulbehörde benahm sich noch unannehmbarer als zuvor!

Am 14. Mai 1983 beschloß ich, sie zu entlassen. So hart mich das ankam und so bitter das für sie auch sein würde, ich mußte ein Exempel statuieren.

271

Hier sei nur ein einziges Beispiel für ihre Unfähigkeit erwähnt, eines von zahllosen:

Das fing damit an, daß sie überhaupt nicht bemerkt zu haben schien, daß Lehrer eigentlich Kinder erziehen sollen und nicht hauptsächlich die Aufgabe haben, Altpapier zu sammeln. Sie verwechselte die Schule mit Recyclingcentern. Ein eklatanter Mißgriff, wie ich meine!

Diese Überzeugung festigte sich in mir, je länger ich in der Rohstoffannahme beschäftigt war.

Ununterbrochen schickten sie uns aus Kiel Papierberge zur Weiterverwertung. Niemals habe ich gesehen, daß einer das Zeug gelesen hätte, jedenfalls nicht auf der Insel, da sammelten wir es in einer Zimmerecke, und der arme Hausmeister mußte sich regelmäßig mit dem Müll abschleppen, was ihm sehr gegen den Strich ging.

In der Marschschule hatte sich der promovierte Kleingeist selbst zum Abfallbeauftragten ernannt, da nur er die unabdingbar nötige Begabung besaß, die eintreffenden Pakete fachgerecht auszuwickeln.

Einmal wollte das seine Sekretärin machen, was ihr einen gediegenen Rüffel von ihm eintrug, den sie so leicht nicht weggesteckt haben wird, denn dies, so wurde sie zurechtgewiesen, sei eine dienstliche Sendung, zu deren Öffnen ausschließlich der Mülleiter befugt sei.

Am 15. Mai 1983 rief mich Dr. Kleinkram wegen einer äußerst wichtigen dienstlichen Dienstmitteilung zu sich in sein Dienstzimmer, mit einer dienstlichen Leichenbittermiene, die mich Schlimmstes ahnen ließ, dienstlich, versteht sich.

Sie hätten mich doch wohl nicht aus Versehen fest eingestellt oder gar befördert?

Gott sei gepriesen, diesen Schierlingsbecher setzten sie mir nicht an die Lippen, ich hätte nämlich ganz und gar nicht gewußt, wie ich mich dem hätte entziehen können.

Dann räusperte sich Dr. Kleinholz, oder wie er hieß, es entfällt mir zusehends, raschelte in einem Stapel Kultusunrat und hob urkomisch-feierlich an:

«Was ich Ihnen mitzuteilen habe, wird Sie nicht erfreuen.»
'Wieder nicht im Lotto gewonnen, verdammt noch mal',
sprach die Raffgier zu mir.
«Unterschreiben Sie hier.»
Ich unterschrieb, wie mir befohlen.
«Wollen Sie es nicht lesen?»
«Nein.»
In der Tür fragte ich, was denn eigentlich das Wichtige sei,
das er, Dr. Kleindienst, mir habe mitteilen wollen.
*«Ihre Entlassung natürlich, die sie gerade unterschrieben
haben, haben Sie noch nicht einmal das gemerkt?»*
«Ach so, ich dachte, es wäre etwas Wichtiges gewesen»,
und fröhlich pfeifend ging ich meiner Wege an diesem er-
sten wirklich schönen Tag in Schleswig-Holstein, an dem ich
das Kultusministerium entlassen hatte wegen erwiesener Unfähigkeit, Menschen wie Menschen zu behandeln!
Und so endete dann das Hornberger Schießen.
In der folgenden Nacht träumte mir etwas Wunderbares.
Ich sollte eine Unterrichtsstunde halten, für die ein Schulrat
sein Kommen angesagt hatte. Er hatte mir mitteilen lassen,
daß mein weiteres Überleben davon abhinge, ob ich die gestellten Anforderungen erfüllen *wolle*.
Erstmals seit langem verbrachte ich eine friedliche Nacht
ohne sinnlose Unterrichtsvorbereitungen.
Da allen Schülern irgendwie bewußt war, daß von diesem
Unterricht viel für den Schulrat abhing, erschienen sie ausnahmsweise pünktlich. Hausaufgaben hatte ich ihnen keine
gegeben.
Ich hatte sie gebeten, beim Eintreten des Schulrates den
laufenden Unterricht nicht durch Aufstehen zu stören.
Der Vorgesetzte erschien zehn Minuten zu spät, ich verzichtete deshalb darauf, ihn zu begrüßen, sondern unterrichtete gänzlich ohne Vorbereitungen weiter.
Das erste und einzige Mal machte den Kindern und mir
der Unterricht einen Riesenspaß.
Nach weiteren zehn Minuten übernahm der Vertreter der
Schulbehörde zornesrot den Unterricht mit der Bemerkung:

«Das ist der größte Mist, den je einer gewagt hat, mir anzubieten!»

«Aber woher die ganze Aufregung, mein lieber Herr Schulrat», erwiderte ich ruhig lächelnd,

«ist es denn noch immer nicht bis nach Kiel in ihre Staatskanzlei vorgedrungen, daß ich hier der mit Abstand miserabelste, völlig unfähige Lehrer bin?

Ich kann doch gar nicht anders unterrichten, da man bisher ständig versäumt hat, mir zu zeigen, was ich denn eigentlich machen soll.

Gesagt bekam ich immer nur, was ich nicht machen soll. Oder solltet Ihr am Ende selbst nicht wissen, was Ihr wollt? Außer Lakaien und dressierten Schimpansen?»

Nach Ende des Unterrichts zitierte er mich ins Nebenzimmer und verriß die Stunde, die er eigentlich selbst gehalten hatte. Ich schwieg, weil er mir sehr leid tat.

Abschließend informierte er mich teilnahmslos darüber, daß ich im Morgengrauen des folgenden Tages von meinen eigenen Schülern füsiliert werde, die, aufgrund seiner perversen Überzeugung, mit der Exekution einverstanden seien, da er Grund genug hatte, um seinen Einfluß auf sie zu fürchten.

Zwei Stunden vor Morgengrauen servierte man die von mir nicht gewünschte Henkersmahlzeit *'Grützwurst mit Wirsingkohl'*, ein norddeutsches Essen, das ich verabscheue.

Ich ließ es unberührt und bat stattdessen um eine letzte Zigarette, die mir verweigert wurde.

Den Anstaltsgeistlichen, der gekleidet war wie ein islamischer Wanderprediger und dessen Sprache ich nicht verstand, hielt ich mir dadurch vom Hals, indem ich ihn mit:

«Guten Morgen, Sie orientalischer Himmelskomiker», begrüßte.

Dann führten sie mich aus der Todeszelle und schoben mich in einen schäbigen Leichenwagen, der sich rasselnd in Bewegung setzte.

Nach kurzer Fahrtstrecke ließen sie mich aussteigen. Ich fand mich vor meiner Schulklasse wieder, an deren Spitze Esbit und Dr. Kleinwuchs standen.

Die Schüler hatten Sturmgewehre, die sie auf Befehl von Dr. Kleinkaliber und Esbit, die sich erst minutenlang gestritten hatten, wer das Oberkommando habe, von den Schultern nahmen, die Magazine einrasten ließen, fertig luden und auf weitere Befehle warteten.

Esbit und Dr. Kleinkariert kamen auf mich zu und wollten meinen letzten Wunsch hören, den ich Ihnen bereitwillig bekanntgab:

«Ich erhoffe, daß kein Mensch jemals wieder gezwungen sein werde, Ihr abgrundtief dümmliches, misanthropisches Geschwätz klaglos über sich ergehen lassen zu müssen.

Fernerhin erbitte ich für Sie einen unbeweinten Tod und eine langandauernde, beschwerliche Fahrt in den Orkus. Dort werden wir uns dann wiedersehen, Sie als Schulleiter, weil Sie das so prima können und ich als Gesamtkollegium, nur ich, aber in hundertfach geklonter, weiterhin völlig plan- und sinnlos unterrichtender Ausführung.

Bis dann, meine Herren: 'Auf eine fröhliche Höllenschulzeit!'

Und nun Euch beiden die Schwindsucht an den Hals! Packt Euch, Ihr Saukerle!»

Das Verbinden der Augen lehnte ich ab, weil ich zum Abschluß gern das Mündungsfeuer sehen wollte.

Das Exekutionspeloton bezog Aufstellung, entsicherte und krümmte die Finger um die Abzüge, dann sah ich das Zucken der Mündungsblitze und hörte die Geschosse auf mich zuzischen.

Die letzten Wahrnehmungen, die ich auf meinem Weg von dieser Welt in die interessantere hinter den Spiegeln mitnahm, waren das tödliche Brennen von Projektilen, die sich gewebeauflösend in meinem Körper überschlugen, häßliches, ohrenbetäubendes Krachen meiner zerfetzenden Knochen und die Wärme eines schäumenden Blutschwalls, der sich aus meiner zerrissenen Aorta ergoß.

Als ich auf den Boden aufschlug, war kein Funken Leben mehr in mir, ich war ausgelöscht.

Hatten sie mich wirklich erst töten müssen, um mich leben

lassen zu können? Glaubten Sie denn ernsthaft, mit diesem Menschenopfer ihre Angst besänftigen zu können?

Ich war von da an ein Untoter, Graf Dracula der Marsch!

13. Kapitel

Herr Dr. Kleingeld hatte natürlich keine Gelegenheit ausgelassen, alle Teilnehmer des von ihm so vorzüglich organisierten, Geist und Seele gleichermaßen erquickenden Schullebens über meinen bevorstehende Austritt aus der Anstalt und meine Rückkehr ins normale Leben auf dem laufenden zu halten[1].

Ich hätte vermutet, daß das absehbare Ende der schikanösen Drangsalierungen meine Lebensgeister mit Energie beflügeln würde, aber leider gab es da noch so etwas wie eine Spätwirkung der tiefen Verletzungen, die ich davongetragen hatte, und ich sah mich erneut gezwungen, ärztliche Hilfe in Anspruch zu nehmen.

Im Gegensatz zu der sensiblen Ärztin auf der Insel, die meine Anamnese richtig interpretiert hatte, ohne daß ich viele Worte hatte machen müssen, war der Medizinmann, dem ich mich in der Marsch leichtfertig anvertraute, wohl eher mit Symptombildungen und Therapie von Hornvieh vertraut, von dem es im Norden jede Menge gibt.

Einen zutreffenden Befund bekam er irgendwie nicht zusammen, und Pharmakologie hatte wohl nicht zu seinen Studienschwerpunkten gezählt, also stellte er mir mehr oder weniger auf Verdacht eine Art von *eierlegender Wollmilchsau* zusammen.

Gegen irgend etwas würde es schon helfen.

Der Apotheker, dem ich das Rezept vorlegte, sah mich an, als hätte ich soeben ein halbes Pfund Heroin bestellt, dann ermahnte er mich äußerst eindringlich, während er mich ge-

---

1 Da fällt mir eine weitere Nachlässigkeit des Kultusministeriums ein: auf meinem Entlassungsschein haben sie etwas vergessen, nämlich die für mich sehr wichtige Bemerkung: *'Herr Jan Peters konnte als geheilt entlassen werden.'* Sie dachten aber auch an rein gar nichts, diese Burschen!

dankenvoll-besorgt fixierte, nach Einnahme der Betarezeptorenblocker zusammen mit den hochdosierten Benzodiazephinen *unter gar keinen Umständen mit dem Auto zu fahren,* selbst vom Spazierengehen riet er ab, da die Wirkung individuell sehr unterschiedlich ausfallen könne.

Eigentlich hörte sich das vielversprechend an, fand ich, und nahm die maximal zulässige Menge.

Anschließend legte ich mich zur Entspannung ein wenig aufs Sofa und lauschte zufrieden dem besänftigenden Gesang der Vögel in meinen Pappeln.

Plötzlich spürte ich, daß ich nicht mehr allein war. Sie waren in meiner Nähe. Also hatten mich meine Vorahnungen nicht getrogen, nun galt es: sie *oder* ich, für sie *und* mich war hier kein Platz mehr.

Dieses Mal sollten sie jedoch die Rechnung ohne den Wirt gemacht haben, wenn sie annahmen, daß ich nichts bemerkt hätte.

Psychisch angeschlagen war ich zwar, das wußte ich wohl, aber noch hatten sie mich nicht in der Ecke oder gar am Boden, um mich auszählen zu können. Sie würden ihr blaues Wunder erleben, denn mit ihrer Sorte würde ich allemal fertig werden.

Seit Tagen schon gingen um mich herum Dinge vor, die sie vor mir verborgen halten wollten, aber nicht konnten, da ich ihnen an Intelligenz weit überlegen war.

In der letzten Zeit hatten sie ihre Tätigkeit intensiviert, sie schienen etwas im Schilde zu führen, wollten die Entscheidung erzwingen.

Während ich auf Zehenspitzen von einem Fenster der Wohnung zum nächsten schlich, stahl sich ein verschmitztes Schmunzeln auf meine Lippen, wenn ich an ihre Ungeschicklichkeiten dachte.

Glaubten sie denn wirklich, ich wäre solch ein Tölpel, ihre groben Schnitzer zu übersehen?

Da hätten sie schon etwas früher aufstehen müssen, wenn sie mich hinters Licht führen wollten, die Schlaumeier.

Ich mußte leise kichern, als ich mir vorstellte, mit welcher

Raffinesse ich ihr Kartenhaus zum Einsturz bringen würde. Aber es würde nicht leicht werden, das durfte ich niemals bei meinen Gegenmaßnahmen vergessen, mich nur nicht in Sicherheit wiegen lassen, immer auf der Lauer liegen, das war das Gebot der Stunde.

Wie froh ich jetzt war, daß ich die Wohnung so gebaut hatte, daß ich nach allen vier Himmelsrichtungen orientierte Beobachtungsstände und Maschinengewehrnester anlegen konnte.

Entgegen kam mir dabei, daß ich in alle Fensterbänke Blumen eingepflanzt hatte, so daß ich nach draußen spähen konnte, ohne daß sie mich entdeckten.

Ich entwarf einen Plan, bei dessen strikter Einhaltung ich in der Lage sein würde, keine Hausseite länger als 12 Minuten unbewacht lassen zu müssen.

Alles hing davon ab, ob ich die Selbstdisziplin aufbringen könnte, mich wirklich zwanzig Stunden täglich wach zu halten und auf keinen Fall nachließe, auf der Hut zu sein.

Den ersten Verdacht hatte ich drei Wochen zuvor geschöpft, als eines Morgens ein schrecklich bieder aussehender Mann an der Wohnungstür geklingelt hatte, *um den Strom abzulesen.* Sie schickten immer diese durchschnittlichen Typen mit den Allerweltsvisagen, denen man auf Schritt und Tritt in den Straßen begegnet, und deren Züge einem nicht länger im Gedächtnis bleiben, als man sie vor sich hat.

Dieser Fehler hätte ihnen nun wirklich nicht unterlaufen dürfen! Hätten sie sich die Mühe gemacht, in ihren Büchern nachzusehen, die sie seit Jahr und Tag über jede Einzelheit meiner Lebensgewohnheiten führten, vollgeschrieben mit den Ergebnissen der Schnüffeleien ihrer miesen Maulwurfskreaturen, die sie auf mich angesetzt hatten, hätten sie unschwer erkennen können, ja müssen, daß ich von jeher Petroleum bei ihnen bezogen hatte, um meine Lampen damit zu speisen.

Ich hielt nichts von dieser neuen Elektrizität, da sie mir zu gefährlich war, so kurze Zeit nach ihrer Entdeckung.

Allerdings hatte ich nicht verhindern können, daß sie in der ganzen Wohnung neue Kabel gelegt hatten, nachdem ich dem 'Stromableser' (daß ich nicht lache, ha!) weisgemacht hatte, daß alle alten Kabel total verrottet gewesen seien.

Auf Anhieb hatte er mir das geglaubt, da er mir natürlich geistig nicht ebenbürtig war.

Es hatte mich zweiundsiebzig Stunden ununterbrochener Arbeit gekostet, ihre 'Stromkabel' wieder aus den Wänden zu entfernen. Als ob mir entgangen wäre, zu welchem Zweck sie installiert worden waren.

Hingegen hatte diese schwere Anstrengung mir den Vorteil und die außergewöhnliche Möglichkeit gegeben, meine Räume perfekt zur Verteidigung vorzubereiten.

An den Außenwänden hatte ich Zündleitungen befestigt, die in Abständen von zwei Metern kräftig dimensionierte Haftladungen trugen.

Jedes der 3-kg-Pakete war mit einer funktionsfähigen Sprengkapsel versehen, die ich sowohl zentral gesteuert als auch separat mit Zündschnüren an den Ladungen selbst detonieren lassen konnte, wenn es erst einmal so weit sein würde.

Da hatten sie sich aber verrechnet, die blitzgescheiten Herren, wenn sie glaubten, mich überrumpeln zu können, ich würde mich etwas teurer verkaufen, als sie dachten: 'no pasarán'.

Wie die Republikaner Madrid gegen die Phalangisten Francos verteidigt hatte, so würde ich ihnen entgegentreten, meine Haut so teuer wie nur möglich verkaufen.

Dieser Gedanke war mir der liebste, und ich mußte längere Zeit lachen, als ich mir ihre dümmlichen Gesichter vorstellte, die Stirn in Falten gelegt, wie das Menschen zueigen ist, die trotz größter Anstrengung zu keinerlei Resultat ihrer geistigen Akrobatik gelangen.

Was waren das doch für hirnverbrannte Idioten, zu glauben, einen Mann von meinen Gehirnleistungen wie eine Küchenschabe fangen zu können, um mich dann in ihrer Asservatenkammer in einem Glas mit Spiritus zu konservieren und als Anschauungsmaterial all den anderen stinkenden Schweinehunden vorzuführen, aus denen sich ihr erbärmlicher Nachwuchs rekrutierte.

Als ich mir ein langes Fleischmesser aus der Küche holte, um auch auf das letzte Gefecht, den Kampf Mann gegen Mann vorbereitet zu sein, entdeckte ich, daß sie mit allen technischen Mitteln arbeiteten und vor nichts mehr zurückschreckten.

Offensichtlich hatten sie während des angeblichen 'Kabellegens' die Chance genutzt, einen heimtückischen Mechanismus in die Wände einzubauen, der es ihnen per Fernsteuerung ermöglichte, die Größe der Räume durch vorsichtiges, lautloses Verschieben der Mauern nach Belieben zu verändern und auch die Neigung der Wände zu variieren, indem sie sie langsam aus der Vertikalen zur Zimmermitte kippten.

Das ganze diente ganz eindeutig dem Zweck, mich langsam in der Mitte eines der Zimmer zu Tode zu quetschen.

Ich gratulierte mir klammheimlich dazu, ihnen wieder einmal voraus zu sein und Gegenmaßnahmen einleiten zu können.

Als erstes mußte ich herausfinden, ob sie auch die Möglichkeit hatten, mich auf Schritt und Tritt *innerhalb* der Wohnung zu beobachten.

Um dies in Erfahrung zu bringen, verfiel ich umgehend auf einen Trick, an dessen Resultat, sollte alles wie geplant gelingen, woran ich keine Sekunde zweifelte, ich unmittelbar würde ablesen können, ob mein Verdacht gerechtfertigt war.

Die Wahrscheinlichkeit war hoch, daß sie immer dann die Räume verkleinerten, wenn ich in meiner Aufmerksamkeit nachließ, ich mußte also so tun, als hätte ich ihre erneute Hinterhältigkeit nicht bemerkt.

Nichts einfacher als das. Ich gähnte laut und vernehmlich, räkelte und streckte mich und schritt in Richtung Bett, als wolle ich mich hinzulegen.

Es gelang mir nicht mehr, die Liegestatt zu erreichen.

Urplötzlich kippten sie den Fußboden um 45° nach oben, direkt unter meinen Füßen.

Dies geschah in Bruchteilen von Sekunden, so unfaßbar schnell, daß mir jede Möglichkeit für eine ausgleichende Reaktion genommen wurde, und ich mit dem Gesicht schwer auf dem Nachttisch auftraf.

Völlige Dunkelheit herrschte im Zimmer, als die Bewußtlosigkeit langsam von mir wich, und ich mühsam meine Orientierung wiederzuerlangen suchte.

Zu meinem größten Entsetzen fand ich das Schlafzimmer vollständig verändert vor.

Ich lag auf einem Bett mit ungefähr 2 Meter langen, bizarr gedrechselten Beinen. Alles befand sich in heftig schwankender Bewegung, die einen rasenden Schwindel auslöste, der sich zu einer lebensbedrohenden Übelkeit steigerte.

Das Bett, das von einem dunkelblauen, schweren Baldachin überspannt war, aus dem tote Fledermäuse auf mich herabfielen, rotierte wie irrsinnig um die eigene Achse, mit einer solchen Beschleunigung, daß ich erneut das Bewußtsein verlor.

Nach unbestimmbarer Zeit kam ich aus einem fremden Land zurück und sah mich umgeben von schwarzen Mauern, an denen widerwärtige Insekten übereinander- und durcheinanderkrabbelten. Wenn sich ihre Leiber berührten, entstanden ekelerregend schabende Geräusche.

Direkt vor mir kämpfte ein gigantisches, ungefähr drei Spannen langes zangenbewehrtes Ungeziefer mit einer Art gepanzerter Amphibie, das schrille Pfeiftöne von sich gab, als ihm mit einer der Zangen der Kopf aus dem Rumpf gerissen wurde. Mit der anderen Zange schlitzte ihm der Sieger den weichen Bauch auf und begann, schmatzend die Innereien zu verschlingen.

Da wußte ich, daß ich verloren war.

Die große Grünpflanze, die normalerweise unbeweglich in der Zimmerecke verharrt hatte, verließ ihren angestammten Platz, fixierte mich und bewegte sich mit abgehackten Bewegungen auf das Bett zu.

In ungefähr fünf Schritt Entfernung hob sie die Arme und ging zum Angriff über. Ich schrie auf in grenzenloser Verwirrtheit und Panik.

Meine in einem Reflex herumtastende Hand fand zufällig das lange Fleischmesser, das neben mir lag. Es gelang mir, es zu ergreifen und der mit Mordplänen vor mir lauernden Pflanze das Haupt in zwei Teile zu spalten.

Röchelnd sank sie zu Boden, da teilten sich die Wände, und aus ihnen stürmten die bis an die Zähne bewaffneten Männer der 5. Kolonne, die mich johlend vom Bett rissen, auf mich einschlugen und die Arme so gewaltsam auf den Rücken drehten, daß die Gelenke krachten.

Sie legten mir einen eiskalten Metallring um den Kopf und begannen, lange Schrauben, die sich an dem Eisenreif befanden, knirschend in mein Gehirn einzudrehen.

*

Das kühlende, wassergetränkte Tuch, das auf meiner Stirn lag, milderte ein wenig den bohrenden, schädelsprengenden Schmerz, der mich beinahe um den verbleibenden Verstand brachte. Durch wabernde rote Nebel, die sich zögernd lichteten, kam das Gesicht meiner Frau langsam zu mir.

Während dieser längsten Nacht unseres gemeinsamen Lebens war sie nicht eine Minute von meiner Seite gewichen, obwohl ihr die wahnsinnige Angst, in die sie mein Zustand versetzt hatte, das Äußerste abverlangt hatte.

14. Kapitel

Wir sannen in der nächsten Zeit intensiv darüber nach, ob wir diesen begnadetenWunderdoktor nicht vor den Kadi zerren sollten.

Für die Anklageerhebung hätten sich verschiedene Varianten angeboten: Verstoß gegen das Betäubungsmittelgesetz, vorsätzliche Körperverletzung, Vertrieb von Designerdrogen, Handel mit Molotov-Cocktails, Mordversuch etc. Noch über Wochen mied ich tagsüber das Schlafzimmer wie der Teufel das Weihwasser und versuchte mit reichlicher Kaffeezufuhr, den Zeitpunkt des Zubettgehens so lange wie irgend möglich hinauszuschieben, um nicht noch einmal in die grauenvolle Welt des Hieronymus Boch gestürzt zu werden, die mir einen Schock fürs Leben verabreicht hatte.

Dank der Tatsache, nicht mehr den ehrenvollen Pflichten eines Gymnasiallehrers nachkommen zu müssen, machte meine physische und psychische Genesung erfreuliche Fortschritte.

Den Status eines Arbeitslosen hielt ich für ein zu vernachlässigendes Übel, verglichen mit der Pädagogenmüh- und Direktorendrangsal.

Das Arbeitsamt meines Wohnortes wußte nicht viel mit mir anzufangen, man schickte mich zum Arbeitsamt nach Hamburg, wo es mir ausserordentlich gut gefiel, denn dort gab es eine Arbeitslosenhierarchie, eine klar geordnete Klassengesellschaft der Freigesetzten und Ausgesteuerten, die einem kleinen Kirchenlicht wie mir die Orientierung wesentlich erleichterte.

Im Erdgeschoß durften die Ausländer Schlange stehen, bevor sie von den Beamten herumkommandiert wurden. Jeder Deutsche weiß, daß Ausländer nur über rudimentäre Kenntnisse unserer komplizierten Muttersprache verfügen, was schon bedauerlich genug und der Völkerverständigung nicht unbedingt dienlich ist.

Geradezu unmöglich wird die Kommunikation, wenn man ins Kalkül zieht, daß alle Ausländer schwerhörig sind, dies schien jedenfalls die felsenfeste Überzeugung der Hamburger Arbeitsamtsbediensteten zu sein, denn sie bölkten mit puterroten Köpfen auf den Korridoren herum, als müßten sie eine Ausbildungskompanie um 2.00 Uhr morgens wegen eines Nato-Alarms aus dem narkotischen Schlaf reißen.

Im 1. Obergeschoß hielten sich die *'normalen'* Arbeitslosen auf, die aus Sicherheitserwägungen von der Beamtenschaft nicht angebrüllt, sondern stattdessen mit endlosen Formularen drangsaliert wurden, die sie in stundenlanger Arbeit ausfüllen mußten, um in den unverdienten Genuß der überreichlich fließenden Nürnberger Gelder zu kommen.

Ich mußte nach ganz oben, in den Olymp der Arbeitslosigkeit. Hier herrschte eine vornehme Stille, denn ich befand mich nun in der *'bel étage',* die den Akademikern vorbehalten war. Hier wurde weder geschrien noch gezetert und den nötigen Papierkrieg handelte man diskret ab.

Beim ersten Mal schob der für mich zuständige Sachbearbeiter verschämt etwas unter dem Tisch durch, so unauffällig, daß ich zunächst dachte, es handele sich um ein Pornoheft, in das er mich heimlich Einblick nehmen lassen wolle, um dann meine Beurteilung der abgebildeten Szenerien schriftlich zu erfassen zwecks Vorschlagens der weiteren Berufstätigkeit.

Meinem Beamten haftete viel Mitfühlendes und Humanes an. In der ersten halben Stunde der mir zuteil werdenden Berufsberatung[1] schilderte er mir in einer Weise, die mich mitten ins Herz traf, daß er große Probleme mit einem zuletzt und gänzlich unerwartet aus seinem Kiefer aufgetauchten Weisheitszahn habe:

«Sehen Sie ihn da hinten, den linken, nein, nicht unten, oben», dabei sperrte er den Rachen wie ein Nilpferd auf und

---

1 Diese Bezeichnung rührte offensichtlich daher, daß er mit sich zu Rate ging, ob er den richtigen Beruf gewählt hatte.

ließ mich einen Blick auf sein mittelmäßig beihilfegepflegtes deutsches Beamtengebiß werfen. Zusätzlich konnte ich unschwer erkennen, daß seine Mandeln leicht entzündet waren, was mir Veranlassung gab, meiner tiefen Sorge über sein bedenkliches Befinden mitfühlenden Ausdruck zu verleihen.

Da brach es aus ihm heraus, all das, was ihm seit Jahren die entbehrungsreiche Existenz vergällt hatte, und ich mußte eine einstündige Litanei über mich ergehen lassen, die, von besagtem Weisheitszahn ausgehend, ausführlich alle Probleme und Mühen abhandelte, denen sich ein total unterbezahlter, überlasteter und zudem vom einsichtslosen Volke gründlich mißverstandener Arbeitsamtsbeamter tagtäglich hilflos ausgeliefert sieht.

Ein armes Geschöpf, ich hätte nicht mit ihm tauschen mögen!

Im Traum hätte ich nicht geahnt, mit welchen Widrigkeiten solch ein bedauernswerter Staatsangestellter zu ringen hat! Einem Herkules hätte es allergrößten Einsatz seiner Kräfte abgefordert, dieses Dasein auch nur einigermaßen unversehrt auszuhalten!

Da waren ja nun beileibe nicht nur die ihn peinigenden Zähne, Gott bewahre, da fing der Jammer doch erst an, denn daß normale Menschen gelegentlich auch von ihren Beiß- und Kauwerkzeugen traktiert würden, nun, das wolle er durchaus nicht ausschließen; möglich, wenn auch sehr unwahrscheinlich, sei dies durchaus.

Er, der zahnende Beamte[1], fühlte sich zudem über alle erträglichen Maßen von seinen Vorgesetzten unterdrückt, gedemütigt und ungerecht behandelt.

Ich wolle das bitte mal von allen Seiten betrachten, mich ausnahmsweise in seine Lage versetzen: nicht nur, daß es eine Zumutung sei, sich tagein, tagaus das wehleidige Gewinsel und Gejammere dieser sogenannten Arbeitslosen – *im*

---

1 Als kleine Anerkennung hätte ich ihm einen Beißring schenken sollen, aber damals war ich chronisch knapp bei Kasse.

Vertrauen: Drückeberger und Faulenzer, die meisten – anhören zu müssen, nein, kürzlich habe man sogar die Unverfrorenheit besessen, seine Dienstreisen mit der Bundesbahn nur noch in der 2. Klasse zu erlauben.

Mir fiel der Unterkiefer herunter.

Ihm, einem Beamten, einem leuchtenden Vorbild für die Gesamtbevölkerung, ihm, einem Muster an Aufopferung und Leistungswillen, ihm hatte man auch das noch angetan, diesen seidenen Faden durchschnitten, an dem der klägliche Rest seiner ganzen Selbstachtung gehangen hatte!

Des letzten winzigen Privilegs, was sage ich, der unabdingbaren Grundvoraussetzung, damit er sich überhaupt noch notdürftig regenerieren konnte, um seiner unvorstellbar aufreibenden Tätigkeit zum Wohle der Menschheit noch notdürftig nachgehen zu können, dessen hatte man ihn beraubt!

Ich kämpfte mit den Tränen.

Niemals hätte ich vermutet, daß sich hinter der eher schlichten Fassade des Arbeitsamtes in Hamburg menschliche Tragödien dieser katastrophalen Dimensionen abspielen konnten.

Bei den Beamten.

Dann war meine Beratungszeit um, und ich wurde verabschiedet mit der freundlichen Einladung, doch ruhig einmal wieder ungeniert vorbeizukommen, sollte wider Erwarten die eine oder andere meiner hochinteressanten Fragen in dem soeben geführten, überaus erfreulichen Gespräch nicht beantwortet worden sein, was schlechterdings eigentlich nicht vorstellbar sei.

Als ich mich im Marscharbeitsamt zurückmeldete, um Bericht zu erstatten, was die Fachvermittlung für Hochqualifizierte in der Freien und Hansestadt wohl zu meiner dubiosen Existenz meine, kam ich über den zahntechnischen Befund der dort residierenden Verwalter der Arbeitslosigkeit nicht hinaus.

Dies wiederum nahm die Marschberatung zum Anlaß, aufs Empörteste darauf hinzuweisen, daß es 'diesen da' ohnehin viel zu gut gehe im Vergleich zu den in der Marsch vegetierenden, hoffnungslos unterbezahlten Sachbearbeitern, denn ...

Im Anschluß bekam ich eine Stunde zu hören, womit *sie*

fertigwerden mussten, was sich überaus deprimierend auf mich auswirkte. Nur mit den Zähnen waren sie wesentlich besser dran, – jedenfalls wurde mir nichts Nachteiliges über sie gemeldet –, was darauf zurückzuführen war, daß das Trinkwasser in meinem damaligen Wohnort wesentlich kalkhaltiger als das Hamburger Wasser ist.

Das Arbeitslosenamt sah mich wie einen geprügelten Hund davonschleichen. Was war ich doch für ein abgrundtief schlechter Mensch!

Diese armen Menschen mußten in schier ausweglosen Situationen ihren Mann stehen, und ich hatte nichts Besseres zu tun, als sie mit einer lächerlichen, völlig unerheblichen Lappalie wie meiner Arbeitslosigkeit von der Beschäftigung mit ihren existenzbedrohenden Kalamitäten abzuhalten.

Vielleicht hatten die Herren Karbid und Magnifizenz Kleingeld, oder wie sie hießen, es entfiel mir zusehends, doch damit Recht gehabt, mich als inakzeptables, transitorisch zu behandelndes Trugbild anzusehen und abzuhaken?

Unter Umständen könnte ich meinen Platz im Paradies zurückgewinnen, wenn ich einen Hilfs- und Notfonds für verkannte Arbeitslosenverwaltungsamts-Unterprivilegierte ins Leben gerufen hätte.

Zu Hause angekommen, fiel es mir wie Schuppen von den Augen, daß ich mir ein erneutes gravierendes Versäumnis hatte zuschulden kommen lassen – was in der Korrespondenz als 'Beratungsgespräch' bezeichnet worden war, hatte ich vorsätzlich und böswillig, wie nur ich es sein konnte in Norddeutschland, falsch verstanden, *sie wollten von mir beraten werden, nicht umgekehrt.*

Ich unverbesserlicher Egozentriker.

Drei Tage später wurde ich erneut nach Hamburg beordet, es gebe weitere Problematiken zu besprechen. Ich hoffte inständig, daß lediglich ein zweiter Weisheitszahn zum Vorschein gekommen wäre, und man mich nicht etwa wegen einer akuten Blinddarmreizung konsultieren wollte, denn davon verstehe ich allerdings gerade soviel, daß ich mir vorstellen kann, daß so etwas nicht angenehm ist.

Nichts von alledem, sondern ein bahnbrechender, mir den Atem raubender Vorschlag wurde unterbreitet, zu dessen Realisierung nur noch eine winzige Kleinigkeit fehlte, nämlich meine Unterschrift.

Sie hatten beschlossen, mich umzuschulen, mich umzuprogrammieren zu einem Programmierer. Im amtlichen Plan, wie dies in die Tat umzusetzen sei, war offensichtlich kein Raum vorgesehen für meine Meinung zu diesbezüglichen Aktionen, und was vor einem Beamten als Unvorhergesehenes auftaucht, schafft er unverzüglich auf die gleiche Weise aus der Welt, wie dies ein afrikanischer Savannenvogel mit Perfektion beherrscht, der auch nicht fliegen kann.

Mein Molar-Sachbearbeiter las vermutlich des öfteren MORGENSTERNS Palmström und war mit diesem Herrn zu der nervenschonenden Einsicht gelangt, *daß nicht sein kann, was nicht sein darf.*

Zaghaft vorgebrachte Einwände, daß meine sechsunddreißigjährige Erfahrung mit meiner Wenigkeit den Verdacht in mir nähre, daß es sicher Begabtere für diesen ehrenwerten Beruf gebe, wurden als wenig stichhaltige, eher vorgeschobene und ohnehin nicht gefragte Belanglosigkeit vom Arbeitstisch des Arbeitslosenverwaltungs- und Umschulungsverschiebeamtes gefegt.

Auf eines müsse man allerdings vorsorglich hinweisen, finanzielle Zuwendungen für diesen achtzehn Monate währenden Lehrgang können mir keine bewilligt werden, da ich gemäß 007 und 4711 nicht in den Kreis der Förderungsfähigen aufzunehmen sei.

Hingegen sei das Finanzierungsverweigerungsamt in seiner grenzenlosen väterlichen Güte bereit, mir die Fahrtkosten zu erstatten.

Lange diskutierten wir zu Hause, was zu tun sei und kamen zu dem Ergebnis, in den geldlosen Apfel zu beissen, statt erneuten Ärger mit deutschen Behörden loszutreten.

*

Hamburg hinter dem Hauptbahnhof, genannt St. Georg, war der Stadtteil, in dem der Kursus abgehalten wurde.

Da hätte es jede Menge Arbeit für den heiligen Georg gegeben, mehr als *ein* Drache hätte es dort verdient, ins Jenseits befördert zu werden.

Größeres Elend, schlimmeres menschliches Leid der Betroffenen und demonstrativeres Wegsehen der zufällig-verschont Vorbeihastenden sah ich nirgends.

Morgens um sieben ist die Welt hier schon lange aus den Fugen.

Auf der Toilette begegneten mir Alkoholiker mit gefährlich roten Augen und geplatzten Spinnenäderchen im Gesicht, die den irreversiblen Untergang der Leberzellen anzeigen, bis dieses Organ seine Funktion endgültig einstellt, der Kranke heftig dunkles Blut erbrechen und kläglich zugrundegehen wird.

Einem mußte ich die Kornflasche aufschrauben, weil er ein so starkes Zittern der Hände hatte, daß es ihm allein nicht mehr gelingen wollte.

Dann bat er mich, ihm die Flasche an den Mund zu setzen und dort festzuhalten, damit sie ihm der Tremor nicht aus den Händen schlüge.

Wie ein Verdurstender das Wasser, so ließ er den Sprit in seinen zerrütteten, gepeinigten Körper laufen.

«Danke, Kamerad,»

dies war der aufrichtigste *'Kamerad'*, der jemals an mich gerichtet worden ist, und dann umarmte er mich.

«Ich wünsch' Dir mehr Glück und laß' die Pulle stehen,» damit verschwand er aus meinem Blickfeld.

Er wird nun schon lange tot sein, aber ich trauere noch immer um den Verlorenen, der nur fünf Minuten meiner Lebenszeit beansprucht hat.

'Penner' nennt die Selbstgerechtigkeit diese Geächteten der sogenannten Leistungsgesellschaft, in der mehr von Glück und Herzlosigkeit abhängt, als die *'Leistungsträger'* sich und anderen zugeben wollen.

Ein großer Teil der Verachtung soll den Spiegel blind

machen, den ihnen diese Untergegangenen vorhalten.

Spiegelbilder treffen zweifellos nicht jedermanns Geschmack.

Auf dem Weg vom Bahnhof zu der Firma, die für die Umschulung verantwortlich zeichnete, boten mir reihenweise halbwüchsige Mädchen ihre noch nicht erwachsenen Körper zur freien Verfügung an. Sie hätten besser noch mit Puppen gespielt, statt sich wie solche behandeln lassen zu müssen.

Das Heroin hatte ihnen die Seele gestohlen und die Augen leer gemacht.

Sie sahen durch mich hindurch, während sie darum baten, noch weiter erniedrigt zu werden. Den allerletzten Rest von menschlicher Würde im Tausch gegen einen Schuß.

Mir war regelmäßig eiskalt, wenn ich mein Ziel erreichte.

Es war eine sehr gemischte Versammlung, der ich nun vorübergehend angehören sollte, die nur die eine Gemeinsamkeit hatte, daß man sie nicht gefragt hatte, ob sie das, was man mit ihr betrieb, auch wirklich wollte. Mehrheitlich wollte sie es nicht.

Da in unserer Gesellschaft dem Individuum Status und das damit verbundene Selbstwertgefühl über seine Stellung innerhalb des Erwerbslebens zugewiesen werden, ergibt es sich zwangsläufig von selbst, daß diejenigen, die keine Funktion mehr in diesem System wahrnehmen, mit diesem Verlust gleichzeitig ihren Anspruch auf eine von Respekt und Achtung bestimmte Behandlung verwirkt haben.

Es ist mitnichten nötig, auf die in der Hackordnung ganz unten Sitzenden Rücksicht zu nehmen, denn gehackt wird nicht von unten nach oben, darüber besteht völliges Einvernehmen, und Revolutionen finden in Deutschland nicht statt:

'Die Herren Revolutionäre werden gebeten, den Rasen nicht zu betreten.'

Das bekommen wir mit dem Inhalt der Mutterbrust automatisch geliefert, bei uns in Deutschland, im einig Vaterland.

Hamburg-St. Georg, die Kongregation der Desillusionierten, das Treffen der Hoffnungslosen, Entmutigten und Demoralisierten. Einige von uns waren schon seit mehr als zwei Jahren ohne Arbeit.

Die Referenten waren auf ihre Pappenheimer vorbereitet. Motivationsmätzchen wurden gar nicht erst gemacht, stattdessen hielt der Geschäftsführer eine sehr deutsche Rede, deren Tenor ich von Kindesbeinen an kenne. Diese Ansprache ist der Inbegriff von Schwäche, die sich vergeblich hinter naßforscher Großmäuligkeit zu verbergen sucht.

Das erste Mal habe ich sie bewußt gehört, als ich Ostern 1958 meinen Einschulungstag im Gymnasium erlebte.

Diese Art von präventiver Philippika besteht aus mehreren Versatzstücken, die frei kombinierbar sind und ausschließlich den Zweck verfolgen, die den Beschimpfungen und Drohungen wehrlos Ausgelieferten daran zu erinnern, wie die Macht verteilt ist, und welche Art und Schärfe von Sanktionen bei Verstößen zu erwarten sind.

Dann wird auch nie vergessen, darauf hinzuweisen, daß es für die Machthaber eigentlich eine Zumutung sei, sich mit derlei undankbaren, disziplinlosen, nichtsnutzigen und frechen Untertanen überhaupt abzugeben, so daß ich mich schon damals 1958 in der Aula des Ratsgymnasiums der altehrwürdigen, über tausend Jahre alten Kaiserstadt, die meine Geburtsstadt ist, gefragt habe, warum sich denn diese hohen Herren überhaupt mit Abschaum meiner Machart um- und abgeben, wenn wir ihnen doch so viel Verdruß bereiten.

Daß sie viel abhängiger von unsereinem sind als wir von ihnen, habe ich, ein Spätentwickler, erst mit einiger Verzögerung bemerkt. Sie können ohne uns nicht existieren, wir wären froh, gingen sie uns endlich aus den Augen und von unseren Nerven.

Wer ist denn hier auf wen angewiesen, ihr eingebildeten, aufgeblasenen Laffen?

Ich hab' es getragen drei Monate und konnt' es tragen nicht mehr. Ich war nichts für diese Programmiererei und schon rein gar nichts für die zartbesaitete Referentenschaft, die meine ständige Fragerei nach dem tieferen Sinn dieser Umschulung bald nicht mehr hören mochte.

Der Umgangston driftete markant in Richtung Kasernenhof, und schreien, schreien konnte ich lauter als die Lehrer,
womit sie am wenigsten gerechnet hätten.

Wenn man mich so richtig auf die Palme gebracht hat, was
unbeschreiblich lange dauert, dann kann ich Lautstärken erreichen, die Tarzan, den Herrn des Urwalds, vor Neid erblas-
sen ließen.

Vierzehn Tage lang donnerten wir uns an, bis ich es für an
der Zeit ansah, meinen Stimmapparat nicht länger diesem
Streß auszusetzen.

Bevor das Marschamt die tollkühne Idee entwickelt hatte,
mich zum Senior-Programmierer abzurichten, hatte ich ihm
sehr ernsthaft dargelegt, wo meines Erachtens die Crux dieses Vorhabens lag, nämlich, wie bereits erwähnt, in einer mir
absolut fehlenden Eignung für diesen Beruf.

Da es ihnen aber viel wichtiger war, ihre Erwerbslosensta-
tistik schönzurechnen, statt sich um angemessene Unterbrin-
gung der ihnen ausgelieferten Arbeitslosen zu bemühen,
wurde jede Gelegenheit eifrig genutzt, die Menschen in pro-
forma-Beschäftigungen zu verstecken.

Es würde nicht so leicht werden, sie davon zu überzeugen,
daß ich diesen Kursus abbrechen mußte, besonders deshalb
nicht, weil ich sehr darauf achten mußte, daß sie das Gesicht
nicht verlören, denn dann hätte ich mir schon wieder weitere
Feinde im Norden gemacht, von denen ich bereits mehr hatte
als mir lieb war.

Da kam mir ein recht passabler Gedanke, der eigentlich allen Interessen nahtlos entgegenkam.

Ich würde einen klitzekleinen Teil der Schuld auf mich
nehmen und dem Arbeitsamt recht und gleichzeitig unrecht
geben, so daß wir dann nach erfolgreichem Abschluß der Aktion alle wieder bei Null anfangen könnten.

Das simultane Recht- und Unrechtgeben hört sich komplizierter an, als es war, denn ich hatte ja erfreulicherweise
zwei Ämter an der Hand, die wechselseitig mit mir befaßt
waren.

Da sie sich gegenseitig die Butter auf dem Brot nicht

gönnten, mußte ich nur unauffällig das Mißtrauen etwas schüren, das sie gegeneinander hegten.

Langer Rede kurzer Sinn, ich beantragte in Hamburg, daß sie mich ausgiebig psychologisch daraufhin testen sollten, ob bei mir noch alle Schrauben richtig saßen.

Das Ergebnis bestand darin, daß meine Schrauben zwar nicht da waren, wo sie bei Programmierern sein sollten[1], daß ich aber mindestens so viele davon hatte, wie Durchschnittsarbeitslose vorweisen müssen, damit sie weiterhin in den Genuß finanzieller Minimalunterstützung gelangen können.

Im Marschamt interpretierte ich das Resultat anschließend dahingehend, daß ich in Hamburg bereits vor Beginn der danebengegangenen Umsattelung mahnend vor dieser sinnlosen Verschleuderung von Steuergeldern gewarnt hätte, leider erfolglos, was ich auf eine gewisse Überheblichkeit dieser süffisanten Großstädter zurückführte, die sich wohl einbildeten, auf *uns* Marschbewohner herabsehen zu können.

Diesem Stichwort widerstand meine plötzlich sehr freundliche Sachbearbeiterin nicht und fiel über die verhaßte hanseatische Behörde her:

'*Pack schlägt sich, Pack verträgt sich.*'

Na bitte, jetzt hatte ich begriffen, wie ich die Norddeutschen hereinlegen konnte.

Von nun an gings rapide bergauf, *heureka!!*

In der Folgezeit entwickelten sich meine Beziehungen zum Arbeitsamt recht erfreulich, abgesehen davon, daß weit und breit keinerlei Aussicht auf eine für mich halbwegs akzeptable Beschäftigung bestand.

So trabte ich folgsam, wie es meinem Naturell entspricht, regelmäßig zum Amt und beschloß, diese Tätigkeit als meinen vorübergehenden Erwerbszweig zu betrachten.

Wann immer in mir der Verdacht zu keimen begann, daß in den aktenmuffigen Amtsstuben die minimalen Sympathien

---

1 Der Grund liegt darin, daß mir ihre erziehungsbedingte Implantation bald nicht mehr gefallen hat, und ich sie an Orte versetzt habe, die ich für besser geeignet halte.

für mich nachzulassen schienen, wofür ich in Norddeutschland höchstsensible Detektoren entwickelt hatte, ließ ich höchst unauffällig, dennoch verständlich anklingen, daß ich eigentlich mal wieder Hamburger Luft schnuppern könne, was die Behandlung umgehend merklich verbesserte und in den angenehmen *'status quo ante'* zurückverwandelte.

Von längerer Arbeitslosigkeit heimgesuchte Menschen durchlaufen eine sie je nach Disposition individuell mehr oder weniger stark belastende Entwicklung, die in mehrere Phasen gliederbar ist.

Der Auflösung von Beschäftigungsverhältnissen geht häufig eine Periode von Verstimmungen oder Zerwürfnissen bis hin zu offenen Auseinandersetzungen zwischen Arbeitgeber und -nehmer voraus, so daß die endgültige Trennung von beiden Seiten kurzfristig als Erleichterung empfunden wird.

Dementsprechend erlebt der Arbeitslose die erste Zeit ohne die sonst gewohnten Verpflichtungen und Anpassungserwartungen des Berufslebens als eine Art willkommenen Urlaub: man kann länger schlafen, in Ruhe die Zeitung lesen, mit dem Briefträger und Nachbarn ein Schwätzchen halten und dann einkaufen, wenn die Läden nicht überlaufen sind.

Endlich ist jetzt Muße vorhanden, sich den Dingen zu widmen, die man schon immer erledigen wollte.

Nach annähernd sechs Wochen kennt man die Geschichten der Nachbarsfrauen und des Briefträgers auswendig, und das Sortiment der Supermärkte vermag auch nicht länger, Begeisterungsstürme hervorzurufen.

Das zu Erledigende ist vollendet oder hat urplötzlich seine Anziehungskraft verloren, Langeweile verbreitet sich und zieht den Tag unendlich in die Länge.

Allmählich kann man sich des Eindrucks nicht erwehren, daß die Leute einen argwöhnisch mustern und abfällig hinter dem Rücken über einen klatschen:

«*Guck Dir den faulen Hund an. Wer bei uns arbeiten will, der findet auch was. Ist sich wohl zu schade für normale Arbeit?! Der liegt lieber seiner Frau auf der Tasche, eine*

Schande ist das mit dem, und wir dürfen so einen auch noch mit unseren Steuergeldern durchfüttern.»

Man vermeidet es jetzt tunlichst, sich zu normalen Arbeitszeiten mehr als unvermeidlich auf den Straßen und in den Geschäften zu zeigen. Das Aufstehen findet stetig später statt, man wird sowieso weder irgendwo gebraucht noch vermißt.

Massive Zweifel unterminieren das Befinden, es beginnt die *'Abfallphase'*, in der einem die Umwelt ziemlich deutlich mitteilt, daß sie ab sofort beliebt, einen dem Wohlstandsmüll zuzurechnen.

Wiederholt überrascht man sich dabei, daß man unverwandt stupide aus dem Fenster glotzt oder ähnlich sinnentleerten Tätigkeiten nachgeht. Die hinterhältigen Versuchungen und leeren Versprechungen, die von den verschiedenen legalen und illegalen Drogen ausgehen, gewinnen rapide an Attraktivität.

Ab jetzt reibt sich der Satan der Hände, sofern er sie frei hat und nicht gerade die Zufahrtsstraße zu seinem Reich mit guten Vorsätzen pflastert.

Bevor er mich endgültig in die Klauen bekam, klingelte mein Telephon, und ich habe mich wohl selten so darüber gefreut, die Stimme meiner Arbeitslosenbeschäftigungsinstitutionsangestellten zu hören, wie damals, just zu dem Zeitpunkt, als mich der Gehörnte beim Wickel nehmen wollte.

Sie hatten etwas mir annähernd Entsprechendes aufgetrieben, *vivat und victoria!*

Ein regional tätiger Umweltschutzverband suchte jemanden (mich?) als Schwangerschaftsvertretung, zwar nur als ABM[1]-Kraft, aber das war mir entschieden gleichgültig, das Wichtigste war, wieder einen Anfang zu haben, von dem aus ich weitersehen würde.

Die Geschäftsstelle der Ökologen befand sich in einem reetgedeckten Bauernhaus, das von außen einen sehr gemütlichen Eindruck auf mich machte.

---

1 Arbeitsbeschaffungsmaßnahme.

Drinnen traf ich meine wohlgerundete Vorgängerin, die mich umgehend duzte, als kannten wir uns seit Jahren, was ich nicht übermäßig schätze.

Dann sprang da noch so ein putziger Gnom umeinander, eine Art herziger Waldschrat, der sich mir vorstellte als Robert Schapp, Landschaftsarchitekt, Vorstandsmitglied der Ökovereinigung und Besitzer des Hauses, in dem er der Geschäftsstelle kostenlosen Unterschlupf gewährte.

Robert, alle duzten alle, unternahm verschiedene Anläufe, mir zu beschreiben, was zu tun sei, sollte ich in die Fußstapfen der kürzlich Geschwängerten treten wollen, sollen, können oder dürfen. Mit den Vertragspräliminarien schienen sie sich nicht recht auszukennen oder nicht belasten zu wollen.

Offensichtlich gebrach es dem Öko-Witzliputzli an Durchsetzungsfähigkeit, denn ständig kreischte die Trächtige dazwischen, daß ihr gerade die Milch in die linke Brust schieße (oder war es sogar die rechte?), jedenfalls ergossen sich unablässig Hormone mit einer solchen Heftigkeit in ihre delikateren Regionen, daß die Versorgung ihres hübsch verpackten Gehirns eklatant ins Hintertreffen geraten war, ein mir zukünftig lästiger Umstand, der erst etwas später mit allen Konsequenzen zutage trat.

Sehr natur- und lebensverbunden schien man hier zu leben, schloß ich aus den Gesprächen und Zustandsmeldungen von der Hormonfront, an der so einiges in Bewegung war.

Vielleicht hatten ja sogar alle Vereinsmitglieder bei der erfolgreichen Befruchtung assistiert, lernen kann man halt immer etwas, nie ist man zu alt, um bei irgend etwas zur Hand oder zu noch interessanteren Körperteilen zu gehen.

Einen dritten, im Halbdunkel einer Zimmerecke sitzenden Gesprächsteilnehmer bekam ich nach einem vorübergehenden Abklingen der Gebärmutter- und sonstigen pränatalen Aktivitäten zu Gesicht, es war der Vorsitzende Reinhold Mauschel, der mich gleichfalls in Augenschein nahm.

Ich hinterließ einen recht positiven Eindruck, jedenfalls verblieben wir so, daß ich eine Woche danach meine Arbeit aufnehmen könne.

Draußen auf der Treppe hörte ich noch, daß nunmehr auch die Ovarien zufriedenstellend und ordnungsgemäß in Aktion getreten seien, fernerhin fühle man zusätzlich, daß die intrauterine Zervikaldurchblutung immer besser werde, was mich ausnehmend beruhigte und gelassen pfeifend zum Leuchtturm zurückkehren ließ.

Die Arbeitsweisen des Umweltvereins beeindruckten mich weniger durch ihre Professionalität als vielmehr durch ihre Kreativität.

Ablagen und ähnlichen bürgerlichen Pedanterien, wie ich sie bis dahin in Büros gesehen hatte, war meine Vorgängerin gänzlich abhold. Sie fand infolgedessen nichts wieder, was sie aber nicht in ihrer Schaffensfreude beeinträchtigte, sie suchte ganz einfach gar nicht erst und erteilte telephonische Auskünfte völlig freischwebend, ohne Netz und sonstige Rückversicherungen.

Auch an Behörden, die nur darauf aus waren, den Ökos an den Karren zu fahren, indem sie ständig versuchten, ihnen Formfehler nachweisen zu können.

Alles Firlefanz für meine Madame, der langsam die Schürze zu kurz wurde und die dazu überging, Schwangerenberatung per Telephon zu veranstalten.

Einmal verhaspelte ich mich und meldete mich fernmündlich als Gynäkologen- anstelle von Umweltschutzverband, was mir den schmückenden Ehrentitel 'Chauvinistenschwein' eintrug.

Nachdem die Niederzukommende wegen einsetzender Preßwehen dann zu ihrem Bedauern – mußte sie doch zumindest während der Entbindung auf das Telephonieren verzichten – ins Krankenhaus gefahren worden war, hatte ich freies Schalten und Walten im Ökokontor und richtete mir die Büroarbeit so ein, wie ich es für richtig befand.

Ich war der Prinzipal, und niemand konnte mir dreinreden, weil keiner von Administration etwas verstand, jedenfalls nicht mehr als ich, und ansonsten waren alle froh, daß ich für sie den Papierkram erledigte.

Weitaus schlagkräftiger hätten wir sein können, wären da

nicht die fortgesetzten Flügelkämpfe zwischen den Fundis und den Realos gewesen.

Letztere wollten wenigstens minimale Fortschritte und ein allmähliches Umdenken bei der Bevölkerung bewirken, wohingegen die Fundis ihre Weltuntergangsszenerien kultivierten und jegliche Zusammenarbeit, mit wem auch immer, pauschal ablehnten.

Eine sehr komfortable Haltung des Nein-Sagens, mit der sie niemals in die Verlegenheit gebracht werden konnten, in der Praxis das zu demonstrieren, was sich in ihren Theorien gar bombastisch anhörte.

Ich persönlich hätte es entschieden bevorzugt, die natürlichen Feinde, die wir in dem gottverlassenen Landstrich zwischen den Deichen hatten, die Landwirte, frontal anzugreifen und ihnen und dem Publikum eine lange Liste ihrer Umweltsünden unter die Nase zu halten, was keinerlei Anstrengungen bedurft hätte, denn Landwirtschaft, die nach Maximen der Produktionsintensivierung ohne Rücksicht auf ökologische Kreisläufe vorgeht, schafft solche Tatbestände am Fließband.

Wo die grüne Bauerhand derb zulangt, bleibt kein ökologisches Auge trocken.

Leider gelang es mir aufgrund der ständigen Debattierveranstaltungen ohne Beschlußfassung nicht, mich mit meinen Plänen überzeugend darzustellen und eine Mehrheit dafür zu gewinnen, zudem war ich der Einzige, der für seine Tätigkeit bezahlt wurde, dergestalt, daß die Fundis mich im Verdacht hatten, als entlöhnter Spitzel für finstere Mächte am subversiven Werke zu sein und ihrem wohlbehüteten Ökogral nachzujagen, um ihn meistbietend an die Bauernschaft zu verhökern.

Als mein auf ein Jahr befristeter Vertrag seinem Ende entgegenging, verspürten weder die Fundis noch deren Kontrahenten, die Realos, den Drang, für mich einen Folgeantrag zu stellen. Sie hielten das für vergebliche Liebesmüh', da sie alle ihr regelmäßiges Einkommen hatten, und der brave Mann an sich denkt, selbst zuletzt.

Die Bewilligung einer solchen Arbeitsbeschaffungsmaßnahme hängt von der Erfüllung verschiedener Voraussetzungen ab, die schriftlich ausführlich begründet werden müssen.

Die zweite Gelegenheit für mich war gekommen, die Nordlichter mit ihren eigenen Waffen zu schlagen.

Gar prachtvoll anzuschauendes Hochglanzpapier hatte die CDU-Regierung vollgedruckt mit wunderbar zu lesenden Aussagen über ihre epochale Umweltpolitik!

Diese mustergültige Partei führt ein 'C' für christlich in ihrem Namen, ich ging also davon aus, daß sie das Gebot *'Du sollst nicht falsch Zeugnis reden wider Deinen Nächsten'* sehr ernst nahm, und vor allem Gedrucktem habe ich von jeher eine tiefe Ehrfurcht verspürt.

Es war also bare Münze, was dem geduldigen Papier zu entnehmen war, sozusagen unübertreffliche, letzte Wahrheiten standen auf dieser Kuhhaut.

Also schrieb ich diejenigen Passagen, die mir am besten gefielen, wörtlich in das neue Gesuch und bekam komplikationslos einen Anschlußvertrag, woraufhin ich doch reumütig einsehen mußte, daß das 'C' eine mystische Wirkung auf den Bewilligungsausschuß gehabt haben muß, oder hatte das verzögerungsfreie Passieren meines Antrags eventuell darin seine Ursache gehabt, daß das Komitee mehrheitlich aus CDU-Politikern bestanden hatte, die sich nicht trauten, in der Öffentlichkeit ihr Geschwätz der Vergangenheit als gegenstandslos zu brandmarken?

Auch dieses Jahr ging vorüber, und wir befanden es für an der Zeit, daß ich in etwas dauerhaftere und befriedigendere Arbeitsverhältnisse eintrat, die allerdings in der norddeutschen Tiefsebene auch mit stärksten Feldstechern nicht in Sicht kamen.

Bis Ende 1987 arbeitete ich bei dem Landschaftsarchitekten Robert Schapp, mit dem ich mich während der letzten zwei Monate meines Arbeitsverhältnisses nur noch auf dem Umweg über meinen Rechtsanwalt unterhielt, was eine zunehmend ausgelassene Stimmung im Büro erzeugte, in dem wir zusammen als einzige arbeiteten, wie man sich vorstellen kann.

Der Herr Schapp stand mit den Gepflogenheiten, die unter halbwegs zurechnungsfähigen Menschen und Vertragspartnern gebräuchlich sind, auf schlimmstem Kriegsfuß.

So kündigte er mich, ohne Rücksicht auf gesetzliche Vorschriften zu nehmen, die sicher nicht ohne Grund bestehen, denke ich mir so.

Als ich ihn höflich darauf hinwies, daß Kündigungen zum Quartalsende zu erfolgen haben, beschied er mich, daß in seiner Firma die Quartale immer dann zuende gehen, wenn er das sage und entsprechend anordne.

Seitdem weiß ich, daß es nicht nur den Gregorianischen, sondern auch den Schappschen Kalender gibt, der aber nur strikt begrenzte Gültigkeit in einer gänzlich nichtssagenden, am Rande der Ökumene bedeutungslos gelegenen Region hat, in der vieles anders ist, als ich mir dies noch im Januar 1981 träumen ließ!

Zweitausendachthundertundfünfzig Tage meines Lebens habe ich in dieser bizarren Welt ausharren müssen, als ein Fremder im eigenen Land!

Ich kann ihr nicht vergessen, was sie mit mir versucht hat!

Im August 1988 faßten wir den unumstößlichen Entschluß, in die Heimat meiner Frau, die Schweiz, überzusiedeln.

15. Kapitel

Am Morgen des 28. Dezembers 1988 hielten wir auf dem letzten deutschen Autobahnparkplatz vor der Schweizer Grenze. Ich nahm eine große Apothekerflasche aus dem Kofferraum, klebte ein Etikett mit Totenschädel und gekreuzten Knochen darauf, stopfte die winselnden, sich heftig wehrenden Gespenster des Nordens hinein, verkorkte und versiegelte die giftgrüne Phiole so sorgfältig ich konnte und übergab sie den braunen Wassern des donnerhall-brausenden Schicksalsstromes.

Ich hörte noch, wie die Geister grimmig aufheulten, widerborstig strampelten und wutentbrannt gegen die undurchdringlichen Wände ihres dunklen Karzers schlugen, dann schwammen sie schaukelnd in Richtung auf den platten Norden davon, vorbei am lebensfrohen Elsaß, das sie nicht unbedingt begeistert empfangen hätte, da es von Deutschen schon lange genug hat.

Eingelullt von Wagners schicksalsdüster raunenden Rheintöchtern und wieder aufgescheucht von Koloraturen trällernden, busenwogenden Walküren, erreichten sie den Niederwald, wo sich deutsche Verblendung und vaterländischer Größenwahn ein rachsüchtiges Kitsch-Denkmal gesetzt haben.

Weiter stromab, kurz vor dem dunklen Felsen, auf dem goldhaarkämmend die Loreley sitzt und ihre für deutsche Männer eminent bedrohlichen, schaurig-unwiderstehlichen Gesänge ertönen läßt, versenkten sie sich vor Angst und Entsetzen selbst, indem sie den Korken aus ihrem Giftflaschen-Boot herauszogen, woraufhin sie gurgelnd und gluckernd hilflos in der Tiefe des Flusses versanken, auf dessen Grund sie scheppernd zwischen dem Rheingold aufsetzten, das sich als eine unverkäufliche Mischung aus trügerischem Talmi und völlig wertlosem Katzengold herausstellte, wie so manches in Deutschland.

Dort unten mögen sie bis zum Jüngsten Tage ruhen:
'Bis die apokalyptischen Reiter Euch
abholen, um Euch zu wägen und zu richten'!
Das war das erste, letzte und einzige Mal, daß ich eine so männlich-deutsche Heldentat wie Schiffeversenken mit überzeugtem Applaus bedachte!

Um 12.00 Uhr überschritten wir die Grenze zur Schweiz bei Weil am Rhein, kehrten meinem *'Vaterland'* unwiderruflich und für immer den Rücken und wurden aufgenommen in den weit geöffneten Arme der *Helvetia,* deren Körper etwas sehr Menschliches hat, im krassen Gegensatz zu dem ihrer Stiefschwester, *der Germania, meiner armen, grauen Mutter aus eiskaltem Kanonenstahl der weltweit berüchtigten Marke Krupp.*